세상의 속도를
따라잡고 싶다면

AI와 함께 **웹 개발의** 모든 과정을 경험한다!

커서로 시작하는
AI 코딩 입문

고경희 지음

- **웹 앱** 제작
- **데이터베이스** 연동
- **프롬프트** 작성법
- **MCP** 연결
- **바이브 코딩**
- **서비스 배포**
- **깃허브** 활용

이지스 퍼블리싱

세상의 속도를 따라잡고 싶다면 **Do it!**
변화의 속도를 즐기게 됩니다.

Do it!
커서로 시작하는 AI 코딩 입문
Do it! AI Coding with Cursor for Beginners

초판 발행 • 2025년 9월 26일
초판 2쇄 • 2025년 11월 17일

지은이 • 고경희
펴낸이 • 이지연
펴낸곳 • 이지스퍼블리싱(주)
출판사 등록번호 • 제313-2010-123호
주소 • 서울특별시 마포구 잔다리로 109 이지스빌딩 3층 (우편번호 04003)
대표전화 • 02-325-1722 | **팩스** • 02-326-1723
홈페이지 • www.easyspub.co.kr | **Do it! 스터디룸 카페** • cafe.naver.com/doitstudyroom
인스타그램 • instagram.com/easyspub_it | **엑스(구 트위터)** • x.com/easys_IT
페이스북 • facebook.com/easyspub

총괄 • 최윤미 | **기획 및 책임편집** • 박재연 | **기획편집 2팀** • 신지윤, 박재연, 이소연, 신수경
베타테스트 • 강현수, 김영익, 윤병희, 이소현, zoe | **교정교열** • 박명희
표지 디자인 • 김근혜 | **본문 디자인** • 김근혜, 트인글터 | **일러스트** • 공오 | **인쇄** • 미래피앤피
마케팅 • 권정하 | **독자지원** • 박애림, 이세진, 김수경 | **영업 및 교재 문의** • 이주동, 김요한(support@easyspub.co.kr)

- '세상의 속도를 따라잡고 싶다면 Do it!'은 출원 중인 상표명입니다.
- 잘못된 책은 구입한 서점에서 바꿔 드립니다.
- 이 책에 실린 모든 내용, 디자인, 이미지, 편집 구성의 저작권은 이지스퍼블리싱(주)와 지은이에게 있습니다.

 이 책을 저작권자의 허락 없이 무단 복제 및 전재(복사, 스캔, PDF 파일 공유)하면 저작권법 제136조에 따라 **5년** 이하의 징역 또는 **5천만 원** 이하의 벌금을 부과할 수 있습니다. 무단 게재나 불법 파일 등을 발견하면 출판사나 한국저작권보호원에 신고해 주십시오(불법 복제 신고 https://www.copy112.or.kr).

ISBN 979-11-6303-768-2 13000
가격 23,000원

AI로 개발을 시작하는 시대,
웹 분야 1위 저자와 함께 AI 코딩을 제대로 시작해 보세요!

> 코딩을 배우고 싶은데 어디서부터 시작해야 할지 모르겠어요.

> 프런트엔드만 다룰 줄 아는데, 백엔드까지 다루는 풀스택 개발자가 되고 싶어요.

> 개발 공부를 시작했지만 너무 어려워서 포기하고 싶어요.

혹시 한 번이라도 이런 고민을 해보았다면 바로 이 책이 믿음직스러운 길잡이가 되어 줄 것입니다. 생성형 AI가 등장하고 '바이브 코딩'이라는 새로운 개발 방식이 주목받으면서 이제 복잡한 문법을 외우거나 오류와 씨름할 필요 없이 원하는 기능을 설명만 하면 AI와 함께 앱을 만들 수 있는 시대가 되었습니다.

개발자도, 비개발자도 AI와 함께 풀스택 개발에 도전하세요!

이 책은 챗GPT로 간단한 코딩을 시작해보고, 커서(Cursor)라는 혁신적인 AI 코딩 서비스로 프런트엔드와 백엔드가 결합된 웹 앱까지 완성할 수 있도록 안내합니다. 프런트엔드나 백엔드 중 한쪽만 다뤄 왔던 개발자라면 이 책에서 AI와 함께 풀스택 개발에 도전할 수 있습니다. 이제 자신의 전문 분야를 제한할 필요가 없습니다. AI가 익숙하지 않은 영역을 메워 주는 든든한 파트너가 되어줄 테니까요. 웹 개발을 처음 시작하더라도 실습을 따라하면 어떤 지식을 쌓아야 할지 체감할 수 있고 웹 개발의 전체 흐름을 경험할 수 있습니다.

AI 시대에도 기본부터 다져야 합니다!

AI가 작성해 주는 코드만으로는 완전한 앱을 만들 수 없습니다. AI가 놓친 마지막 퍼즐을 맞추고 진짜 완성품으로 만드는 건 바로 사람, 여러분의 몫입니다. AI는 길을 안내해 줄 수 있지만, 그 길을 걷는 건 여러분 자신이니까요. 따라서 개발 지식의 기본을 아는 것과 꾸준한 학습은 여전히 필수입니다. 이 책에서는 HTML, CSS, 자바스크립트부터 데이터베이스나 API까지, 실습하기 전에 꼭 알아야 할 기본 개념을 설명하므로, AI와 함께 개발하더라도 기본부터 차근차근 쌓아 갈 수 있습니다.

이 책을 기획하고 집필하는 동안에도 AI는 빠르게 변화했고 커서 역시 예외는 아니었습니다. 원고를 여러 번 수정하고 다시 쓰는 과정을 반복할 수밖에 없었는데 그 기간 내내 함께 고생해 준 박재연 편집자님께 감사드립니다. 그리고 이 책을 출판할 기회를 주신 이지연 대표님과 최윤미 본부장님께 고마움을 전합니다.

이 책은 여러분이 천천히 따라올 수 있도록 개념부터 실습까지 차근차근 안내합니다. 새로운 도전을 시작하는 여러분의 개발 여정에 이 책이 즐겁고 의미 있는 첫걸음이 되기를 바랍니다.

자, 이제 AI와 함께 코딩의 새로운 세계로 떠나 볼까요?

고경희 드림

베타테스터 리뷰

이 책을 먼저 읽은 독자가 **추천**합니다!

코딩의 벽을 허물고 아이디어를 현실로!

이 책은 단순히 도구 사용법을 넘어, AI의 작동 원리와 핵심 개념을 먼저 알려 주어 AI에 조금 더 친숙하게 다가갈 수 있도록 해주었습니다. **AI를 활용해 나만의 웹이나 앱을 만들어 보고 싶다면** 이 책을 강력히 추천합니다. **코딩이 어려워서 개발을 망설였던 입문자**에게 아이디어를 현실로 만들 수 있다는 자신감을 심어 주는 책입니다.

▶ zoe | 대학생

기초 개념부터 앱 완성까지 한 권으로!

웹 개발을 처음 시작하더라도 이 책의 흐름을 따라가다 보면, 앱을 완성해 보는 경험을 할 수 있도록 잘 구성되어 있습니다. 특히 AI를 활용한 학습 방식 덕분에 막히는 부분도 수월하게 해결할 수 있고, 꼭 알아야 할 **기초 개념이 알차게 정리되어 있어서 입문자에게 크게 도움**될 것입니다.

▶ 이소현 | 프런트엔드 개발자

가장 현대적인 방식으로 경험하는 웹 개발의 A to Z

이 책은 AI 코딩 서비스인 커서를 활용해 아이디어를 현실로 만드는 '바이브 코딩'의 진수를 보여줍니다. 단순히 코드를 배우는 것으로 끝나지 않고, 아이디어를 서비스로 만들어 내는 **'창작의 기쁨'**은 물론 **AI와 함께 성장하는 놀라운 경험**을 할 것입니다. 가장 현대적인 방식으로 웹 개발의 전체 과정을 배울 수 있는 이 책을 강력히 추천합니다.

▶ 윤병희 | 백엔드 개발자

AI와 협업하는 능력을 길러 주는 나침반 같은 책

단순 코딩을 넘어 '기획 → 설계 → 개발 → 버전 관리'로 이어지는 **체계적인 개발 과정**을 커서와 함께 배울 수 있습니다. 커서를 이용해 앱을 제작할 때 이 책은 든든한 지원자가 되어 줄 것입니다. 인공지능 시대를 살아갈 학생들에게 **'인공지능과 협업하여 문제를 해결하는 능력'**을 길러 줄 나침반과 같은 책입니다.

▶ 강현수 | 한성여자고등학교 교사

초보 개발자도 쉽게 따라하는 AI 코딩 실습

이 책은 **초보 개발자도 쉽게 따라 할 수 있도록** 기본 이론부터 커서를 활용한 실무형 웹 앱 개발과 깃허브 연동까지 차근차근 안내합니다. 특히 최근 가장 주목받는 주제인 MCP도 부록에서 다루어서 정말 유익했습니다. 아직 개발 경험이 전혀 없는 분도 이 **책의 예제를 따라가다 보면 자연스럽게 실력을 쌓을 수 있도록 구성한 점**도 칭찬해 주고 싶습니다.

▶ 김영익 | 백엔드 개발자

이 책의 특징

생성형 AI의 원리부터 웹 개발 기초, 실전 프로젝트까지!
AI 코딩의 시작을 한 권으로 끝낸다!

이 책은 AI 코딩을 처음 시작할 때 꼭 알아야 할 내용을 담았습니다. 생성형 AI가 코드를 작성하는 원리를 이해하고 나면 AI 코딩을 훨씬 더 효과적으로 활용할 수 있습니다. 또한 AI가 만들어 주는 코드를 이해하고 응용할 수 있도록 웹 개발의 기초 지식과 전체 개발 흐름을 익히며, 실제 웹 앱을 함께 만들어 보는 실습 프로젝트도 경험할 수 있습니다.

첫째마당 — AI 코딩 시작하기
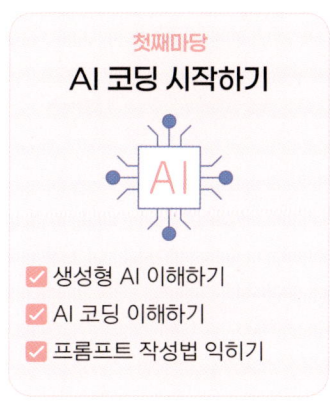
- ✅ 생성형 AI 이해하기
- ✅ AI 코딩 이해하기
- ✅ 프롬프트 작성법 익히기

둘째마당 — 커서로 웹 사이트 만들기
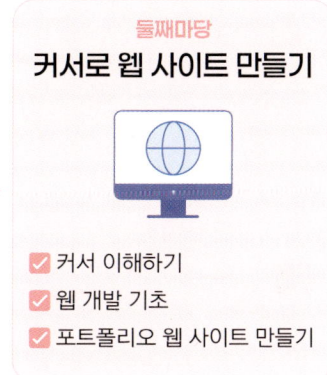
- ✅ 커서 이해하기
- ✅ 웹 개발 기초
- ✅ 포트폴리오 웹 사이트 만들기

셋째마당 — 커서로 풀스택 앱 만들기
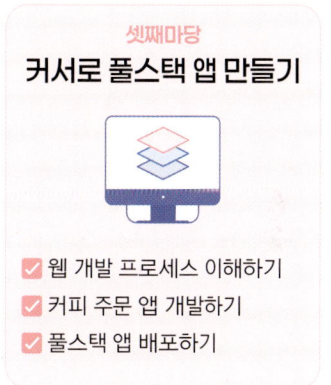
- ✅ 웹 개발 프로세스 이해하기
- ✅ 커피 주문 앱 개발하기
- ✅ 풀스택 앱 배포하기

이 책에서 만드는 웹 사이트 미리보기

나를 소개하는 포트폴리오 웹 사이트
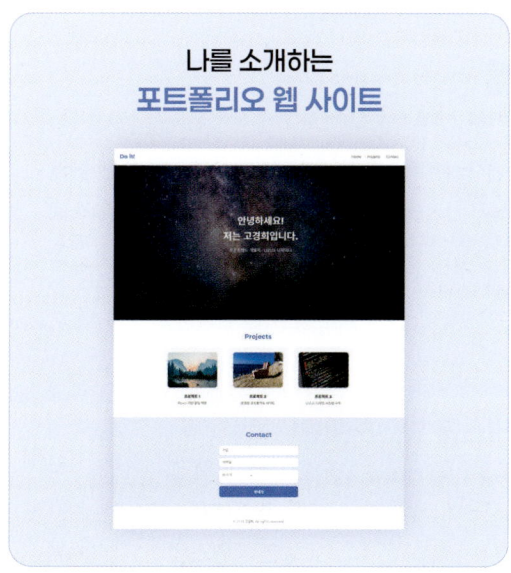

데이터베이스까지 활용하는 커피 주문 앱

이 책의 구성

웹 개발 경험이 없어도 괜찮아요!
프롬프트를 따라 하면서 실습하면
어느새 웹 사이트를 완성할 수 있습니다!

개발 경험이 없더라도 친절한 프롬프트 안내와 실습 과정을 그대로 따라 하다 보면 웹 사이트를 완성할 수 있습니다. 책 속 코너 [알아 두면 좋아요!]를 읽으면서 실무에서 사용하는 웹 개발 상식도 이해해 보세요.

따라 하기 쉽게 단계별로 구성된 [Do it! 실습]을 제공합니다.

> **Do it! 실습 변경 이전 상태로 돌아가기**
>
> 커서에서 코드를 여러 번 수정하다 보면 수정하기 전 상태가 더 나았다는 생각이 들 때가 있습니다. 이럴 때는 프롬프트를 다시 작성해서 수정하식 이전 상태로 되돌리라고 요청하거나 직접 이전 상태로 되돌릴 수도 있습니다. 단, 이전 상태로 되돌아가면 그 이후 변경한 내용이 모두 취소된다는 점에 주의하세요.
>
> 1. 커서에서 AI 패널의 프롬프트 입력 창에 다음과 같이 입력해서 각 섹션의 제목을 한글로 바꿔보겠습니다.

AI 코딩에 유용한 프롬프트 예시를 상황별로 제공합니다.

> 섹션 제목 Pr Projects를 '프로젝트'로, Contact는 '연락하기'로 수정해 줘.
>
> 2. 브라우저로 확인하면 섹션의 제목이 한글로 바뀐 것을 확인할 수 있습니다.
>
> Do it!   Home Projects Contact
>
>   프로젝트

웹 개발과 AI 코딩할 때 필요한 상식을 설명합니다.

> ❤ **알아 두면 좋아요!** 좋아요! 정적인 웹 사이트와 동적인 웹 사이트
>
> 깃허브 페이지는 정적인 웹 사이트를 배포할 때 적합하다고 했는데, 정적인 웹 사이트란 무엇일까요? 정적인 웹 사이트(static website)는 HTML, CSS, 자바스크립트만으로 이루어지고 서버 쪽 프로그래밍이 필요하지 않습니다. 실습에서 만든 포트폴리오 웹 사이트를 비롯해 블로그나 회사 소개 페이지처럼 내용이 자주 바뀌지 않는 웹 사이트가 정적 웹 사이트에 해당합니다.
> 반면에 동적인 웹 사이트(dynamic website)는 화면에 보이는 것 외에도 PHP나 Node.js, 파이썬 등을 사용하는 서버 쪽 프로그래밍이 필요합니다. 사용자의 동작에 따라 내용이 바뀌고 데이터베이스 연결이 필요한 경우가 많습니다. 포털 사이트나 온라인 쇼핑몰, SNS 등 사용자마다 다른 정보를 보여 주는 웹 사이트가 동적 웹 사이트에 해당합니다.

이 책에서 사용하는 서비스를 확인하세요!

- ✦ 이 책의 둘째마당과 셋째마당에서는 커서를 활용해서 각각 웹 사이트와 웹 앱을 만듭니다.
- ✦ 이 책의 실습을 따라 하려면 커서의 프로 플랜을 사용하는 것을 권장합니다. 프로 플랜은 커서에 가입한 후 2주 동안 무료로 사용할 수 있어서 비용이 따로 들지 않습니다. 단, 신용카드를 등록해야 합니다.

학습 계획표

웹 개발이 처음이라면 차근차근 5일 학습 계획표

개발을 처음 시작한다고 해도 이 책과 함께라면 문제없어요! 책에서 알려 주는 대로 차근차근 따라 하다 보면 5일 만에 나만의 웹 사이트와 웹 앱을 만들 수 있습니다.

회차	학습 범위	체크 리스트
1일 차 (/)	1~2장 AI 코딩 이해하기	☐ 생성형 AI와 LLM의 원리 이해하기 ☐ AI 코딩 이해하기 ☐ AI 코딩에 유용한 프롬프트 익히기
2일 차 (/)	3~5장 커서로 첫 번째 웹 사이트 만들기	☐ 커서의 기본 사용법 익히기 ☐ 포트폴리오 웹 사이트 만들기 ☐ 깃허브 페이지로 웹 사이트 배포하기
3일 차 (/)	6장 웹 개발의 기초 지식 쌓기	☐ 웹 동작 원리 이해하기 ☐ 웹 개발 프로세스 이해하기 ☐ 웹 개발에 사용하는 기술 이해하기
4일 차 (/)	7장 커서로 풀스택 웹 앱 만들기	☐ 커피 주문 앱 만들며 개발 프로세스 익히기 ☐ Render로 웹 앱 배포하기
5일 차 (/)	부록 MCP 활용하기	☐ MCP 개념 이해하기 ☐ 커서에서 MCP 활용하는 방법 이해하기

커서를 빠르게 활용하고 싶다면 주말 학습 계획표

개발 경험이 있다면 커서를 단계별로 더욱 빠르게 배워, 든든한 개발 파트너로 활용할 수 있습니다.

1단계(토요일 오전)	2단계(토요일 오후)	3단계(일요일 하루)
첫째마당	둘째마당	셋째마당, 부록
☐ AI 코딩 이해하기 ☐ 프롬프트 연습하기	☐ 웹 개발의 기초 지식 복습하기 ☐ 커서 사용법 익히기 ☐ 정적 웹 사이트 완성하기	☐ 웹 개발 프로세스 복습하기 ☐ 풀스택 웹 앱 완성하고 배포하기 ☐ MCP로 개발 문서 정리하기

독자 지원

실습 파일 내려받기

이 책에서 사용하는 예제 파일은 저자의 깃허브와 이지스퍼블리싱 홈페이지에서 내려받을 수 있습니다.

- ✦ 이지스 홈페이지 www.easyspub.co.kr → [자료실] 클릭 → 이 책 제목으로 검색
- ✦ 저자 깃허브 github.com/funnycom/doit-cursor

이지스 플랫폼 연결하면 더 큰 가치를 만들 수 있어요

❶ 온라인에서 함께 공부해요!

☕ 네이버 카페 'Do it!' 스터디룸
cafe.naver.com/doitstudyroom

❷ 유튜브 채널 구독하고 IT 강의를 무료로 수강해요!

▶ 유튜브
youtube.com/easyspub

❸ SNS 팔로우하고 이벤트 소식을 확인하세요!

📷 인스타그램 instagram.com/easyspub_it

𝕏 엑스(구 트위터) x.com/easys_IT

❹ 독자 설문 참여하면 6가지 혜택을 드려요! QR코드를 스캔하여 이 책에 대한 의견을 보내 주세요

- ❶ 추첨을 통해 소정의 선물 증정
- ❷ 이 책의 업데이트 정보 및 개정 안내
- ❸ 저자가 보내는 새로운 소식
- ❹ 출간될 도서의 베타테스트 참여 기회
- ❺ 출판사 이벤트 소식
- ❻ 이지스 소식지 구독 기회

차례

첫째마당 ✦ AI 코딩 시작하기

1장 생성형 AI를 이해하는 첫걸음

1-1 일상을 바꾼 생성형 AI의 등장 ... 13
AI는 어떻게 발전해 왔을까? | 생성형 AI의 등장 | AI 코딩에 활용하는 생성형 AI 서비스

1-2 생성형 AI는 답을 어떻게 만들어 낼까? ... 18
AI가 똑똑하게 대답하는 이유 — 프롬프트와 LLM | 맥락을 이해하는 기술 — 트랜스포머 | AI가 기억하는 문맥의 용량 — 토큰과 컨텍스트 윈도우 | AI 모델, 엔진, 에이전트 구분하기 | LLM을 활용하는 방법

1-3 더 나은 답을 만드는 프롬프트 엔지니어링 ... 27
프롬프트 엔지니어링은 왜 필요할까? | 예제 기반 프롬프트 기법 — n-샷 프롬프트 | 원하는 답을 이끌어 내는 프롬프트 설계 기법

2장 AI 코딩의 이해

2-1 AI 코딩이란 무엇일까? ... 33
인공지능과 함께 개발하기 — AI 코딩 | 코딩의 진화 — 기계 중심에서 사람 중심으로 | AI 코딩으로 무엇을 만들 수 있을까? | AI 코딩 서비스의 주요 기능 | 바이브 코딩이란

2-2 미래의 AI 코딩과 개발자 ... 42
AI 코딩이 가져올 주요 변화 | AI 코딩 시대의 개발자 역량 | AI 시대에 개발자로 성장하기 | AI 코딩 시대의 윤리와 책임

2-3 어떤 AI 코딩 서비스를 선택해야 할까? ... 47
대화형 AI 서비스 | 웹 기반 앱 빌더 | 플러그인형 서비스 | 통합 개발 환경(IDE)형 서비스 | 터미널 기반 AI 에이전트

2-4 AI 코딩에서 유용한 프롬프트 ... 52
새로운 개념을 공부할 때 | 코드를 작성할 때 | 코드를 수정할 때 | 문제를 해결할 때

둘째마당 ✦ 커서로 웹 사이트 만들기

3장 커서 살펴보기

3-1 커서는 어떤 서비스일까? ... 59
똑똑한 개발 파트너 — 커서 | 커서의 주요 특징

3-2 커서 시작하기 ... 62
커서 가입하기 | 커서 설치하기 | 커서의 화면 구성 | AI 패널의 화면 구성

3-3 커서의 개발 환경 준비하기 ... 80
프로젝트 폴더 만들기 | 커서에 라이브 서버 확장 설치하기

3-4 커서의 AI 코딩 기능 사용하기 ... 83
인라인 프롬프트 사용하기 | AI 패널로 할 일 목록 앱 만들기

4장 웹 사이트 제작을 위한 기본 개념 다지기

4-1 웹 페이지의 구조를 만드는 HTML ... 95
HTML의 기본 형식 | 태그의 속성

4-2 웹 페이지를 보기 좋게 꾸미는 CSS ... 98
CSS의 기본 형식 | 자주 사용하는 선택자 | CSS 속성 | CSS 코드를 작성하는 위치

4-3 웹 페이지에 동작을 부여하는 자바스크립트 ... 103
자바스크립트의 기본 형식 | 자주 사용하는 용어 살펴보기 | 외부 스크립트 파일

4-4 코드를 추적하고 관리하는 깃과 깃허브 ... 107
깃과 깃허브는 무엇일까? | 깃의 주요 개념 | 깃허브 계정 만들기 | 깃 설치하기

5장 나만의 포트폴리오 웹 사이트 만들기

5-1 웹 사이트의 기본 구조 만들기 ······ 113
AI에게 웹 사이트 제작을 요청하려면 | 프로젝트 폴더 추가하고 깃 저장소 만들기 | 기본 코드 작성하기 | 첫 번째 커밋하기

5-2 세부 사항 수정하기 ······ 123
웹 사이트의 구조 살펴보기 | 프롬프트 취소하기 | 이미지 변경하기

5-3 웹 사이트 공개하기 ······ 132
내가 만든 웹 사이트는 어떻게 공개할 수 있을까? | 깃허브 페이지 | 깃허브에 저장소 만들기 | 커서와 깃허브 연동하기 | 깃허브 페이지로 배포하기

셋째마당 ✦ 커서로 풀스택 앱 만들기

6장 웹 개발 기초 다지기

6-1 웹의 구조와 동작 이해하기 ······ 144
웹 사이트의 종류 | 웹을 구성하는 요소 | 웹의 동작 과정

6-2 웹에서는 정보를 어떻게 주고받을까? ······ 148
클라이언트와 서버 | 요청과 응답 | HTTP/HTTPS 프로토콜 | HTTP 요청 메서드와 엔드포인트 | IP 주소, DNS, URL

6-3 웹 개발의 4단계 살펴보기 ······ 153
1단계: 앱 기획 | 2단계: 프런트엔드 개발 | 3단계: 백엔드 개발 | 4단계: 앱 배포

6-4 웹 앱을 개발할 때 사용할 기술 ······ 161
프런트엔드에 사용하는 기술 | 백엔드에 사용하는 기술

7장 커피 주문 앱 개발하기

7-1 앱 기획하기 — PRD ······ 166
앱 구상하기 | 사용할 기술 스택 정하기 | PRD 작성하기 — 앱 개요 | 깃 저장소 만들기

7-2 앱 화면 만들기 — 프런트엔드 ······ 172
구현할 기능 정의하기 | 와이어프레임 그려 보기 | 프런트엔드 개발을 위한 PRD 작성하기 | 프런트엔드 개발 환경 만들기 | 커서에서 UI를 만들 때 주의할 점 | '주문하기' 화면 개발하기 | .gitignore 파일 | 프로젝트 폴더의 변경 사항 커밋하기 | '관리자' 화면 만들기 | 프런트엔드 테스트 및 개선

7-3 주문 처리하기 — 데이터베이스와 API ······ 191
데이터 모델 설계하기 | 프롬프트로 API를 만들 때 주의할 점 | 주문 처리를 위한 PRD 작성 및 개발 환경 만들기 | 데이터베이스 설치하기 | 데이터베이스 연결하기 | 프런트엔드와 백엔드 연동하기 | 메뉴 이미지 지정하기

7-4 앱 배포하기 ······ 208
배포 플랫폼 선택하기 | Render 시작하기 | 깃허브에 업로드하기 | PostgreSQL 데이터베이스 만들고 연결하기 | 백엔드 서비스 배포하기 | 프런트엔드 배포 준비하기 | 프런트엔드 배포하기

부록 A ✦ MCP 서버 활용하기

부록 A-1 AI와 외부 서비스를 연결하는 MCP ······ 236

부록 A-2 커서에서 노션 MCP 활용하기 ······ 243

찾아보기 ······ 254

첫째마당

AI 코딩 시작하기

그동안 사람들이 해왔던 일을 AI가 대체할 것이라는 얘기가 가득한 요즘입니다. 이미 많은 영역을 AI가 대체하고 있고 '개발' 분야 역시 예외가 아닙니다. "AI가 코드를 작성해 준다고? 개발자는 더 이상 필요 없는 건가?" 궁금한 게 한두 가지가 아닐 텐데요. 첫째마당에서는 생성형 AI가 어떻게 동작하는지 알아보고, 이러한 생성형 AI를 활용해서 코드를 작성한다는 말의 의미를 파악해 보겠습니다.

1장 ✦ 생성형 AI를 이해하는 첫걸음

2장 ✦ AI 코딩의 이해

1장

생성형 AI를 이해하는 첫걸음

✦

요즘은 누구나 한 번쯤 챗GPT나 클로드 같은 AI 서비스를 사용해 본 경험이 있을 것입니다. 마치 생각할 줄 아는 컴퓨터와 대화하듯, 여행 정보를 추천받거나 외국어 학습을 도와달라고 부탁할 수 있죠. 앞으로 우리는 이러한 AI와 함께 개발을 배우고 프로젝트를 만들 것입니다. AI 서비스를 본격적으로 사용하기에 앞서 생성형 AI는 어떻게 작동하는지, 그리고 자주 등장하는 기본 개념과 용어는 무엇인지 먼저 알아 두면 큰 도움이 됩니다.
이 장에서는 생성형 AI의 작동 방식과 함께 필수 개념을 이해하고 원하는 답을 끌어내려면 프롬프트를 어떻게 작성해야 할지 차근차근 알아보겠습니다.

1-1 ✦ 일상을 바꾼 생성형 AI의 등장
1-2 ✦ 생성형 AI는 답을 어떻게 만들어 낼까?
1-3 ✦ 더 나은 답을 만드는 프롬프트 엔지니어링

1-1 ✦ 일상을 바꾼 생성형 AI의 등장

요즘에는 어디에서나 AI라는 말을 들을 수 있습니다. 친구들과 이야기할 때, 유튜브를 시청할 때, 심지어 학교 과제를 하거나 그림을 그릴 때도 AI가 등장하죠. 하지만 이러한 AI가 갑자기 나타난 것은 아닙니다. AI는 오랜 시간 발전을 거듭해 왔고, 최근에는 **생성형 AI**라는 새로운 방식의 AI가 등장해 우리의 일상을 크게 바꾸고 있습니다. 이번 절에서는 AI가 어떻게 발전해 왔는지, 그리고 생성형 AI는 어떤 기술인지 간단히 알아보겠습니다.

AI는 어떻게 발전해 왔을까?

오래전부터 사람들은 "기계가 사람처럼 생각할 수 있을까?"라는 물음을 던져 왔습니다. 이러한 물음에서 시작된 개념이 바로 **인공지능**Artificial Intelligence, AI입니다. 하지만 초기의 AI는 지금처럼 똑똑하지 않았습니다. "이럴 땐 이렇게 해"라는 식으로 사람이 모든 규칙을 직접 정해서 알려 줘야 했죠. 예를 들어 인공지능으로 스무고개 게임을 만들고 싶다면, "동물인가요?", "날 수 있나요?" 같은 질문을 미리 정해 놓고, 각 질문에 대한 답도 사람이 입력해야 했습니다. 이러한 AI를 **전통적인 AI** 또는 **규칙 기반 AI**라고 합니다.

그러던 어느 날, 사람이 입력한 데이터에서 스스로 규칙을 찾아내는 AI가 등장했습니다. 바로 **머신러닝**machine learning입니다. 이 AI는 많은 양의 데이터를 주면 스스로 패턴을 찾아낼 수 있었죠. 예를 들어 고양이 사진을 1,000장 보여 주면 AI는 고양이의 귀 모양, 눈 크기, 몸 형태 같은 특징을 스스로 찾아서 고양이를 구분하는 규칙을 만들어 냅니다. 규칙을 찾아낸 AI는 사람이 직접 가르치지 않아도 학습할 수 있게 되었습니다.

이러한 머신러닝을 더 발전시킨 AI가 **딥러닝**deep learning입니다. 딥러닝은 사람의 뇌를 본떠 만든 신경망neural network 구조를 사용해서 더 복잡한 문제까지 해결할 수 있습니다. 음성 인식이나 얼굴 인식, 자동 번역 등 우리가 일상에서 자주 사용하는 기술도 딥러닝 덕분에 구현되었습니다.

하지만 이러한 AI들에는 공통점이 하나 있습니다. 바로 분석이나 예측은 잘하지만 무언가를 새롭게 만들어 내지 못한다는 점입니다.

생성형 AI의 등장

기존의 AI가 분석과 분류에 능했다면, 새롭게 등장한 AI는 그야말로 모든 것을 만들어 낼 수 있습니다. 바로 **생성형 AI**generative AI가 그 주인공이죠.

기존의 AI는 다음과 같이 주어진 데이터를 보고 판단하는 일을 잘했습니다.

생성형 AI는 데이터를 보고 판단하는 데 그치지 않고 훨씬 많은 일을 할 수 있습니다. 글을 쓰고 그림을 그리고 음악과 영상을 만들 수도 있습니다.

누구나 창작자가 될 수 있는 시대

생성형 AI가 주목받는 진짜 이유는 단순히 똑똑하기 때문이 아닙니다. 이제는 생성형 AI를 활용해 누구나 쉽게 창작자가 될 수 있는 시대가 열렸다는 점이 더 중요하죠. 예전에는 글을 잘 쓰거나 그림을 잘 그리는 사람이 아니면 창작 활동을 하기 어려웠지만, 이제는 전문가가 아니더라도 생성형 AI의 도움을 받으면 자신이 구상한 대로 콘텐츠를 제작할 수 있습니다. 여기에서 더 나아가 앱도 누구나 개발할 수 있게 되었죠.

회사원이 프레젠테이션 자료를 만들 때 AI에게 도움을 받고, 학생이 리포트를 쓸 때도 AI에게 조언을 구하는 시대가 됐습니다. 즉, 이제는 아이디어만으로도 무엇이든 만들 수 있는 시대가 열렸으므로 생성형 AI는 대부분의 사람에게 꼭 필요한 도구가 되었습니다.

AI 코딩에 활용하는 생성형 AI 서비스

창작의 문턱이 낮아지면서 코딩 분야에서도 생성형 AI의 활용이 빠르게 확산되고 있습니다. 여기에서는 2025년 8월 기준으로 AI 코딩에 자주 활용되는 생성형 AI 서비스를 크게 두 분야로 나누어 소개합니다. 자신의 작업 유형에 맞는 서비스를 적절히 선택하기 위해, 서비스의 특성을 잘 이해하고 있어야 합니다.

✦ AI 서비스를 사용해 코드를 작성하는 것을 AI 코딩이라고 합니다. AI 코딩의 개념과 역할은 2장에서 자세히 설명합니다.

대화형 AI 서비스

AI와 채팅하듯 질문하고 답을 받을 수 있는 AI 서비스로, 간단한 코드를 작성하거나 코드 관련 질문을 할 때 유용합니다.

AI 서비스 이름	설명
챗GPT ChatGPT	• 오픈AI OpenAI에서 개발한 가장 대중적인 생성형 AI 서비스 • 대화, 글쓰기, 번역, 코딩, 요약 등 다양한 작업 수행 • GPT-4o부터 이미지와 음성 입력도 처리할 수 있는 멀티모달 AI로 발전
클로드 Claude	• 앤트로픽 Anthropic에서 개발한 AI 서비스로, 긴 문서나 PDF 파일을 이해하고 요약하는 데 강점 • 최신 모델인 오퍼스 Opus 4.1은 뛰어난 추론 능력을 갖춰 심층 분석을 해야하는 복잡한 작업에 적합
제미나이 Gemini	• 구글에서 개발한 멀티모달 AI 서비스로 텍스트나 이미지, 코드, 영상, 지도 등 다양한 정보를 이해하고 응답 • Gemini 2.5 Pro는 복잡한 코딩이나 심층 데이터 분석에, Gemini 2.5 Flash는 대량 데이터 처리나 빠른 응답에 적합
퍼플렉시티 Perplexity	• 실시간 웹 검색 결과를 기반으로 신뢰도 높은 답변을 제공 • 답변마다 출처를 명확히 표시하며 최신 정보를 빠르게 제공

코드 생성·보조 AI 서비스

코드 작성에 특화된 AI 서비스로, 여러 파일로 이루어진 프로젝트의 코드도 생성하거나 수정할 수 있습니다.

AI 서비스 이름	설명
커서 Cursor	• AI에 기반한 통합 개발 환경으로, 개발자의 코드 작성을 보조 • 챗GPT의 GPT-5, 클로드의 소네트 Sonnet 등 다양한 모델과 연동 • 코드 리팩터링, 테스트 작성, 디버깅 등 개발 전체 과정을 자동화
깃허브 코파일럿 GitHub Copilot	• 비주얼 스튜디오 코드 같은 기존 코드 편집기에 통합해서 사용 • 실시간 코드 추천, 함수 생성, 오류 수정 등을 지원 • 초보 개발자부터 숙련된 프로그래머까지 코딩의 생산성을 높이는 데 효과적
클로드 코드 Claude Code	• 범용 AI 모델인 클로드를 기반으로 하는 코딩 특화 AI 서비스 • 터미널에서 클로드와 직접 상호 작용하면서 코딩 관련 작업을 처리할 수 있어서 기존 개발자들에게 인기
리플릿 에이전트 Replit Agent	• 리플릿 플랫폼에서 제공하는 코딩 특화 AI 서비스 • 웹 앱이나 게임을 빠르게 개발할 수 있도록 코드 추천과 수정 기능을 제공 • 간단한 프로젝트를 제작하거나 코딩을 공부할 때 적합

> ♥ **알아 두면 좋아요!** AI 코딩 외에 많이 활용되는 생성형 AI
>
> 생성형 AI는 AI 코딩 외에도 다양한 영역에서 활용되고 있습니다. 이미지 생성 분야, 영상 생성 분야, 음악 생성 분야로 크게 나누어서 주목받는 생성형 AI를 알아봅시다.
>
> ### ❶ 이미지 생성 분야
>
> | 생성형 AI 이름 | 설명 |
> | --- | --- |
> | 달리 DALL·E | • 텍스트로 입력한 문장을 바탕으로 이미지 생성
• 일러스트, 아이콘, 제품 시안 등 다양한 스타일 지원
• 오픈AI에서 개발했으며 챗GPT에서 사용 가능 |
> | 미드저니 Midjourney | • 예술적 감성이 풍부한 이미지 생성에 특화
• 프롬프트만으로도 감각적인 아트워크 생성
• 예술, 게임, 디자인 분야에서 인기 |
> | 스테이블 디퓨전 Stable Diffusion | • 오픈소스로 배포되며 로컬 환경에서 실행 가능
• 다양한 커스텀 모델과 스타일을 적용할 수 있어서 개발자와 디자이너에게 유용합니다. |
> | 나노 바나나 Nano Banana | • 구글에서 출시한 생성형 AI로, 공식 명칭은 Gemini 2.5 Flash Image
• 캐릭터와 장면의 일관성을 뛰어나게 유지하면서 이미지를 빠르고 정밀하게 편집하고 생성 |

❷ 영상 생성 분야

생성형 AI 이름	설명
소라 Sora	• 텍스트 한 줄만으로 영화처럼 사실적인 고화질 영상을 생성 • 스토리보드나 짧은 광고 영상 등 다양한 용도로 활용 • 챗GPT 유료 구독자에게만 제공
런웨이 Runway	• 텍스트뿐 아니라 이미지나 기존 영상을 기반으로 새로운 영상 생성 • 영상 편집, 브이로그 제작, 실험적 영상 콘텐츠 제작에 적합
피카 랩스 Pika Labs	• 애니메이션 스타일의 짧은 영상 생성에 특화 • 텍스트를 바탕으로 캐주얼한 영상 클립 생성 • 유튜브 쇼츠나 뮤직비디오 스타일 콘텐츠 제작에 적합

❸ 음악 생성 분야

생성형 AI 이름	설명
수노 AI Suno AI	• 간단한 문장을 입력하면 그에 맞는 가사, 멜로디, 보컬까지 포함된 노래를 생성 • AI 작곡, 광고 배경음 등의 창작 활동에 폭넓게 활용
일레븐랩스 ElevenLabs	• 텍스트를 자연스러우면서도 감정 표현이 풍부한 음성으로 변환 • 오디오 북, 유튜브 내레이션, 게임 캐릭터 음성 등에 적합

1-2 ✦ 생성형 AI는 답을 어떻게 만들어 낼까?

챗GPT나 클로드 같은 대화형 AI 서비스는 이제 우리에게 꽤 익숙한 이름이 되었습니다. 궁금한 내용도 알려 주고 코드도 작성해 주는 똑똑한 서비스죠. 하지만 내부에서 무슨 일이 일어나고 있는지 우리는 잘 알지 못합니다. 이 절에서는 AI 코딩의 핵심인 AI의 동작 방식을 알아보고, AI 코딩을 하기 위해 기본적으로 알아야 할 몇 가지 개념을 살펴보겠습니다.

AI가 똑똑하게 대답하는 이유 — 프롬프트와 LLM

챗GPT 같은 생성형 AI에게 질문하면 마치 사람처럼 자연스럽게 대답합니다. 이때 생성형 AI에 입력하는 질문을 프롬프트prompt라 하고, AI가 출력하는 대답을 완성completion 또는 응답response이라고 합니다.

그렇다면 생성형 AI는 어떻게 우리 질문에 자연스럽게 응답할 수 있을까요? 그 비밀은 바로 대규모 언어 모델Large Language Model, LLM에 있습니다. 생성형 AI 서비스는 모두 LLM을 기반으로 동작합니다. LLM은 수많은 문장과 자료를 학습해 단어와 문장 사이의 관계를 파악함으로써 사용자의 질문에 가장 적절한 답변을 생성할 수 있습니다.

LLM의 버전은 다양합니다. 예를 들어 챗GPT 서비스에서는 GPT-4o 또는 GPT-5와 같은 LLM을 사용할 수 있습니다. 일반적으로 숫자가 클수록 최신 버전이며 기능도 더 많이 갖추고 있습니다. 클로드 서비스에서 사용하는 LLM 역시 소네트Sonnet 4와 오퍼스Opus 4.1처럼 여러 버전이 있습니다. 그래서 챗GPT나 클로드에 질문할 때는 다음과 같이 LLM 버전을 선택할 수 있습니다.

✦ 이 책을 읽는 시점에 챗GPT의 최신 모델은 바뀔 수 있습니다.

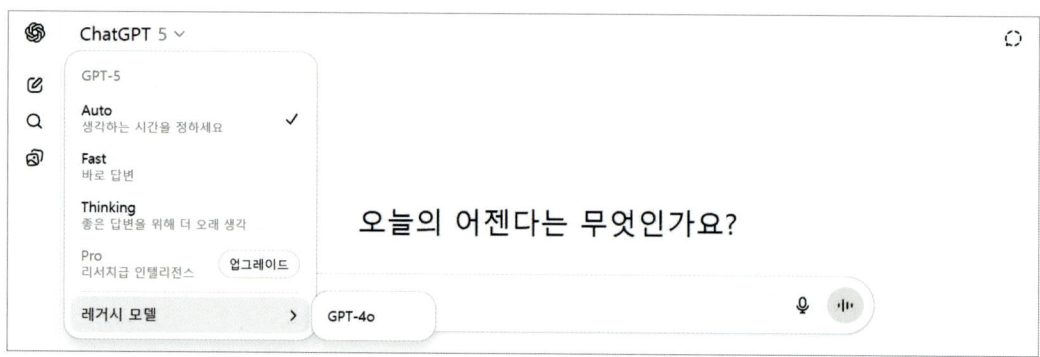

챗GPT에서 제공하는 LLM 버전

그런데 최신 버전이나 기능이 많은 LLM을 선택하는 것이 무조건 좋다고 볼 수는 없습니다. 기능이 많고 성능이 좋을수록 응답에 오랜 시간이 걸리고 비용도 더 많이 들기 때문입니다. 예를 들어 클로드의 오퍼스 4.1은 매우 똑똑하고 정밀한 답변을 제공해 주는 최고급 모델이지만 응답 시간이 길고 사용료도 꽤 비쌉니다. 반면에 소네트 4는 오퍼스 4.1보다 약간 단순하지만 속도가 빠르고 비용도 저렴합니다. 간단한 요약, 코드 정리, 번역 같은 작업이라면 소네트만으로도 충분한 경우가 많습니다. LLM을 고를 때는 항상 최신 버전을 선택하는 것보다 사용 목적과 시간, 비용을 잘 따져 보고 자신에게 맞는 모델을 선택하는 것이 현명합니다.

맥락을 이해하는 기술 — 트랜스포머

사람은 말을 듣거나 글을 읽을 때 단어 하나하나를 따로 보는 게 아니라 문장 전체의 흐름을 통해 의미를 파악합니다. 예를 들어 '동생이 사과를 먹습니다.'라는 문장이 있을 때 '동생'이 행동의 주체, '먹는다'가 행동, '사과'가 먹는 대상이라는 것을 알 수 있습니다. 이렇게 사람은 문장을 읽을 때 단어 사이의 관계를 파악하고 문장의 맥락을 이해해서, 누가 무엇을 했는지 자연스럽게 정리할 수 있습니다. 이 과정은 우리가 의식하지 않아도 우리의 두뇌에서 빠르게 처리됩니다.

LLM 역시 비슷한 방식으로 언어를 이해하려고 합니다. LLM의 핵심 작업은 문장의 맥락을 고려해서 다음에 어떤 단어가 올지 예측하는 것입니다. 자연스러운 문장을 만들기 위해 엄청나게 큰 단어 데이터베이스와 단어 간의 관계를 활용해야 하죠. 이때 **맥락에 따라 단어의 의미를 조정할 수 있도록 도와주는 기술**이 트랜스포머transformer입니다.

예를 들어 트랜스포머는 "우리 집 고양이 이름은 이지인데, 창밖을 보고 있습니다."라는 문장의 맥락을 분석해 '이지'가 고양이라는 사실을 이해합니다. 그래서 "창밖을 보고 있는 건 누구인가요?"라는 질문에 "고양이"라고 자연스럽게 답할 수 있습니다.

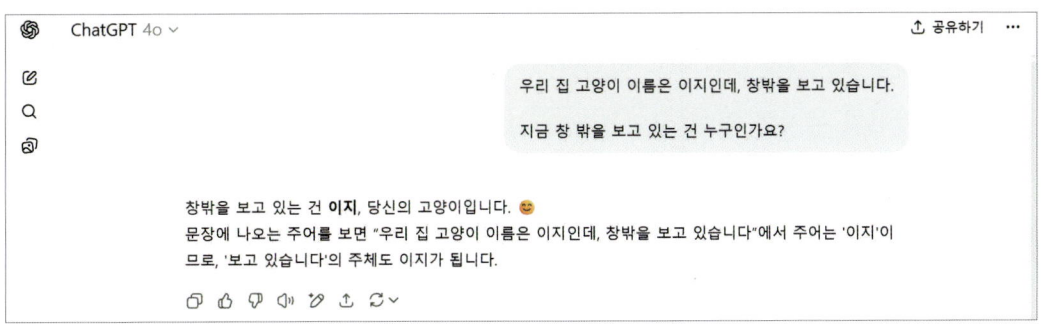

챗GPT가 프롬프트의 문맥을 분석하는 예

물론 이것은 트랜스포머가 동작하는 과정을 아주 단순하게 설명한 것입니다. 실제 과정은 훨씬 더 복잡하지만 여기에서는 어떤 식으로 동작하는지만 알고 넘어가겠습니다. LLM이 트랜스포머로 프롬프트에서 맥락을 분석하고 그 후에 올 내용까지 예측할 수 있다는 점을 기억하면 됩니다.

AI가 기억하는 문맥의 용량 — 토큰과 컨텍스트 윈도우

AI 서비스는 종류가 다양하고 무료와 유료에 따라 제공되는 기능에도 차이가 있습니다. 서비스끼리 비교하거나 같은 서비스의 여러 요금제를 비교하다 보면 '토큰'이나 '컨텍스트 윈도우' 같은 낯선 용어가 등장합니다. 이러한 용어들이 무엇을 의미하는지 함께 살펴봅시다.

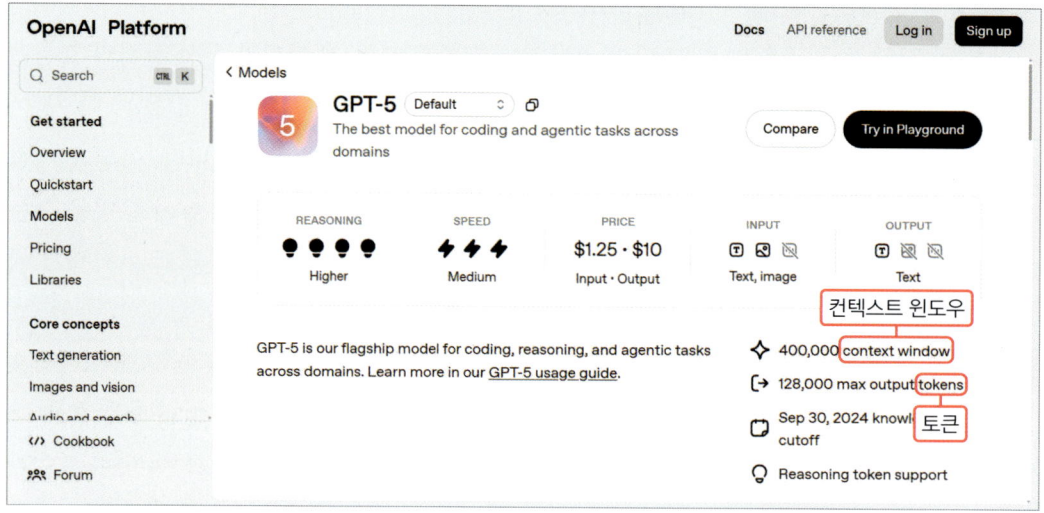

GPT-5 모델의 상세 화면

토큰

우리는 문장을 단어 단위로 입력하지만 AI는 내부적으로 이를 토큰^{token}이라는 형태로 나누어 이해합니다. 토큰이란 정보를 논리적으로 나눈 단위로, 한 단어는 하나의 토큰이 될 수도 있고 여러 개의 토큰으로 나뉠 수도 있습니다.

토큰이 무엇인지 예시와 함께 살펴보겠습니다. 오픈AI 토크나이저(https://platform.openai.com/tokenizer)에 접속하면 챗GPT에서 문장을 어떻게 토큰으로 나누는지 확인할 수 있습니다. 텍스트 입력란에 '우리 집 고양이 이름은 이지인데, 창밖을 보고 있습니다.'라고 입력해 보세요. 텍스트를 입력하는 동안 입력란 아래에 토큰이 표시됩니다. 어떤 단어는

1개의 토큰으로, 어떤 단어는 여러 개의 토큰으로 나뉩니다. 심지어 쉼표나 마침표도 하나의 토큰으로 취급됩니다. 각 토큰은 서로 다른 색으로 칠해져서 쉽게 구별할 수 있습니다.

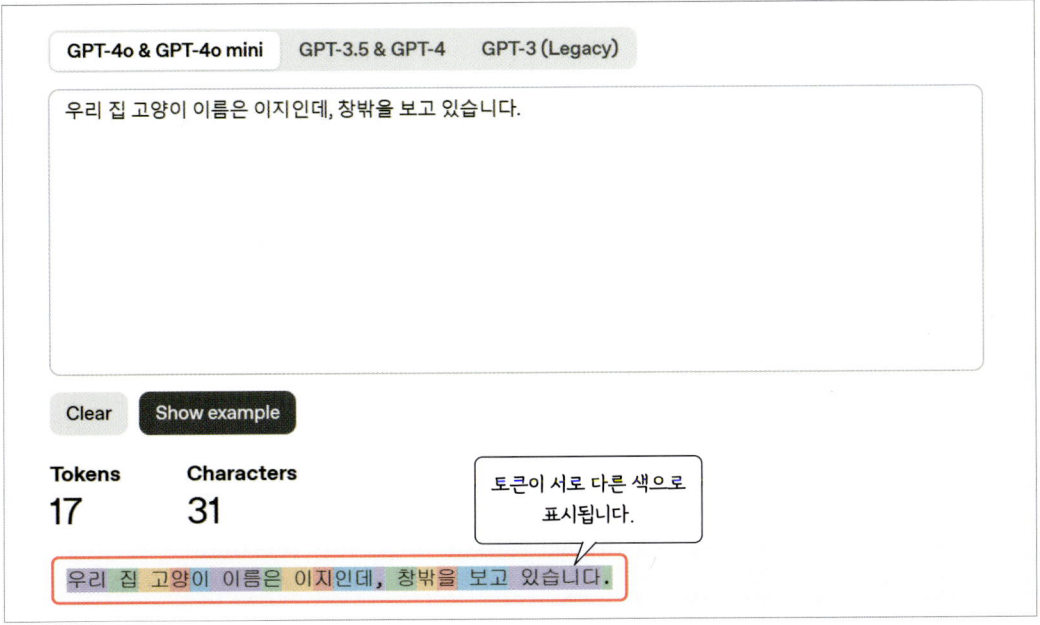

토크나이저에서 확인한 문장의 토큰

AI는 토큰을 처리할 때 문자 그대로 사용하지 않고 숫자 코드로 변환해서 사용합니다. 이 숫자 코드를 토큰 ID라고 하는데, 토큰이 표시된 영역에서 [Token IDs]를 클릭하면 토큰 ID를 볼 수 있습니다. 예를 들어 '우리'라는 토큰은 '144799', '집'이라는 토큰은 '55439'이라는 숫자로 바뀌죠.

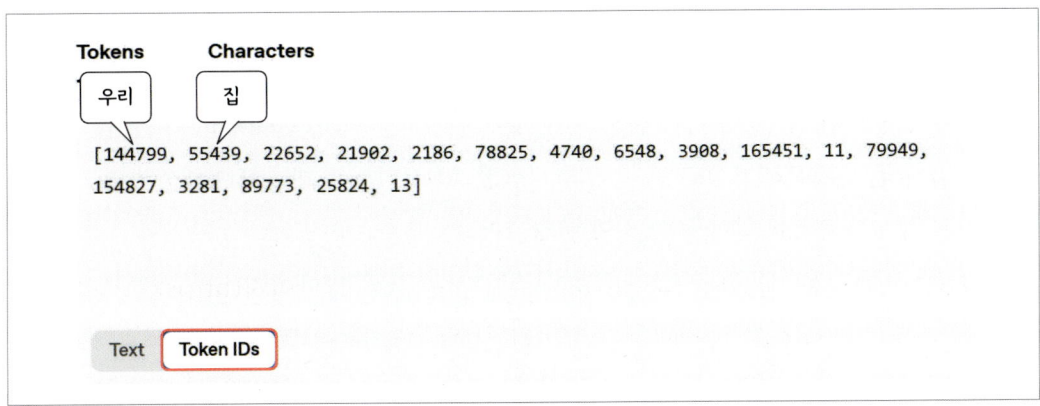

문장을 토큰 ID로 변환한 결과

이처럼 AI가 문장이나 단어를 숫자로 바꿔서 처리하는 이유는 컴퓨터가 문자를 직접 이해하지 못하고 오직 숫자 데이터만 빠르게 계산할 수 있기 때문입니다. 따라서 AI에 프롬프트를 요청하면 AI는 모든 단어를 각각의 토큰 ID(숫자)로 바꾸고 조합해서 다음에 나올 단어를 예측합니다.

컨텍스트 윈도우

AI는 우리가 보낸 프롬프트와 해당 프롬프트의 응답을 모두 기억해서 문맥을 이해하고 있어야 계속해서 올바르게 대답할 수 있습니다. 이때 **AI가 한 번에 기억할 수 있는 문맥의 용량**을 컨텍스트 윈도우context window라고 하는데, 컨텍스트 윈도우는 '글자 수'가 아니라 '토큰 수'로 계산합니다. 프롬프트를 음성으로 입력하거나 이미지를 첨부하면, 음성 파일과 이미지 파일 역시 토큰으로 변환되어 컨텍스트 윈도우에 포함됩니다.

예를 들어 챗GPT의 초기 모델인 GPT-3.5의 컨텍스트 윈도우는 4,096토큰으로, A4 용지 2~3장 분량입니다. 대화 내용이 이 분량을 넘으면 AI는 이전 내용을 잊어버려서 문맥에 맞지 않는 대답을 할 수도 있습니다. 또한 이 정도의 토큰 수로는 프롬프트에서 이미지나 음성 등을 사용할 수 없습니다.

반면에 챗GPT에서 2024년 5월에 공개한 모델인 GPT-4o의 컨텍스트 윈도우는 128,000 토큰으로, 거의 책 1권 분량입니다. 따라서 GPT-4o는 긴 대화도 자연스럽게 이어 갈 수 있습니다. 또한 입력할 수 있는 토큰이 커서 프롬프트에 이미지를 첨부하거나 음성으로 프롬프트를 작성할 수도 있죠. 즉, 사용할 수 있는 토큰 수에 따라 AI의 기억력과 프롬프트 입력 방식이 달라지고, AI가 만들어내는 대답의 품질에도 차이가 생깁니다.

AI 모델, 엔진, 에이전트 구분하기

AI를 공부하다 보면 'AI 모델', 'AI 엔진', 'AI 에이전트'처럼 비슷해 보이는 용어들을 만납니다. 이 개념들은 혼용되기도 하지만 우리가 사용할 AI 서비스를 제대로 이해하려면 각각 어떤 의미가 있는지 정확히 알아 두는 것이 좋습니다.

AI 모델

AI 모델model은 특정한 데이터를 학습해서 예측하거나 분류하고 생성하도록 훈련된 프로그램이나 알고리즘을 말합니다. AI를 구현하는 모든 모델을 포괄하는 넓은 개념이죠.

예를 들어 미드저니Midjourney에서는 이미지 생성 모델을 사용하고, 챗GPT에서는 텍스트 생성 모델을 사용합니다. 앞에서 공부한 LLM도 대규모 텍스트 데이터를 학습해서 텍스트 생성에 최적화되어 있는 AI 모델입니다.

AI 엔진

AI 엔진engine은 AI 모델을 하나 또는 여러 개 포함하면서 데이터 전처리부터 결과 생성까지 전체 과정을 관리하는 소프트웨어나 시스템을 가리킵니다. 예를 들어 자연어 처리 엔진이나 이미지 분석 엔진 등이 있습니다.

AI 에이전트

AI 에이전트agent는 사용자의 요청을 받아 처리하고 내부 모델과 상호 작용하는 소프트웨어입니다. 쉽게 말하면 우리가 실제로 대화하거나 클릭하는 AI 서비스를 모두 AI 에이전트라고 할 수 있죠. 예를 들어 챗GPT나 제미나이뿐 아니라 기업에서 운영하는 AI 상담 챗봇 서비스 역시 AI 에이전트입니다.

모델, 엔진, 에이전트의 관계

AI 에이전트는 그 안에 있는 AI 엔진을 사용하고, AI 엔진은 다시 AI 모델을 활용하여 결과를 만듭니다. 즉, 에이전트는 여러 기술 요소를 조합해서 전체 문제 해결 과정을 통합 관리하고 실행하는 똑똑한 관리자라고 할 수 있습니다.

챗GPT를 예로 들면 챗GPT는 AI 에이전트이고, 챗GPT에서는 자연어 처리 엔진을 사용합니다. 그리고 이 엔진에는 GPT-5를 비롯해 여러 AI 모델이 있습니다.

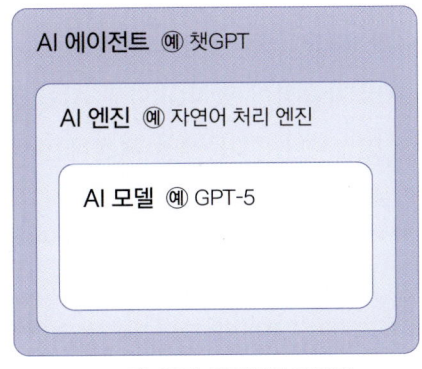

AI 모델, 엔진, 에이전트의 관계

LLM을 활용하는 방법

LLM이 제공하는 응답의 품질은 사용자가 입력하는 프롬프트나 학습 과정에서 사용한 데이터에 따라 크게 달라집니다. 처음에는 프롬프트를 통해 더 나은 응답을 이끌어 내는 방법만 사용하지만 이 외에도 다양한 방법으로 LLM에서 최선의 응답을 얻어낼 수 있습니다. 주로 사용하는 방법으로는 프롬프트 엔지니어링, 검색 증강 생성, 파인 튜닝, 모델 학습 등 4가지가 있습니다. 비용이나 시간, 전문성, 사용할 수 있는 데이터, 해결할 사례에 따라 4가지 중에 어떤 방법을 선택할지 달라집니다. 가장 간단한 프롬프트 엔지니어링부터 시작해서 LLM을 활용하는 4가지 방법의 특징을 알아보겠습니다.

프롬프트 엔지니어링

프롬프트 엔지니어링 prompt engineering은 LLM을 사용하는 가장 간단하고 저렴한 방법으로, AI에서 최상의 결과를 얻어 내기 위해 **프롬프트를 어떻게 효과적으로 작성할지에 집중**합니다. LLM을 변경하지 않으므로 프롬프트가 얼마나 잘 구성되었는지에 따라 정확도가 달라집니다. 프롬프트에 적절한 문맥 context을 추가하면 응답의 품질을 향상하는데 도움됩니다.

✦ 프롬프트 엔지니어링은 1-3절에서 자세히 설명합니다.

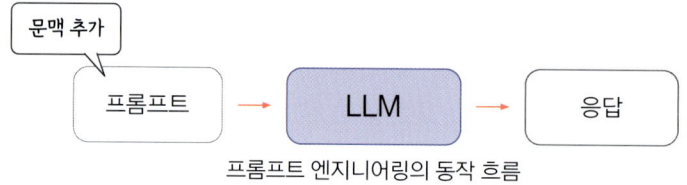

프롬프트 엔지니어링의 동작 흐름

검색 증강 생성

LLM은 훈련 시점에 제공되는 지식만 학습하므로 학습한 범위 바깥의 정보를 질문하면 제대로 답변하지 못할 수 있습니다. 예를 들어 어떤 고객이 A라는 회사의 제품 매뉴얼에 관해 AI에게 질문했을 때 LLM에 미리 학습되어 있지 않다면 AI는 정확하게 답변하지 못하거나 아예 엉뚱한 내용을 말할 수도 있습니다. 이 문제를 해결하는 방법이 검색 증강 생성 Retrieval Augmented Generation 입니다. 흔히 줄여서 RAG라고 하죠.   ✦ RAG는 래그라고 발음합니다.

RAG를 사용하면 AI가 **데이터베이스에서 사용자의 질문에 관련된 문서를 검색한 후 그 결과를 프롬프트에 포함**시킵니다. 이렇게 확장된 프롬프트를 LLM에 전달하죠. 외부 데이터를 사용하므로 모델을 다시 훈련하지 않고도 최신 정보로 모델을 업데이트해야 할 때 가장 적합합니다.

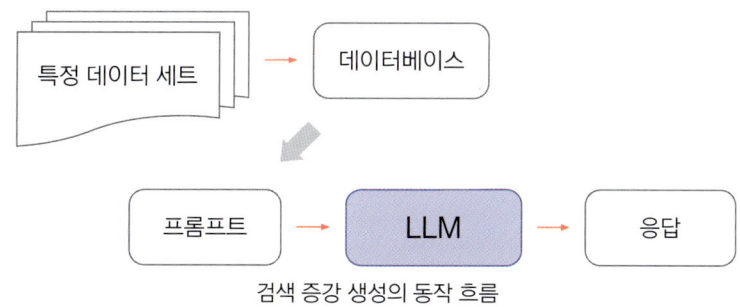

검색 증강 생성의 동작 흐름

RAG를 사용할 때는 데이터 개인 정보 보호에 주의해야 합니다. 내부 정보를 외부 LLM 제공 업체에 보내면 정보가 유출될 위험이 있고, 일부 모델은 자신을 통과하는 데이터를 계속 보유하는 경우가 있기 때문입니다. 또한 추가 데이터를 전송하므로 더 큰 컨텍스트 윈도우가 필요하고 그 결과 비용이 증가합니다. 외부 호출을 사용하므로 처리 시간이 느려진다는 점도 기억해 두어야 합니다.

파인 튜닝

파인 튜닝fine tuning은 **처리하려는 작업에 맞게 설계된 특정 데이터 세트로 LLM을 훈련**하는 방법입니다. 미리 준비한 데이터로 훈련하므로 모델은 특정 작업을 수행하는 데 더 능숙해집니다. 일단 모델을 파인 튜닝하면 모든 정보가 모델에 내장되므로 프롬프트마다 자세한 예제나 추가 정보를 제공할 필요가 없습니다. 그만큼 응답의 품질도 좋아지고 실행 비용도 저렴합니다.

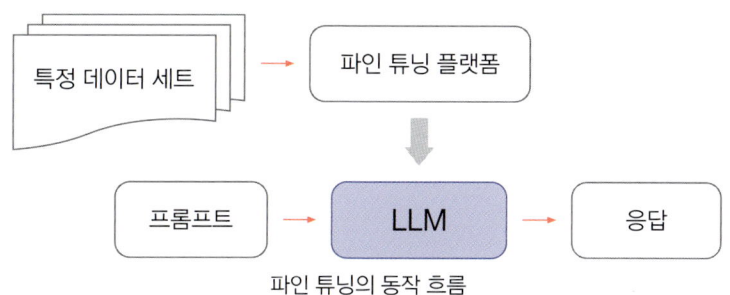

파인 튜닝의 동작 흐름

이 방법은 높은 정확도와 일관성이 필요한 작업 중에서도 데이터가 많을 경우에 적합합니다. 하지만 모델을 훈련하기 전에 데이터를 제대로 정리하고 형식을 맞추는 데 시간을 투자해야 한다는 단점도 있습니다.

모델 훈련

난이도가 가장 높은 접근 방식은 처음부터 **훈련된 모델을 구축**하는 것입니다. 이렇게 하면 가장 정확하고 목적에 맞는 응답을 AI가 제공합니다. 하지만 이 방법은 그만큼 시간이 많이 걸리고 비용도 매우 많이 들죠. 처음부터 훈련된 모델을 개발하는 데는 데이터의 복잡성과 크기에 따라 짧게는 몇 개월에서 길게는 1년 이상 걸릴 수 있습니다. 예를 들어 GPT-5 같은 대규모 모델을 훈련시키려면 수천 개의 GPU가 몇 주 또는 몇 달 동안 병렬로 실행되어야 할 수 있습니다. 이 방법은 최고의 품질을 제공하므로 대량의 독점 데이터와 장기적으로 사용할 가능성이 있는 전문화된 작업에 적합합니다.

지금까지 배운 LLM을 활용하는 4가지 방법을 간단히 정리하면 다음과 같습니다.

LLM을 활용하는 4가지 방법

방법	특징
프롬프트 엔지니어링	좋은 결과를 얻기 위해 프롬프트를 정교하게 작성하는 기법입니다.
검색 증강 생성	문서, 웹 등 외부 데이터를 검색해서 최신 정보나 정확한 답변을 작성하도록 합니다.
파인 튜닝	특정 분야의 데이터로 기존 모델을 다시 훈련하여 원하는 방식으로 응답하도록 만듭니다.
모델 훈련	처음부터 모델을 새로 만들어 학습시키는 방식입니다.

1-3 ✦ 더 나은 답을 만드는 프롬프트 엔지니어링

1-2절에서 소개한 LLM을 활용하는 방법 중 프롬프트 엔지니어링은 간단하고 비용이 적게 들어 가장 널리 사용되는 방법입니다. 실제로 같은 질문을 하더라도 프롬프트를 어떻게 작성하는지에 따라 AI의 응답이 크게 달라지며, 이는 코드를 작성할 때도 마찬가지입니다. 이번 절에서는 AI에게서 원하는 결과를 얻기 위해 꼭 알아 두어야 할 프롬프트 엔지니어링 기법을 살펴봅시다.

프롬프트 엔지니어링은 왜 필요할까?

'이미 AI를 사용해 왔고 적절한 응답을 받고 있는데 굳이 프롬프트 엔지니어링이 필요할까?'라고 생각할 수도 있습니다. 하지만 앞에서 살펴보았던 것처럼 LLM은 우리가 기대하는 방식으로 동작하지 않습니다. AI는 우리의 질문이나 자신의 응답을 전혀 이해하지 못합니다. 단지 프롬프트에 맞춰 확률적으로 가장 적합한 문장을 만들고 완성된 문장을 질문한 사람에게 보여 줄 뿐입니다.

LLM은 '확률적 모델'입니다. 쉽게 말해 같은 질문을 하더라도 매번 응답이 달라질 수 있다는 것이죠. 예를 들어 챗GPT에게 다음과 같이 질문하면 나무를 한 문장으로 설명합니다.

> 나무는 어떻게 생겼어? 한 문장으로 설명해 줘.
>
> 나무는 뿌리로 땅에 서고, 줄기를 세워 가지를 뻗고, 잎을 달아 하늘을 향해 자라는 식물이야.

다시 새 채팅 창을 열고 같은 질문을 하면 앞의 응답과 다른 답변을 보여 줍니다.

> 나무는 어떻게 생겼어? 한 문장으로 설명해 줘.
>
> 나무는 땅에 뿌리를 내리고 서서 줄기와 가지를 뻗어 하늘을 향해 잎을 펼치는 생물이에요.

이처럼 같은 질문을 하더라도 AI는 매번 다른 답변을 제공하므로 '확률적'이라는 표현을 씁니다. 2가지 답변 모두 맞는 내용입니다. 단지 다른 방식으로 설명할 뿐이죠.

만일 간단한 정보를 찾거나 가볍게 읽을 내용을 요청했다면 텍스트가 조금 달라져도 상관없겠지만, LLM의 응답에 전적으로 의존해서 앱을 만들어야 하는 상황이라면 크게 문제가 될 수 있죠. **답변이 매번 바뀐다면 앱의 동작에 영향**을 줄 수 있으니까요. 예를 들어 같은 기능을 하는 코드지만 변수 이름이나 함수 이름 등이 매번 달라질 수도 있고, 같은 요구 사항을 입력해도 한번은 A 라이브러리, 다른 한번은 B 라이브러리를 추천하기도 합니다. 특히 협업 프로젝트에서 팀원이 같은 프롬프트로 다시 요청했을 때 코드가 달라지면 오류를 추적하기도 어려워지죠.

예제 기반 프롬프트 기법 — n-샷 프롬프트

프롬프트 엔지니어링은 모델을 변경하지 않고 사용하기 때문에 질문을 얼마나 잘 구성하느냐에 따라 답변의 품질이 달라집니다. 질문을 구성하는 대표적인 기법으로는 **제로샷**, **원샷**, **퓨샷** 등이 있습니다. 여기에서 샷shot은 예제를 뜻합니다. AI에게 질문할 때 보여 주는 예제의 개수에 따라 AI가 문맥을 파악하는 정도가 달라진다는 의미입니다. 제로샷은 예제가 0개, 원샷은 예제가 1개, 퓨샷은 예제가 2개 이상 있다는 뜻입니다. 실제 프롬프트와 함께 살펴봅시다.

제로샷 프롬프트

제로샷 프롬프트zero-shot prompt는 AI에게 **예제 없이** 바로 작업을 수행하도록 요청하는 기법입니다. 모델이 이전에 훈련한 데이터에서 학습한 지식만으로 작업을 수행하게 됩니다. 예를 들어 프롬프트를 다음과 같이 작성할 수 있습니다.

다음 뉴스 제목이 긍정적인지 부정적인지 분류해 줘.
"올해 국내 취업률 5% 상승, 경제 회복 신호"

제로샷은 간단하고 명확한 작업에 효과적이며, 모델이 지식을 충분히 쌓았을 때 잘 작동합니다. 하지만 요청한 내용이 복잡하거나 특별한 응답 형식이 필요한 작업에서는 성능이 떨어질 수 있습니다.

원샷 프롬프트

원샷 프롬프트^{one-shot prompt}는 모델에게 예제 하나를 제공한 후, 비슷한 작업을 수행하도록 요청하는 기법입니다. 이 경우 프롬프트를 다음과 같이 작성할 수 있습니다.

다음 뉴스 제목이 긍정적인지 부정적인지 분류해 줘.

예제:
"세계 최악의 금융위기 발생, 주식시장 폭락" - 부정적

분류할 제목:
"올해 국내 취업률 5% 상승, 경제 회복 신호"

원샷은 모델에게 문제를 해결하는 방식과 답변의 형태를 명확히 보여 줄 수 있어서 제로샷보다 더 정확한 결과를 얻을 수 있습니다.

퓨샷 프롬프트

퓨샷 프롬프트^{few-shot prompt}는 예제를 여러 개(보통 2~5개) 제공한 후, 작업을 수행하도록 요청하는 기법입니다. 예를 들어 프롬프트를 다음과 같이 작성할 수 있습니다.

다음 뉴스 제목이 긍정적인지 부정적인지 중립적인지 분류해 줘.

예제:
"세계 최악의 금융위기 발생, 주식시장 폭락" - 부정적
"올해 국내 취업률 5% 상승, 경제 회복 신호" - 긍정적
"전국 대부분 지역 맑음, 일부 지역 비 소식" - 중립적

분류할 제목:
"신규 친환경 에너지 정책 발표, 구체적 실행 계획은 미정"

퓨샷은 모델에게 더 많은 규칙과 사례를 보여 줄 수 있어서 복잡한 작업이나 미묘한 차이를 파악해서 분류하는 작업에 특히 유용합니다.

원하는 답을 이끌어 내는 프롬프트 설계 기법

앞서 설명한 것처럼 LLM은 사용자의 질문을 이해하지 못하고 단지 통계적으로 가능성이 가장 큰 정보로 다음 토큰을 만듭니다. 따라서 답변을 조금 더 세밀하게 받고 싶다면 질문을 체계적으로 설계하는 것이 좋습니다. 여기에서는 프롬프트를 설계하는 3가지 기본적인 기법을 알아보겠습니다.

지시형 프롬프트 사용하기

지시형 프롬프트는 AI에게 명확한 명령이나 지시를 내리는 기법입니다. 이는 AI가 수행해야 할 작업을 직접 알려 줌으로써 원하는 결과를 얻기 쉽고 작성 방법도 단순하다는 장점이 있습니다. 지시형 프롬프트를 작성할 때는 '분석해 줘'나 '요약해 줘'처럼 행동을 명확하게 지시하면 좋습니다. 이 경우 '~하지 마'보다 '~해'와 같이 긍정적으로 지시하는 것을 추천합니다.

 다음 문장을 한국어로 번역하고, 번역된 결과를 초등학생이 이해할 수 있는 수준으로 다시 작성해 줘. Artificial intelligence systems are designed to perform tasks that typically require human intelligence.

응답 형식 지정하기

AI의 응답 형식을 미리 지정하면 원하는 형태로 정보를 받을 수 있습니다. 이는 특히 특정 구조나 포맷이 필요한 경우에 유용합니다. 이 경우 표나 마크다운, JSON처럼 원하는 출력 형식을 함께 알려 줄 수도 있고, 특정 섹션이나 카테고리를 나누어 답변해 달라고 요청할 수도 있습니다.

 유튜브의 주요 기능을 요약하고, 추가 기능을 목록 형태로 제공해 줘. 그리고 JSON 형식으로 출력해 줘.

컨텍스트 제공하기

AI에게 충분한 배경 정보나 맥락을 제공하면 관련성이 높고 정확한 응답을 얻을 수 있습니다. 이러한 배경 정보나 맥락을 '컨텍스트'라고 합니다. 컨텍스트가 부족하면 AI는 일반적인 정보나 가정에 기반한 답변을 제공할 확률이 높아지죠.

프롬프트에서 자주 사용하는 컨텍스트는 다음과 같습니다.

- **관련 배경 정보 제공**: 상황, 목적, 대상 독자 등 관련 정보를 알려 줍니다.
- **관련 도메인 명시**: 특정 분야나 산업과 관련된 응답이 필요한 경우 해당 도메인을 명시합니다.
- **제약 조건이나 한계 설명**: 시간, 길이, 복잡성 등의 제약 조건을 명확히 합니다.

✦ 도메인(domain)이란 AI가 답변해야 할 특정 주제나 전문 분야를 가리킵니다.

이러한 컨텍스트를 제공한 프롬프트 예시는 다음과 같습니다.

> 나는 소프트웨어 스타트업의 마케팅 담당자로 일하고 있어. 기술에 익숙하지 않은 40~50대 소비자를 대상으로 한 보안 앱을 홍보하려고 해. 이 앱은 간단한 인터페이스로 개인정보 보호와 온라인 보안을 강화하는 기능을 제공할 거야. ― 컨텍스트
>
> 대상 고객층에게 효과적으로 어필할 수 있는 마케팅 메시지의 주요 포인트 5가지를 제안해 줘. 전문 용어를 사용하지 않아야 하고 이해하기 쉬워야 한다는 점을 명심해 줘. ― 질문

지금까지 살펴본 것처럼 프롬프트를 작성할 때 AI에게 무엇을 해야 하는지 명확하게 지시하고 원하는 응답 형식을 알려 주거나 충분한 배경 정보를 제공한다면, AI로부터 더 정확하고 유용한 응답을 얻을 수 있습니다.

프롬프트를 설계하는 3가지 기법

방법	설명	특징
지시형 프롬프트 사용하기	말투, 방식, 대상 등을 조정해서 지시합니다.	프롬프트를 작성하기 쉽습니다.
응답 형식 지정하기	목록이나 표, JSON 등의 답변 형식을 지정합니다.	보기 쉽고 정돈된 답변을 받을 수 있습니다.
컨텍스트 제공하기	질문의 배경 정보나 예시를 추가할 수 있습니다.	상황에 맞는 응답을 유도할 수 있습니다.

2장

AI 코딩의 이해

✦

AI 코딩 서비스란 인공지능 기술을 활용하여 코드를 작성하거나 코드 개선(리팩터링), 오류 수정(디버깅), 테스트 등을 지원하는 것을 말합니다. 이런 서비스를 잘 활용하면 개발의 생산성과 코드 품질을 높일 수 있죠. 또한 개발 기간 동안 단순하고 반복된 작업을 자동화할 수 있어서 개발 시간을 단축할 수도 있습니다. 이 장에서는 자주 사용하는 AI 코딩 서비스를 살펴보고, AI로 코딩할 때 기억해 두어야 할 몇 가지 주의점도 함께 알아보겠습니다.

2-1 ✦ AI 코딩이란 무엇일까?
2-2 ✦ 미래의 AI 코딩과 개발자
2-3 ✦ 어떤 AI 코딩 서비스를 선택해야 할까?
2-4 ✦ AI 코딩에서 유용한 프롬프트

2-1 ✦ AI 코딩이란 무엇일까?

이 절에서는 AI 코딩이란 무엇이고, 어떤 역할을 하는지 알아보겠습니다. AI 코딩은 공식으로 사용하는 용어는 아닙니다. 이 책에서는 AI 서비스를 사용해 코드를 작성하는 것을 간단히 줄여서 'AI 코딩'이라고 하겠습니다.

인공지능과 함께 개발하기 — AI 코딩

AI 코딩이란 **인공지능이 개발자의 역할을 도와 코드 작성, 수정, 최적화, 문서화 등을 자동으로 수행하는 작업 방식**입니다. 예를 들어 개발자가 원하는 기능을 설명하면 AI가 알아서 코드를 만들어 주거나 작성한 코드를 분석해 더 깔끔한 코드로 개선해 주는 역할을 하죠.

불과 몇 년 전까지만 해도 앱을 개발하거나 웹 사이트를 제작하려고 할 때 개발자가 모든 코드를 직접 작성해야 했습니다. 하지만 이제는 AI에게 필요한 내용을 말하기만 하면 AI가 코드를 추천하거나 코드 전체를 작성해 주기도 합니다. 개발자가 작성한 코드에서 오류를 수정하기도 하고요. AI가 개발자의 역할 중 일부를 맡아서 수행하는 것이죠. 예전에는 개발 언어와 알고리즘을 충분히 학습해야만 작성할 수 있던 코드를 이제는 AI가 몇 초 만에 작성해 줍니다.

코딩의 진화 — 기계 중심에서 사람 중심으로

컴퓨터가 등장한 후 개발자는 컴퓨터에서 동작하는 프로그램을 만들기 위해 모든 코드를 직접 작성했습니다. 어셈블리어라는 **저수준 프로그래밍 언어**를 사용할 경우 코드 한 줄을 작성하기도 꽤 어려웠죠. 예를 들어 어셈블리어를 사용해서 숫자 2개를 더하는 코드는 다음과 같습니다.

✦ 저수준 프로그래밍 언어란 기계가 이해하기 쉽도록 코드를 작성하는 언어입니다.

```
MOV AX, 1   ; AX 레지스터에 1을 저장
ADD AX, 2   ; AX 레지스터의 값에 2를 더함
```

그 후에 C나 자바, 파이썬 같은 **고수준 프로그래밍 언어**가 등장해서 이전보다 코드 작성이 쉬워졌습니다. 이러한 언어는 사람이 이해하기 쉽게 만들어져 있어 누구나 비교적 쉽게 프로그래밍을 배울 수 있죠. 그래도 프로그래밍 언어의 문법을 완전히 이해하고 자유롭게 코드를 작성하려면 많은 시간이 걸렸습니다. 예를 들어 숫자 2개를 더하는 파이썬 코드는 다음과 같이 작성할 수 있습니다.

```
a = 1
b = 2
print(a + b)   # 3 출력
```

하지만 최근에는 챗GPT나 깃허브 코파일럿, 커서 같은 **AI 코딩 서비스**들이 등장하면서 개발자가 직접 코드를 작성하지 않아도 AI가 코드를 작성하거나 더 나은 코드로 개선해 주는 시대가 되었습니다. 예를 들어 챗GPT에게 다음과 같이 요청하면 여러 가지 방법을 활용해서 작성한 코드를 제공합니다.

 파이썬으로 1부터 100까지 더하는 코드를 만들어 줘.

챗GPT에서 파이썬 코드를 생성하는 화면

AI 코딩으로 무엇을 만들 수 있을까?

AI 코딩 서비스의 등장은 개발의 새로운 시대를 열고 있습니다. 원하는 코드를 한 번에 완벽하게 만들지는 못하더라도 계속 보완하고 수정하면 사람이 직접 작성하는 것보다 훨씬 빠르고 정확하게 코드를 완성할 수 있습니다.

예를 들어 간단한 블로그나 포트폴리오 페이지는 물론, 쇼핑몰이나 예약 시스템처럼 복잡한 웹 앱도 AI 코딩으로 만들 수 있습니다. 또한 데이터를 분석하거나 그래프를 그리는 것처럼 시간이 오래 걸리는 작업도 AI 코딩으로 훨씬 쉽게 시작할 수 있죠.

반복되는 업무를 자동화하는 스크립트를 만들거나, 원하는 데이터를 자동으로 수집해 정리해 주는 봇bot도 손쉽게 만들 수 있습니다. 예를 들어 매일 이메일로 오는 데이터를 자동으로 정리해서 보고서를 만들어 주는 자동화 프로그램을 AI 코딩으로 빠르게 작성할 수 있습니다. 이 외에 여러 분야에서 어렵게 느껴지던 코딩 작업도 AI는 누구나 시도해 볼 수 있도록 도와줍니다. 중요한 것은 완벽한 코드를 한 번에 완성하는 것이 아니라, AI가 제시하는 코드를 바탕으로 원하는 결과를 만들 수 있도록 개선해 나가는 것입니다.

AI 코딩 서비스의 주요 기능

AI 코딩 서비스에는 코드를 자동으로 만드는 기능 외에도 다양한 기능이 있습니다. 개발 과정을 더 빠르고 쉽게 만들어 주는 AI 코딩 서비스의 주요 기능을 간단히 살펴보겠습니다. 여기에서는 가장 친숙한 대화형 AI 서비스인 챗GPT를 사용합니다.

코드 생성 — 코드를 척척 만들어 줍니다

개발자가 원하는 기능을 설명하면 AI가 알아서 코드를 만들어 줍니다. AI는 이미 많은 자료와 코드를 학습한 상태이므로 사용자 요청을 이해하기만 하면 다음과 같이 긴 코드도 짧은 시간 안에 작성할 수 있습니다.

 파이썬으로 더하기, 빼기, 곱하기, 나누기 기능이 있는 계산기 프로그램을 만들어 줘.

```
Calculator Python
1   def add(a, b):
2       return a + b
3
4   def subtract(a, b):
5       return a - b
6
7   def multiply(a, b):
8       return a * b
9
10  def divide(a, b):
11      if b == 0:
12          return "Error: Cannot divide by zero"
13      return a / b
14
15  def calculator():
16      while True:
17          print("\nSimple Calculator")
18          print("1. Add")
19          print("2. Subtract")
20          print("3. Multiply")
21          print("4. Divide")
22          print("5. Exit")
23
24          choice = input("Choose an operation (1-5): ")
25
26          if choice == '5':
27              print("Exiting the calculator. Goodbye!")
28              break
29
30          if choice in ('1', '2', '3', '4'):
31              try:
32                  num1 = float(input("Enter first number: "))
33                  num2 = float(input("Enter second number: "))
34              except ValueError:
35                  print("Invalid input. Please enter numerical values.")
```

챗GPT에서 파이썬 코드를 생성한 예

이렇게 AI에게 원하는 기능을 설명하면 바로 코드를 작성해 주기 때문에 개발 속도가 훨씬 빨라집니다. 뒤에서 살펴볼 커서와 같은 일부 AI 코딩 서비스에서는 코드 자동 완성 기능도 제공하는데, 사용자가 코드를 작성하는 도중에 잠시 멈추면 AI가 다음에 입력할 내용을 예측하여 추천해 줍니다.

✦ 코드 자동 완성 기능은 3-4절에서 자세히 설명합니다.

코드 디버깅 — 오류를 찾아줍니다

개발자는 코드에서 발생한 오류를 찾아 수정하는 과정을 반복합니다. 이 과정을 디버깅debugging이라고 합니다. AI 코딩 서비스는 이런 오류를 자동으로 분석해서 어떤 문제가 발생했는지 설명해 주며 수정 방법까지 제시해 줍니다.

코드를 실행했는데 오류 메시지가 나타난다면 코드에 문제가 있다는 뜻입니다. 그런데 아직 개발에 익숙하지 않은 초보자에게 오류 메시지는 마치 외계어처럼 보일 수도 있습니다. 다음 파이썬 코드를 예로 들어 보겠습니다.

```
def divide_numbers(a, b):
    return a / b
print(divide_numbers(10, 0))
```

이 코드를 실행하면 다음과 같은 오류가 발생합니다.

```
ZeroDivisionError: division by zero
```

0으로는 나눗셈을 할 수 없어서 ZeroDivisionError가 발생했다는 뜻입니다. 이런 오류가 발생하면 예전에는 개발자가 오류가 발생한 코드를 직접 찾아서 수정해야 했습니다. 코드가 수백, 수천 줄이라면 보통 일이 아니겠지요? 하지만 이제는 AI가 오류를 자동으로 찾아내서 해결 방법까지 알려 줍니다.

예를 들어 앞에서 문제가 발생했던 코드를 프롬프트에 입력하고 문제를 찾아 달라고 요청해 보겠습니다. AI는 오류를 찾고 설명하는 데 그치지 않고 코드를 어떻게 수정해야 할지도 알려 주기 때문에 디버깅이 어려운 초보자도 AI의 도움을 받아 문제를 빠르게 해결할 수 있습니다.

이 코드에서 문제가 되는 부분을 알려 줘.

```
def divide_numbers(a, b):
    return a / b
print(divide_numbers(10, 0))
```

이 코드에서 문제가 되는 부분은 다음과 같습니다:

문제점:
- `divide_numbers(10, 0)` 을 호출하면 `ZeroDivisionError` 가 발생합니다.
- 파이썬에서 숫자를 0으로 나누는 것은 허용되지 않으며, 프로그램이 오류를 내고 종료됩니다.

해결 방법:
- `try-except` 를 사용하여 `ZeroDivisionError` 를 방지할 수 있습니다.

수정된 코드:

```python
def divide_numbers(a, b):
    try:
```

챗GPT에서 코드 오류를 수정하는 예

코드를 실행했는데 어디가 문제인지 모를 때, 혹은 오류 메시지를 이해할 수 없을 때 코드 디버깅 기능을 이용해 보세요.

코드 리팩터링 — 더 깔끔한 코드로 바꿔 줍니다

코드 리팩터링refactoring이란 코드의 기능은 그대로 유지하면서 더 깔끔하고 이해하기 쉽게 정리하는 과정을 말합니다. 개발을 처음 공부할 때는 정상으로 실행되는 코드를 작성하는 데에 집중하다 보니 코드가 복잡해지기 쉽습니다. 처음에는 깔끔하게 작성한 코드도 기능을 추가하고 오류를 수정하는 과정을 거치다 보면 처음보다 복잡하고 이해하기 어려워지죠. 이럴 때 코드를 리팩터링하면 이해하기 쉽고 실행 속도도 빨라집니다. 이렇게 깔끔한 코드일수록 오류를 찾기도 쉬워지겠죠?

이전에는 코드 리팩터링을 하려면 어느 정도 숙련된 개발 실력이 필요했지만 이제 AI를 이용해서 누구나 자신의 코드를 리팩터링할 수 있습니다.

다음 코드는 짝수만 골라내는 함수를 파이썬으로 작성한 예입니다. 챗GPT에게 이 코드를 리팩터링해 달라고 요청하면 파이썬에서 권장하는 리스트 축약^{list comprehension} 방법을 사용해 코드를 더 간결하게 바꿔 줍니다.

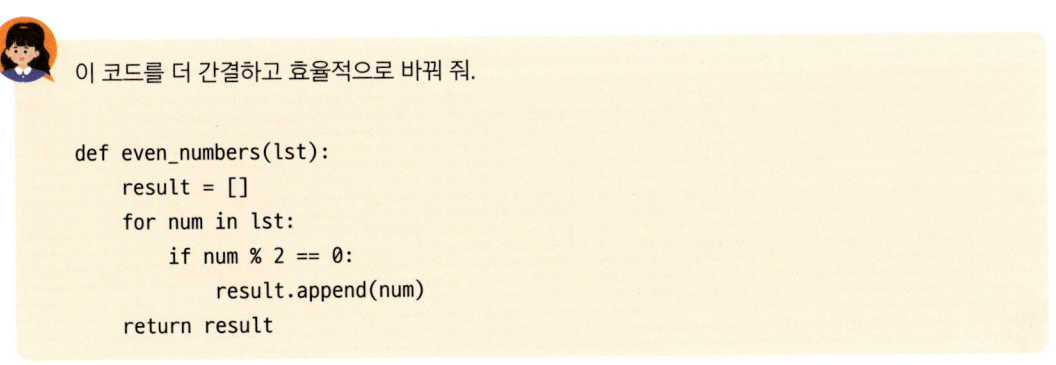

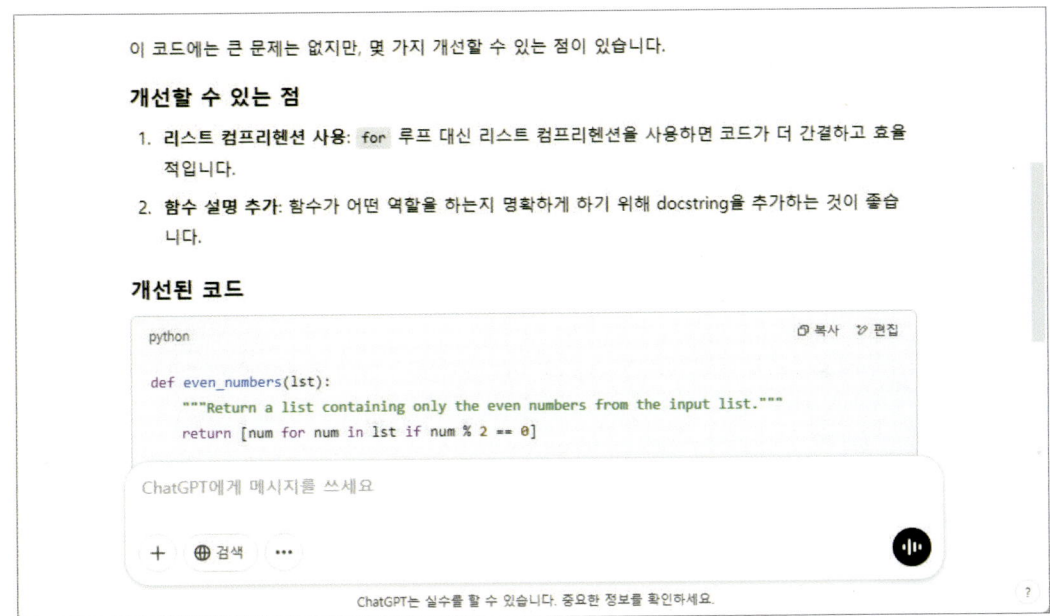

챗GPT에서 코드를 리팩터링한 예

코드가 훨씬 간결해졌죠? 단순히 개선된 코드만 제시하는 것이 아니라 설명도 함께 제공하므로 코드를 공부할 때에도 도움이 됩니다.

코드 문서화 — AI가 자동으로 설명을 달아 줍니다

코드를 처음 작성할 때는 이해가 되지만 시간이 지나면 그 내용을 기억하지 못할 때도 있죠. 또한 팀 단위로 프로젝트를 진행하면 내가 작성한 코드를 다른 사람과 함께 검토하는 경우가 있는데 이때 코드에 설명을 달아 두면 훨씬 편리하겠죠? 이러한 설명을 주석이라고 하며 코드에 주석을 추가하여 나중에 다시 볼 때 이해하기 쉽게 만드는 것을 문서화라고 합니다.

✦ 코드에 붙인 주석은 코드를 설명하려고 메모한 것으로, 코드 실행에는 아무런 영향을 주지 않습니다.

예를 들어 코드에 주석이 없어서 함수의 역할을 한번에 이해하기 어렵다면 AI에게 주석을 붙여 달라고 요청할 수 있습니다.

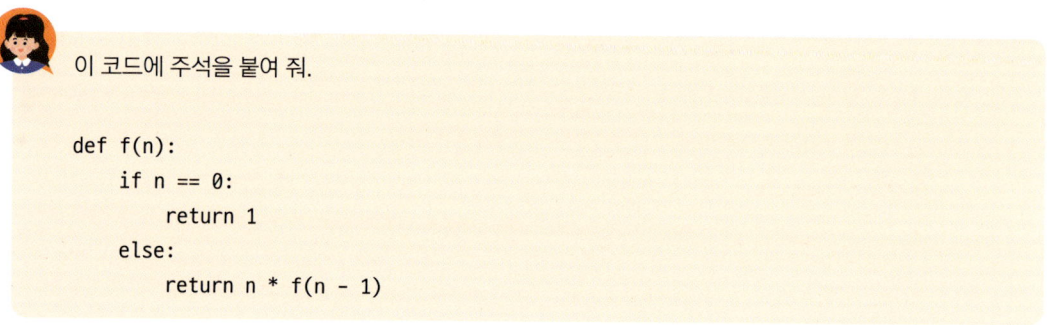

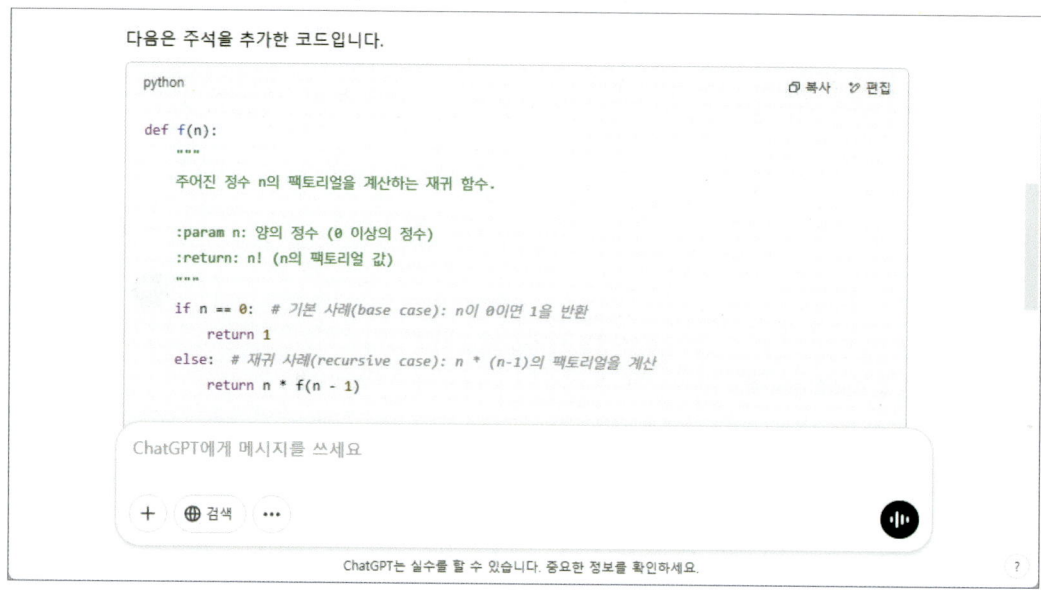

챗GPT에게 코드 주석을 작성해 달라고 요청한 예

코드 역할을 한눈에 파악하고 정리하고 싶을 때 문서화 기능을 사용해 보세요.

바이브 코딩이란?

AI 코딩은 'AI의 도움을 받아 코드를 작성하거나 수정하는 것'을 의미합니다. 즉, 사람이 코드를 모두 직접 작성하지 않고 AI에게 도움을 받아 빠르고 효율적으로 개발하는 모든 방식을 통틀어 AI 코딩이라고 할 수 있습니다.

그렇다면 최근 화제가 되고 있는 바이브 코딩vibe coding은 무엇일까요? 바이브 코딩은 코드의 구조나 세부 구현에는 크게 신경 쓰지 않고 **바이브(느낌)에 의존해 AI에게 코드를 맡기는 코딩 방식**을 말합니다. 자연어로 기능을 설명하면 AI가 코드를 만들고 오류까지도 알아서 해결합니다. 즉, 사람은 전체 방향과 아이디어를 제시하고 AI는 구체적인 구현을 담당하는 협업 코딩이죠.

바이브 코딩을 할 때는 대부분의 코드를 AI가 자동으로 생성합니다. 그래서 아이디어만 있으면 기존보다 훨씬 빠르게 앱이나 웹 사이트를 만들 수 있습니다. 그리고 처음 생성된 코드가 완벽하진 않더라도 AI에게 반복해서 수정 요청을 하면 원하는 결과에 점점 가깝게 만들 수 있죠.

바이브 코딩의 등장으로 개발 문턱은 크게 낮아졌습니다. 코딩을 전혀 배우지 않은 사람도 간단한 앱이나 서비스를 직접 만들 수 있는 시대가 열렸습니다. 그리고 앞으로 개발자의 역할도 달라지겠죠. 단순히 코드를 작성하는 데에 그치지 않고 AI와 협력하여 창의적인 결과를 이끌어 내야 합니다. 따라서 **기획력과 문제 해결 능력의 중요성이 커질 것**입니다. 좋은 아이디어를 제시하고, AI에게 효과적으로 요청하며, 원하는 결과를 얻기 위해 전략적으로 수정하는 능력이 핵심입니다.

2-2 ✦ 미래의 AI 코딩과 개발자

AI 코딩 서비스의 발전은 개발자들의 업무 방식에 큰 변화를 가져왔습니다. AI가 자동으로 코드를 생성하고, 오류를 찾아 수정해 주며, 최적화까지 도와주는 시대가 되었죠. 그렇다면 AI 코딩은 앞으로 어떤 방향으로 발전할까요? 그리고 개발자는 이 변화에 어떻게 적응해야 할까요?

AI 코딩이 가져올 주요 변화

AI 코딩의 발전은 단순히 코드를 자동으로 생성하는 수준을 넘어 개발 전반을 혁신하는 방향으로 나아가고 있습니다. 앞으로 AI 코딩이 가져올 대표적인 변화를 살펴보겠습니다.

코드 자동화가 더욱 정교해집니다

지금도 챗GPT나 깃허브 코파일럿, 커서 같은 AI 코딩 서비스들은 개발자가 입력한 코드의 맥락을 분석해서 코드를 작성합니다. 하지만 앞으로 AI는 더 정교한 알고리즘을 활용해 개발자가 코드를 작성하기도 전에 필요한 기능을 예측하여 제안하는 수준까지 발전할 것입니다. 즉, AI는 **단순한 코드 작성 보조 서비스를 넘어 때로는 개발의 주체 역할까지** 맡을 수도 있습니다.

AI가 기획과 설계까지 도와줍니다

현재 AI 코딩 서비스는 주로 코드 생성과 리팩터링에 초점을 맞추고 있지만, 향후에는 **소프트웨어 기획과 설계 단계에서도 AI가 적극 활용**될 것입니다. 예를 들어 AI에게 '간단한 블로그 시스템을 설계해 줘'라고 요청하면 요구 사항 분석부터 데이터베이스 설계, 코드 생성까지 한 번에 진행할 수 있을 것입니다.

AI와 개발자의 협업이 더욱 중요해집니다

AI가 아무리 발전해도 개발자의 역할이 완전히 사라지지는 않을 것입니다. 그 대신 AI와 협업하는 능력이 더욱 중요해질 것입니다. AI가 코드를 생성하면 개발자는 이를 검토하고 수정하며 더 나은 방향으로 개선해야 합니다. 그리고 AI가 제안한 코드가 완벽하지 않을 수 있으므로 개발자는 코드의 품질을 판단하는 능력을 길러야 합니다. 또한 AI를 효과적으로 활용할 수 있는 프롬프트 작성 능력이 중요한 기술이 됩니다. 즉, 개발자는 AI와 협력하는 방법을 익히고, AI가 부족한 부분을 보완하는 역할을 해야 합니다.

이처럼 AI는 코드 작성뿐만 아니라 개발 전반에 걸쳐 변화를 일으키고 있습니다. 그렇다면 이러한 변화 속에서 개발자는 어떤 역량을 키워야 할까요?

AI 코딩 시대의 개발자 역량

AI가 개발을 도와주는 시대가 되면서 개발자가 갖춰야 할 역량도 변화하고 있습니다. 단순히 '코드를 잘 짜는 것'을 넘어서 AI를 활용하는 방법을 익히고 창의적인 문제 해결 능력을 키우는 것이 중요합니다.

AI 활용 능력

앞으로 개발자는 단순히 프로그래밍 언어를 배우는 것만으로는 부족합니다. 이제 개발자는 **AI 코딩 서비스를 효과적으로 사용하는 능력**을 갖춰야 합니다. 챗GPT나 클로드 같은 대화형 AI 서비스를 활용해 코드를 만들고 자동으로 문서화할 수 있어야 하고, 깃허브 코파일럿이나 커서 같은 코드 생성·보조 AI 서비스에서 프로젝트를 관리하며 코드를 작성하는 방법도 알아야 합니다.

코드 품질 관리 능력

AI가 코드를 자동으로 생성해 준다고 해서 무조건 신뢰할 수는 없습니다. AI가 생성한 코드에는 버그와 보안이 취약한 부분이 있을 수도 있죠. 따라서 개발자는 **코드를 검토하고 디버깅하며 보안성을 점검하는 능력**을 지녀야 합니다.

코드 스타일을 통일하고 가독성을 높이는 방법도 익혀야 합니다. AI가 코드를 작성하더라도 결국 사람이 그 코드를 이해하고 유지·보수해야 합니다. 가독성이 떨어지거나 스타일이 서로 다르다면 협업 과정에서 코드를 이해하기 어려워지고 실수할 가능성이 높아집니다.

창의적인 문제 해결 능력

AI가 단순한 코드 작성은 잘 할 수 있지만 완전히 새로운 문제를 해결하는 능력은 아직 부족합니다. 따라서 개발자는 **AI가 해결할 수 없는 복잡한 문제를 창의적으로 해결할 수 있는 능력**을 키워야 합니다.

해결할 문제를 정의하기 위해 비즈니스 요구 사항을 분석하고, 사용자 중심의 솔루션을 설계하는 능력 역시 개발자에게 필요한 능력입니다.

AI 시대에 개발자로 성장하기

AI가 개발을 도와주는 시대지만, 성장하는 개발자는 AI를 '단순히 사용'하는 것이 아니라, AI를 '잘 활용'하는 능력을 갖추고 있습니다. 그렇다면 AI 코딩 시대에 개발자로 성장하기 위해 어떤 전략을 가져야 할까요?

AI 코딩 서비스를 적극 활용하세요

개발을 처음 시작한다면 AI 코딩 서비스를 활용하여 프로그래밍을 더욱 쉽게 배울 수 있습니다. AI가 코드의 흐름을 설명해 주고 문법을 자동으로 수정해 주기 때문에 혼자 공부할 때보다 훨씬 빠르게 배울 수 있죠.

챗GPT나 클로드를 활용해서 개념을 공부하거나 다양한 AI 코딩 서비스를 사용해서 작은 프로젝트를 직접 만들어 보기 바랍니다. AI 코딩 서비스마다 장단점을 빠르게 파악해서 필요할 때 그에 맞는 적절한 서비스를 선택하는 능력도 개발자의 역량이 될 것입니다.

AI가 없는 환경에서도 개발할 수 있는 능력을 갖추세요

AI는 강력한 서비스지만 모든 상황에서 AI를 사용할 수 있는 것은 아닙니다. 또한 AI 코딩 서비스의 능력을 최대한 끌어내려면 기초 프로그래밍 능력이 있어야 합니다. 특히 프롬프트를 효과적으로 작성하려면 프로그래밍의 기본 구조와 논리를 이해해야 합니다. 기초 알고리즘과 자료구조를 익혀 문제를 해결할 수 있는 능력을 키우고, 개발자의 필수 역량인 디버깅, 코드 최적화, 보안 점검 능력을 기르면 좋습니다. 오픈소스 프로젝트에 기여하면서 코드 리뷰와 협업 능력을 쌓는 기회를 갖는 것도 권합니다.

AI를 활용한 창의적인 프로젝트를 진행해 보세요

AI 코딩 서비스를 단순히 코드 생성 서비스로만 사용하지 말고 더 창의적인 방식으로 활용하는 습관이 중요합니다. AI를 활용해서 새로운 프로젝트를 위한 아이디어를 얻어 보세요. 그리고 AI가 제공하는 코드를 기반으로 더 효율적인 코드로 개선하는 연습도 필요합니다.

AI 시대의 개발자는 AI와 협업하는 능력을 키우면서 개발자로서 경쟁력도 갖춰야 합니다. AI가 개발자의 역할을 대체하는 것이 아니라 개발자의 역량을 확장시키는 서비스가 된다는 점을 꼭 기억해 두세요.

AI 코딩 시대의 윤리와 책임

AI 코딩 서비스를 사용하면 매우 편리하고 강력한 기능을 경험할 수 있지만 그만큼 윤리적인 책임도 함께 따라옵니다.

저작권 문제에 주의해야 합니다

AI는 인터넷에 있는 다양한 코드나 정보를 학습해서 답변을 만듭니다. 이 과정에서 기존에 다른 사람이 작성한 코드나 자료를 참고할 수도 있죠. 따라서 AI가 만들어 준 코드나 문서를 사용할 때는 다른 사람의 저작권을 침해하지 않는지 점검해야 합니다. 필요하다면 코드를 수정하거나 참고한 자료를 명시하는 것도 좋은 방법입니다.

개인정보 보호도 고려해야 합니다

AI를 통해 서비스를 만들거나 데이터를 다룰 때는 개인정보를 안전하게 보호해야 합니다. 예를 들어 사용자의 이름, 주소, 전화번호 같은 민감한 정보를 다룬다면 이 데이터가 외부로 유출되지 않도록 특별히 신경 써야 합니다. 개인정보가 포함된 데이터를 AI에 입력하지 않도록 주의하세요.

AI가 만든 결과물을 맹신하지 않아야 합니다

AI가 생성한 코드나 문서는 매우 그럴듯해 보일 수 있지만 항상 완벽하지는 않습니다. 때로는 부정확하거나 편향된 결과를 내놓을 수 있습니다. 따라서 AI가 만든 결과물은 그대로 사용해서는 안 되고 개발자에게 검토하고 수정할 책임이 있습니다. AI가 만든 결과물은 사람이 최종 책임져야 한다는 점을 꼭 기억하세요.

" 최종 책임은 개발자에게 있다! "

2-3 ✦ 어떤 AI 코딩 서비스를 선택해야 할까?

AI 코딩 서비스에는 다양한 형태가 있으며, 앞으로도 계속 새로운 서비스가 등장할 것입니다. 개발자는 적절한 서비스를 상황에 맞게 선택할 줄 알아야 합니다. 1-1절에서 소개한 AI 코딩에 활용하는 생성형 AI 서비스를 조금 더 자세히 나눠서 각 서비스의 장단점을 비교해 보고, 어떤 상황에서 어떤 서비스를 사용하면 좋을지 살펴보겠습니다.

대화형 AI 서비스

웹 브라우저에서 채팅하듯 질문하고 답을 받을 수 있는 가장 직관적인 형태의 AI 서비스입니다. 챗GPT나 클로드, 제미나이, 퍼플렉시티 같은 서비스가 여기에 해당하죠. 사용자는 자연어로 질문하고 AI는 코드 예제나 개념 설명, 오류 분석, 문서 요약 등 다양한 방식으로 답변합니다. 코딩 전용 서비스는 아니지만 코드를 만드는 능력도 뛰어나서 프로그래밍을 배우거나 코드 관련 질문을 할 때 유리합니다. 이 서비스는 따로 설치하지 않아도 바로 사용할 수 있어서 편리하지만, 코드 실행 환경은 내장되어 있지 않아서 코드를 직접 복사해서 IDE에 붙여 넣은 후 실행해야 합니다.

대화형 AI 서비스는 다음과 같은 상황에서 활용할 수 있습니다.

- 코딩을 처음 배우는 초보자가 개념을 이해할 때
- 코드를 분석하거나 개선 방향을 찾을 때
- 긴 코드나 기술 문서를 정리할 때

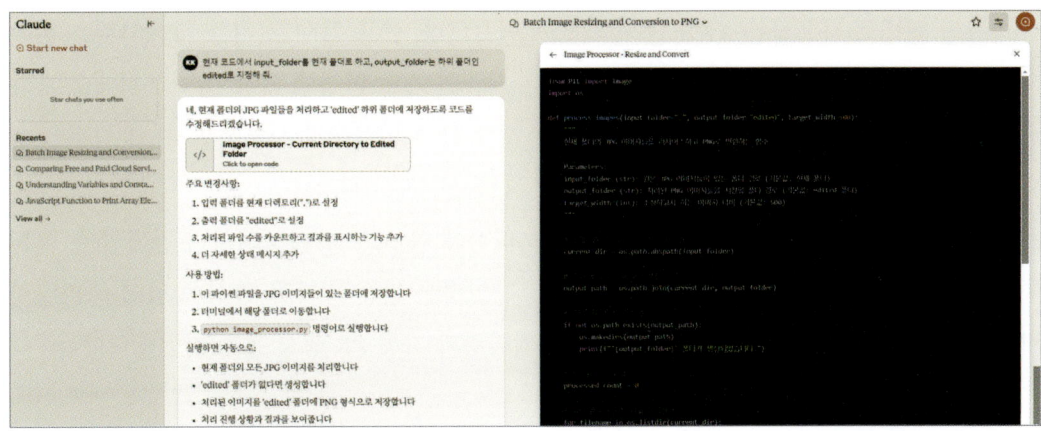

클로드를 사용하여 코드를 작성한 예

웹 기반 앱 빌더

웹 브라우저만 있으면 언제 어디서든 앱을 만들 수 있도록 설계된 서비스입니다. 1-1절에서 소개한 리플릿Replit 외에도 v0를 비롯해 볼트Bolt나 러버블Lovable 같은 서비스가 있습니다. 이 서비스는 개발 환경을 따로 설치하지 않아도 웹상에서 코드를 실행할 수 있어서 소규모 프로젝트나 프로토타입 제작에 적합하지만, 설정이 복잡한 고급 프로젝트에는 적합하지 않죠. 웹 기반 앱 빌더는 다음과 같은 상황에서 활용할 수 있습니다.

- 디자인 시안을 기반으로 웹 사이트의 UI를 만들고 싶을 때
- 간단한 웹 앱을 만들면서 코딩을 연습하고 싶을 때

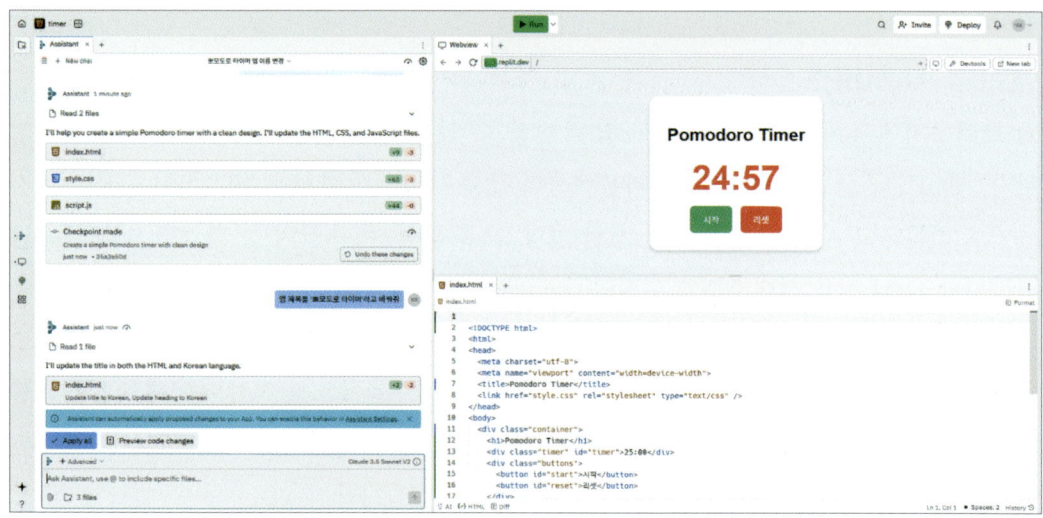

리플릿에서 타이머 코드를 생성한 예

플러그인형 서비스

플러그인 형태로 사용하는 AI 코딩 서비스도 있습니다. 예를 들어 깃허브 코파일럿은 비주얼 스튜디오 코드(이후 줄여서 VS Code) 같은 기존의 개발 환경에 확장extension 형태로 추가해서 사용합니다. 이미 사용자가 설정해 놓은 개발 환경을 그대로 사용하면서 AI 기능을 추가해서 사용한다는 장점이 있습니다.

플러그인 서비스는 개발자가 코드를 입력하면 다음에 올 코드를 예상해서 추천해 주는 코드 자동 완성 기능이 뛰어납니다. 최근 깃허브 코파일럿은 단순한 자동 완성을 넘어 코파일럿 에이전트Copilot Agent라는 모드를 통해 전체 리팩터링과 자동 PR 생성 등도 지원합니다.

◆ PR이란 Pull Request의 줄임말로, 코드를 리뷰한 후 그 결과를 원래 코드에 병합시켜 달라고 요청하는 것입니다. 자세한 내용은 4-4절을 참고하세요.

깃허브 코파일럿 외에 플러그인 형태의 서비스로 프라이버시 보호에 더 강점이 있는 탭나인Tabnine이나 좀 더 가벼운 코디엄Codeium 같은 서비스도 있습니다.

플러그인형 서비스는 다음과 같은 상황에서 활용할 수 있습니다.

- 기존의 개발 환경에 AI 기능을 추가하고 싶을 때
- 반복된 코딩 작업을 빠르게 처리하고 싶을 때
- 코드 리뷰를 자동화하고 싶을 때

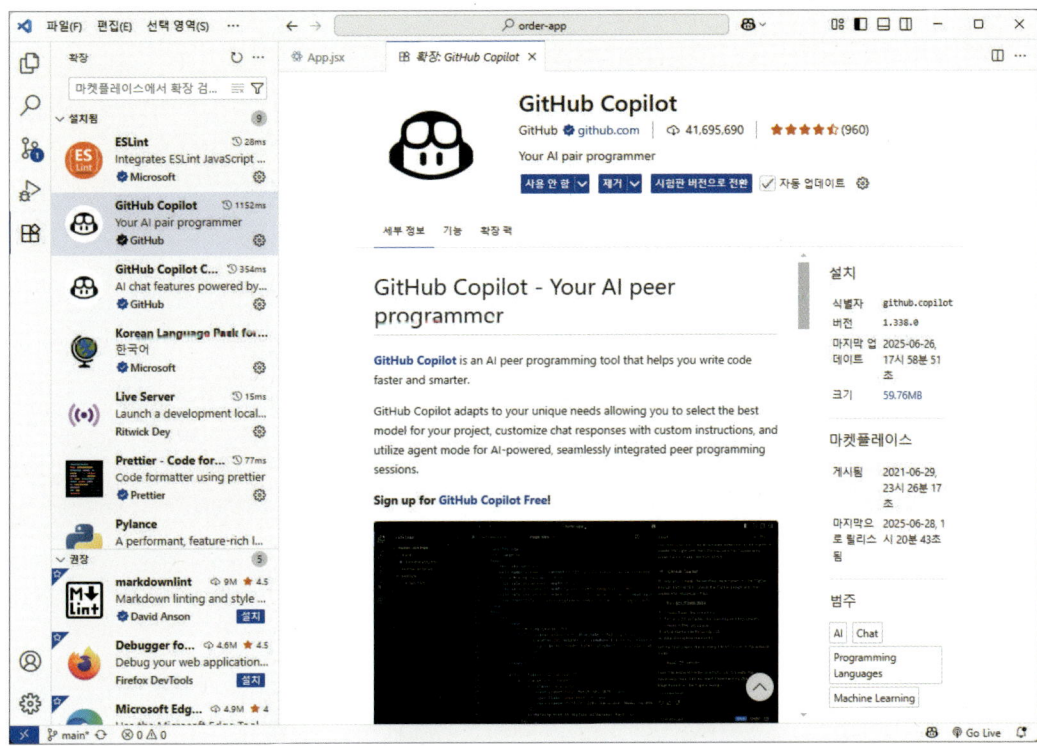

VS Code에서 깃허브 코파일럿을 설치하는 화면

통합 개발 환경(IDE)형 서비스

AI 기능이 내장된 통합 개발 환경Integrated Development Environment, IDE 서비스도 있습니다. AI가 실시간으로 오류를 분석하거나 문서를 생성하는 등 강력한 실시간 협업 기능을 제공합니다. 특히 이 책에서 배우게 될 커서Cursor라는 서비스는 VS Code와 유사한 인터페이스를 제공하면서도 멀티라인 자동 완성, 코드 리팩터링, 오류 추적, 프로젝트 전체 일괄 수정 등의 고급 기능을 갖추고 있어서 실제로 AI와 페어 프로그래밍하는 느낌으로 개발할 수 있습니다.

단, 처음에는 자신에 맞게 초기 설정을 해야 하고, 원활하게 사용하기 위해서는 유료 요금제를 이용해야 한다는 단점이 있습니다.

통합 개발 환경 서비스는 다음과 같은 상황에서 사용할 수 있습니다.

- AI와 긴밀하게 연동된 IDE 환경을 원할 때
- 하나의 서비스에서 코드 생성, 디버깅, 리팩터링, 문서화까지 한 번에 해결하고 싶을 때
- 프로젝트 전체를 통합 관리하며 AI에게 반복된 작업을 맡기고 싶을 때
- 고성능 AI 모델을 연동해 활용하고 싶을 때

커서를 사용해서 커피 주문 앱을 만드는 예

터미널 기반 AI 에이전트

터미널 기반 AI 에이전트는 코딩에 어느 정도 익숙한 중급 이상의 개발자를 위한 서비스입니다. 터미널 환경에서 자연어를 해석해 여러 파일에 걸쳐 있는 작업을 자동으로 수행합니다. 이 서비스는 단순한 코드 작성을 넘어서 복잡한 대규모 프로젝트 전체를 분석하고 논리적인 구조를 파악한 뒤, 자동으로 코드를 생성하거나 수정하는 고급 기능까지 제공합니다. 대표적인 서비스로 클로드 코드Claude Code와 오픈AI 코덱스 CLICodex CLI, 제미나이 CLIGemini CLI가 있습니다.

✦ CLI란 Command Line Interface의 줄임말로 터미널을 통해 텍스트로 명령을 입력하고 텍스트 형태로 결과를 보여 주는 방식을 말합니다.

이 서비스들은 초기 설정 과정이 다소 복잡합니다. 그리고 CLI 기반이므로 터미널 환경과 자연어 지시를 능숙하게 다룰 수 있는 사용자에게 특히 추천되는 고급형 AI 코딩 서비스라고 할 수 있습니다.

터미널 기반 AI 에이전트는 다음과 같은 상황에서 사용할 수 있습니다.

- 프로젝트 전반에 걸쳐 반복된 빌드나 배포 명령을 자동화하거나 코드 내 오류를 찾아 자동으로 수정할 때
- 새로운 기능을 추가하는 과정에서 필요한 모듈 구조를 자동으로 생성할 때
- 개발자 온보딩 과정에서 프로젝트 구조를 분석하여 자동으로 문서를 생성하거나 테스트 케이스를 만들 때

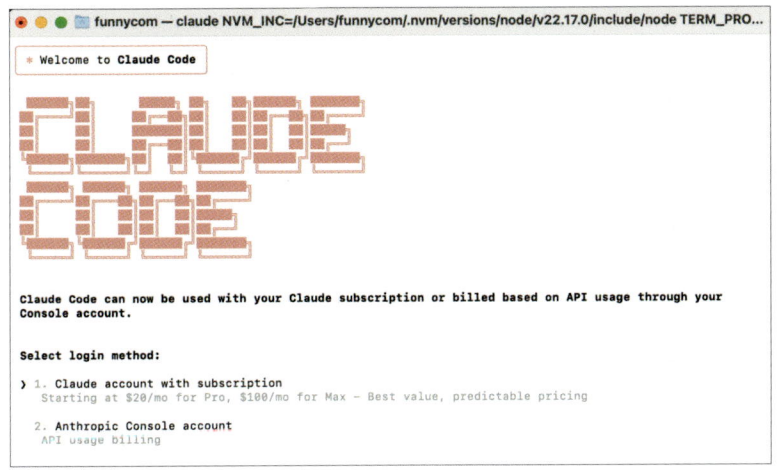

클로드 코드를 실행한 화면

지금까지 살펴본 AI 코딩 서비스를 한눈에 비교해 보면 다음과 같습니다.

AI 코딩 서비스의 종류

종류	특징	추천 서비스	이럴 때 이용하자
대화형 AI 서비스	다양한 질문에 답변 가능	챗GPT, 클로드	프로그래밍 학습, 코드 이해 및 문서화
웹 기반 앱 빌더	웹 브라우저에서 바로 개발	리플릿, v0, 볼트, 러버블	디자인 시안을 기반으로 웹 사이트 UI 제작, 프로토타입 제작
플러그인형 서비스	기존 IDE에 플러그인 형태로 통합	깃허브 코파일럿, 탭나인, 코디엄	기존 개발 환경을 유지하면서 AI 코딩
통합 개발 환경형 서비스	AI 기능 내장, 코딩부터 질문과 수정까지 통합	커서, 윈드서프	페어 프로그래밍, 전체 프로젝트 통합 관리
터미널 기반 AI 에이전트	CLI 기반으로 코드 자동 생성 및 실행	클로드 코드, 코덱스 CLI	대규모 프로젝트, CLI 기반의 반복 작업

다양한 AI 코딩 서비스가 있지만 개발자는 용도나 작업 환경에 따라 적절한 AI 코딩 서비스를 선택해야 합니다. 이 책에서는 AI 코딩 서비스로 가장 인기를 끌고 있는 커서를 사용합니다. 커서는 최신 AI 모델을 자유롭게 연결할 수 있고, 컨텍스트를 유지하면서 프로젝트를 관리할 수 있어서 다양한 형태의 앱을 개발하는 데 유용합니다.

2-4 ✦ AI 코딩에서 유용한 프롬프트

프롬프트를 어떻게 작성하는지에 따라 AI가 만들어 주는 코드나 설명의 품질이 크게 달라집니다. 여기에서는 새로운 개념을 공부할 때, 코드를 작성할 때, 코드를 수정할 때, 문제를 해결할 때의 4가지 유형으로 나누어 AI 코딩에서 유용하게 사용할 수 있는 프롬프트 작성 예제를 살펴봅니다. 프롬프트를 잘 활용하면 AI 코딩 서비스를 마치 '개발 파트너'가 옆에 앉아 있는 것처럼 사용할 수 있습니다. 내가 무엇을 알고 싶은지, 어떤 작업을 원하는지 구체적으로 설명하면 더 좋은 답변을 얻을 수 있습니다.

이제부터 소개하는 프롬프트 예제는 초보자도 쉽게 응용할 수 있습니다. 프롬프트에서 [X], [코드 붙여넣기]처럼 대괄호로 표시한 부분은 여러분이 내용을 직접 채워 넣으면 됩니다.

✦ 프롬프트에서 줄을 바꿀 때는 Shift + Enter 를 누릅니다. Enter 만 누르면 프롬프트가 바로 전송되므로 주의하세요.

새로운 개념을 공부할 때

'무엇인가요?' 또는 '어떻게 작동하나요?' 같은 기본 질문은 생각보다 중요합니다. 알고 싶은 기술이나 개념을 구체적으로 질문할 수도 있고, 비슷한 기술을 비교하거나 선택 기준을 물어볼 수도 있습니다. 이해하기 어려울 때는 '더 쉽게' 혹은 '비유를 들어' 설명해 달라고 요청할 수도 있죠. 처음에는 단순한 질문부터 시작해 보세요.

프롬프트 1. [X]가 뭐야?

 JWT 인증이 뭐야?

 API가 무엇이고, 소프트웨어 개발에서 어떤 역할을 해?

프롬프트 2. [X]와 [Y]의 차이점을 설명해 줘

GraphQL과 REST API의 차이점을 설명해 줘.

GraphQL과 REST API의 장단점을 표로 정리해 줘.

프롬프트 3. 이 코드의 각 줄이 무엇을 하는지 설명해 줘: [코드 붙여넣기]

다음 자바스크립트 코드를 한 줄씩 설명해 줘.
```
const express = require('express');
const cors = require('cors');
(... 생략 ...)
```

프롬프트 4. [X]를 다시 설명해 줘

처음 답변을 받은 후에 더 자세히 알고 싶거나 다른 방식으로 설명해 달라고 할 때도 프롬프트를 사용할 수 있습니다. 만일 비슷한 답변이 계속된다면 새로운 채팅 창을 열고 프롬프트를 작성해 보세요. 이전 채팅의 문맥이 사라지므로 새로운 답변을 받을 수 있습니다.

JWT 인증이 이해가 되지 않아. 더 쉽게 설명해 줘.

API를 실생활에 비유해서 설명해 줘.

GraphQL을 사용할 때 주의할 점이 있어?

프롬프트 5. [X]는 어디에 사용해? / [X]로 무엇을 해?

JWT 토큰은 어디에 사용해?

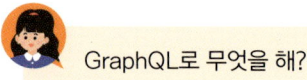
GraphQL로 무엇을 해?

코드를 작성할 때

AI에게 코드 작성을 요청할 때 사용할 수 있는 프롬프트입니다. 코드를 요청할 때는 '기능'이나 '특별한 조건', '하지 말아야 할 것'을 명확하게 써야 합니다. 코드를 깔끔하게 리팩터링하거나 테스트 코드 작성을 요청해서 기능을 검증하는 역할도 합니다.

프롬프트 1. [X]를 사용해서 [앱 아이디어] 코드를 작성해 줘

Next.js와 Tailwind CSS를 사용해서 사용자 프로필 페이지 코드를 작성해 줘.

프롬프트 2. [X] 기능을 구현하려는데 특별히 [Y] 방식을 사용하고 [Z]는 하지 말아 줘

회원 가입 기능을 구현하려는데, 서버 사이드에서만 검증하고 클라이언트에서는 검증하지 말아 줘.

프롬프트 3. [X] 기능을 테스트하는 테스트 코드를 작성해 줘

Todo 앱의 할 일 추가 기능을 테스트하는 코드를 작성해 줘.

코드를 수정할 때

코드를 수정하려면 프롬프트에 코드 전체를 붙여 넣어야 합니다. 예를 들어 함수의 일부 기능을 수정하고 싶다면 먼저 함수 전체 코드를 프롬프트에 붙여 넣어야 합니다. 전체 코드를 입력해야 AI가 코드의 흐름을 이해하고 올바르게 수정할 수 있습니다.

✦ 예제 프롬프트에서는 코드를 생략했습니다. 수정하고 싶은 코드가 있다면 프롬프트에 붙여 넣어 보세요.

프롬프트 1. 첨부한 코드에서 [X] 기능을 실행하도록 수정해 줘: [코드 붙여넣기]

 첨부한 코드에 다크 모드 기능을 추가해 줘.

 이 코드에 프로필 편집 기능도 추가해 줘.

 로그인하면서 비밀번호가 틀렸을 때 오류를 처리하는 코드를 추가해 줘.

프롬프트 2. 이 코드를 리팩터링해 줘: [코드 붙여넣기]

 이 Todo 앱 코드를 컴포넌트 단위로 리팩터링해 줘.

AI가 전체 코드를 인식하는 것이 중요하므로 AI의 도움 없이 코드 일부를 수정했을 경우에는 수정한 최신 코드를 AI에게 알려 주어야 합니다.

프롬프트 3. 지금까지 수정한 최신 코드는 다음과 같아: [코드 붙여넣기]

 지금까지의 코드는 다음과 같아.

문제를 해결할 때

코드나 프로그램을 실행할 때 오류가 생기더라도 걱정하지 마세요. 프롬프트에 오류 메시지를 전달하고 해결할 수 있습니다. 해결하지 못한 문제가 있다면 계속해서 AI에게 다양한 방법을 요청할 수 있습니다. 이와 관련된 문제를 더 깊이 공부하고 싶다면 관련 학습 자료를 추천해 달라고 할 수도 있습니다.

프롬프트 1. [X]를 실행했더니 [Y] 오류가 발생했어

로그인 기능을 테스트했더니 TypeError: Cannot read property 'email' of undefined 오류가 발생했어.

프롬프트 2. [X] 오류가 의미하는 것을 설명해 줘

Cannot POST /login 오류가 무슨 뜻인지 설명해 줘.

프롬프트 3. [X] 오류를 해결하려면 어떤 순서로 디버깅하면 좋을까?

서버 오류가 발생했을 때 어떤 순서로 문제를 찾아야 할까?

이 오류를 피하려면 코드를 어떻게 수정해야 할까?

프롬프트 4. 문제 해결을 위해 더 공부할 수 있는 리소스를 추천해 줘

MERN 스택에서 디버깅 방법을 공부하고 싶은데 좋은 자료를 추천해 줘.

둘째마당

커서로
웹 사이트 만들기

커서는 AI 코딩 기능을 가장 앞서서 선보인 IDE형 AI 코딩 서비스입니다. 최근 바이브 코딩이 인기를 끌면서 커서는 그에 적합한 최고의 편집기로 인정받고 있죠. 둘째마당에서는 커서를 활용해 간단한 웹 사이트를 만들고 직접 배포해 보면서 기본 사용법을 익히고 AI 코딩을 본격적으로 시작해 봅시다.

3장 ✦ 커서 살펴보기

4장 ✦ 웹 사이트 제작을 위한 기본 개념 다지기

5장 ✦ 나만의 포트폴리오 웹 사이트 만들기

3장

커서 살펴보기

♦

커서는 VS Code를 가져와서 만든 코드 편집기이므로 이미 VS Code를 사용한 경험이 있다면 AI의 도움을 받아서 코드를 더 빠르게 작성할 수 있습니다. 물론 코딩 경험이 전혀 없더라도 기본적인 프로그램을 만들고 코딩을 배울 수 있습니다. 커서가 어떤 서비스인지 먼저 이해하고 유용한 기능을 직접 사용해 봅시다.

3-1 ✦ 커서는 어떤 서비스일까?
3-2 ✦ 커서 시작하기
3-3 ✦ 커서의 개발 환경 준비하기
3-4 ✦ 커서의 AI 코딩 기능 사용하기

3-1 ✦ 커서는 어떤 서비스일까?

커서는 최근 가장 주목받는 AI 코딩 서비스입니다. AI 코딩 서비스가 다양하게 등장하고 있는 요즘, 커서가 특히 주목받고 있는 이유는 무엇일까요? 커서를 본격적으로 사용하기 전에 주요 특징을 알아봅시다.

똑똑한 개발 파트너 — 커서

개발을 처음 시작한다면 코딩은 낯설고 어려운 일입니다. 무엇을 어디에 써야 하는지, 왜 오류가 발생하는지 처음부터 혼자 이해하기는 쉽지 않죠. 하지만 요즘은 이러한 어려움을 덜어주는 AI 코딩 서비스가 점점 늘어나고 있습니다. 그중에서도 커서Cursor는 **초보자도 쉽게 사용할 수 있는 강력한 AI 코딩 서비스**입니다.

커서 로고

이 책에서 커서를 선택한 이유는 단순히 쉽게 사용할 수 있기 때문만은 아닙니다. 커서는 프로젝트의 전체 맥락을 고려해서 사용자와 함께 문제를 해결해 주는 똑똑한 개발 파트너입니다. 그러므로 코딩 초보자도 커서를 사용하면 마치 옆에 멘토가 있는 것처럼 쉽게 배우고 빠르게 성장할 수 있습니다.

챗GPT나 클로드 같은 대화형 AI 서비스에서도 다음과 같은 프롬프트를 사용해서 코드를 작성할 수 있습니다.

 사용자 로그인 기능을 하는 코드를 작성해 줘.

이러한 프롬프트를 입력하면 AI는 로그인 기능을 하는 단일 코드를 만들어 주지만 이 코드를 어떤 파일에 작성해야 하는지, 기능을 어떤 순서로 연결해야 하는지는 사용자가 판단해야 합니다. 하지만 커서는 다릅니다. 커서는 전체 프로젝트의 구조와 맥락을 함께 이해하고 반영할 수 있는 AI 코딩 서비스입니다. 예를 들어 다음과 같은 프롬프트를 사용할 수 있습니다.

 사용자 로그인 기능을 추가하고, 로그인 기능을 홈 화면과 연결해 줘.

커서가 이러한 프롬프트를 받으면 단순히 새로운 코드를 만드는 데 그치지 않고 지금 열려 있는 파일이나 이전 대화 내용, 프로젝트의 전체 맥락을 종합적으로 고려해서 어디에 어떤 코드를 추가하고 어떤 파일을 수정할지 스스로 판단할 수 있습니다. 마치 경험 많은 개발자가 프로젝트 구조를 보고 알아서 작업하는 것처럼 말이죠.

특히 앱 개발처럼 여러 파일이 서로 얽혀 있는 작업에서 커서는 빛을 발합니다. 초보자 입장에서는 어떤 파일을 고쳐야 할지, 어떤 흐름으로 작업해야 할지 헷갈릴 수 있지만 커서는 복잡한 파일 구성에서도 프로젝트 개발을 처음부터 끝까지 안정적으로 이어 갈 수 있습니다.

커서의 주요 특징

커서는 처음부터 AI를 활용해 코딩하는 것을 목표로 하는 서비스로, 다른 생성형 AI 서비스와 구별되는 몇 가지 특징을 갖추고 있습니다. 커서의 주요 특징을 알아봅시다.

상황에 맞게 선택하는 다양한 AI 모델

커서에서는 GPT뿐만 아니라 클로드, 제미나이 등 다양한 AI 모델을 선택해서 사용할 수 있습니다. 상황에 따라 더 잘 맞는 모델로 유연하게 바꿀 수도 있습니다.

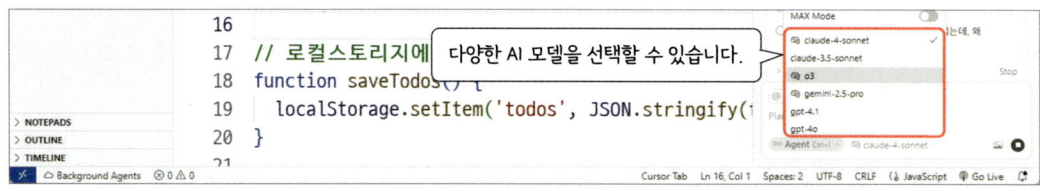

코드 자동 완성

커서에서 코드를 작성하다 멈추면 나머지 코드를 완성해서 희미하게 보여 줍니다. 사용자가 어떤 기능을 원하는지 미리 예측해서 코드를 자동 완성해 주는 것인데요. Tab 을 누르면 커서가 제시해 준 코드를 소스에 즉시 반영할 수 있습니다.

인라인 프롬프트

커서에서는 코드나 명령어를 작성하다가 중간에 프롬프트를 요청할 수도 있으며 이러한 기능을 인라인 프롬프트라고 합니다. 코드를 선택한 후 기능을 추가해 달라고 요청하거나, 터미널 창에서 특정 명령어를 실행하라고 요청할 때 편리합니다. 또한 특정 코드를 선택하고 설명해 달라고 요청하면 코드를 이해할 때 큰 도움이 됩니다.

인라인 프롬프트로 코드 설명을 요청하는 예

AI 패널

인라인 프롬프트뿐만 아니라 편집 창 오른쪽에 위치한 AI 패널로도 AI와 채팅하면서 코드를 작성할 수 있습니다. AI 패널에서는 새로운 파일을 만들거나 동시에 여러 파일을 편집할 수도 있고, 특정 파일이나 코드를 참조하도록 컨텍스트를 지정하거나 프롬프트 요청 내용을 시각적으로 제공하기 위해 이미지를 첨부할 수도 있습니다.

✦ AI 패널을 사용하는 방법은 3-4절에서 자세하게 설명합니다.

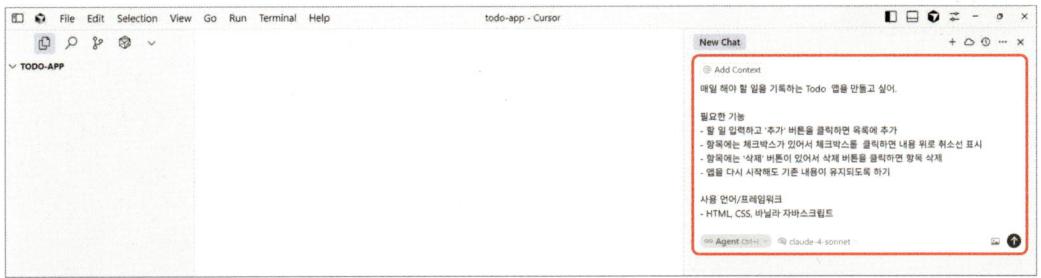

AI 패널로 코드 작성을 요청하는 예

3-2 ✦ 커서 시작하기

이번 절에서는 커서를 처음 사용하는 방법을 알아봅시다. 커서를 사용하려면 커서 서비스에 회원으로 가입한 후 프로그램을 설치해야 합니다. 설치한 커서 프로그램을 실행하여 화면 구성을 살펴보고 화면의 각 영역이 어떤 기능을 하는지 살펴보겠습니다.

Do it! 실습 커서 가입하기

커서를 사용하기 위해 회원으로 가입해 봅시다. 회원으로 가입하면 유료 플랜을 2주간 무료로 체험할 수 있습니다.

✦ 유료 플랜을 체험하려면 해외 결제가 가능한 카드가 필요합니다. 카드를 준비하고 실습을 시작하세요.

1 커서 공식 웹 사이트인 https://www.cursor.com에 접속한 후 화면 오른쪽 위에 있는 [Sign in]을 클릭합니다.

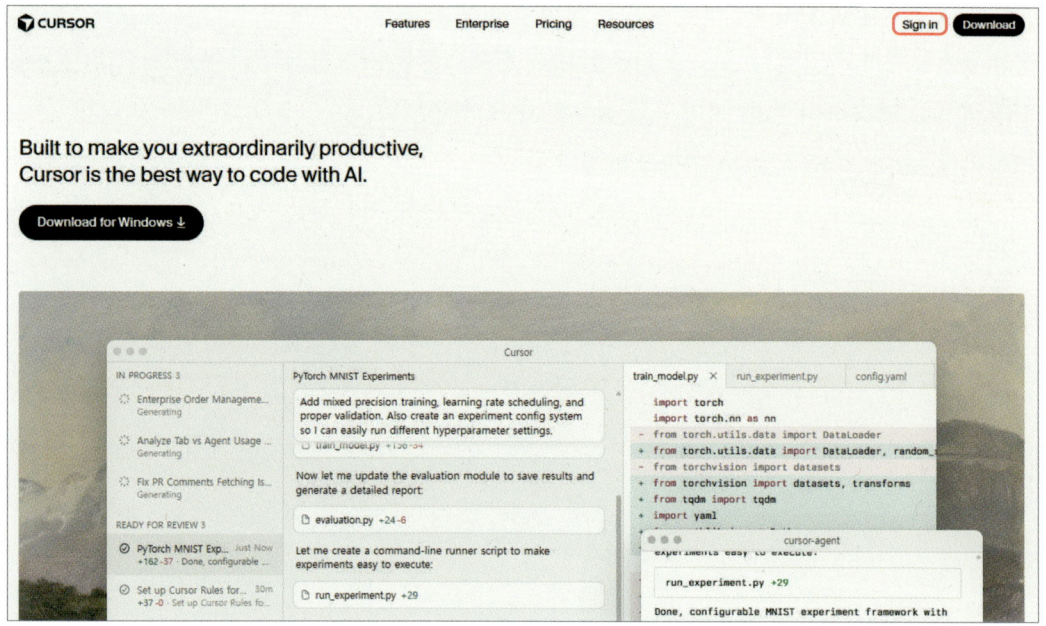

2 구글이나 깃허브, 애플 계정으로 간단하게 회원 가입할 수도 있고, 따로 메일 주소를 사용해 가입할 수도 있습니다. 메일 주소로 가입하고 싶다면 화면 아래쪽에 있는 [회원가입] 링크를 클릭합니다.

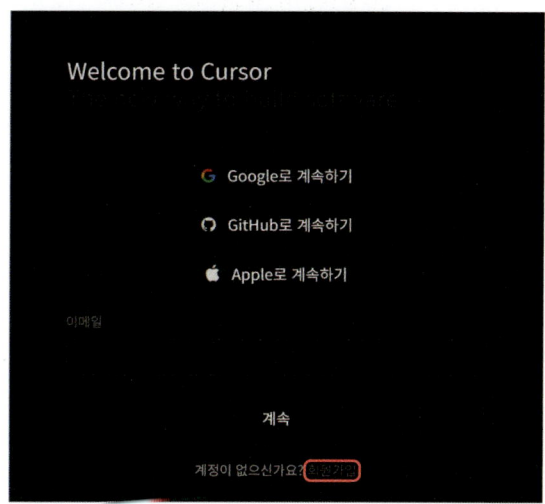

3 이름과 이메일 주소를 입력하고 [계속]을 클릭합니다. 이어서 비밀번호를 입력한 후 [계속]을 클릭합니다.

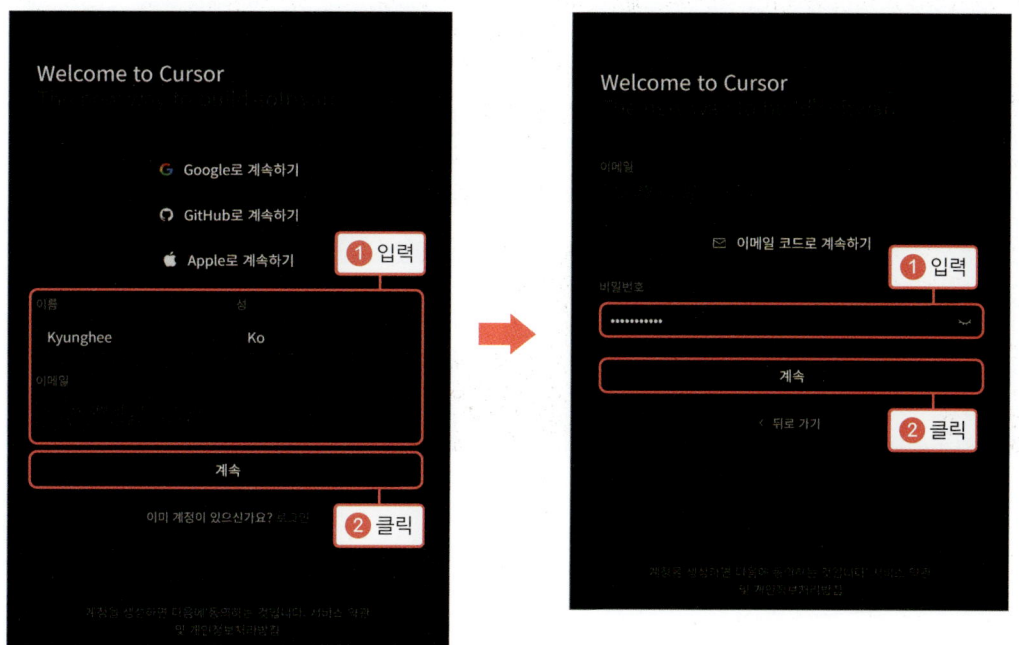

3장 ✦ 커서 살펴보기 **63**

4 입력한 메일 주소로 전송된 코드를 확인해서 입력합니다.

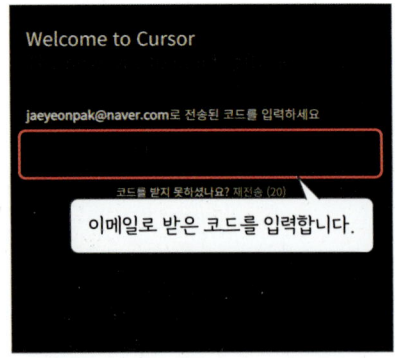

5 커서에 가입하면 가입 후 7일 동안은 유료 플랜을 체험한 후 자동으로 유료로 전환할 수도 있고, 처음부터 무료 플랜을 사용할 수도 있습니다. 무료 플랜의 경우 하루에 요청할 수 있는 프롬프트 개수가 제한되어 있습니다.

이 책을 모두 마칠 때까지는 유료 플랜을 사용하기를 권장합니다. 체험이 종료된 후 더 이상 유료 플랜을 사용하고 싶지 않다면 언제든지 결제를 취소할 수 있습니다. 무료 플랜을 사용하려면 화면 아래쪽의 [Skip for now] 버튼을, 유료 플랜을 사용하려면 [Continue with free trial] 버튼을 클릭합니다.

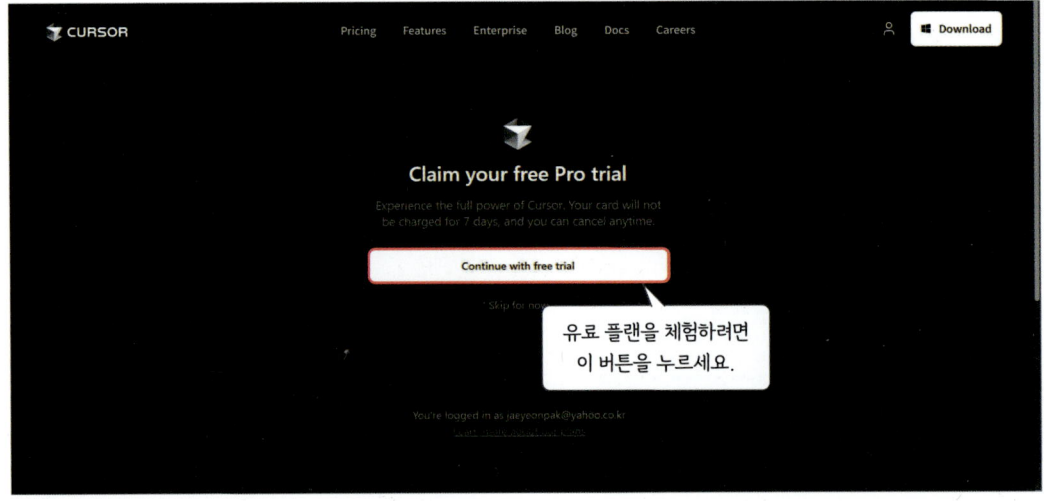

6 7일 후부터 매달 20달러가 청구된다는 설명이 나타납니다. 결제 방법을 등록해 두면 7일 후에 결제됩니다.

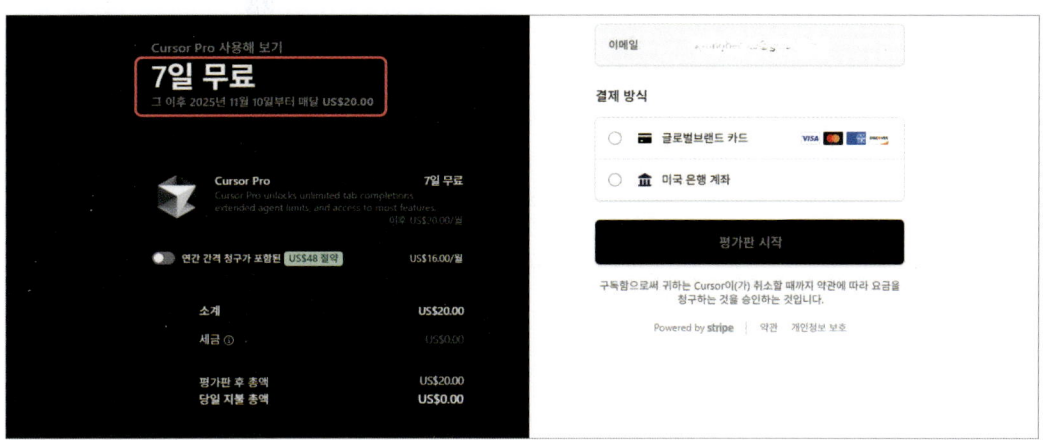

> 💗 **알아 두면 좋아요!**   유료 결제를 중지하려면

커서 웹 사이트에 로그인한 후 화면 위쪽에 있는 [Dashboard]를 클릭하면 사용자와 관련된 정보를 확인할 수 있는 대시보드로 이동합니다. 대시보드 화면의 왼쪽에서 [Billing & Invoices]를 클릭한 후 [Manage Subscription]을 클릭합니다.

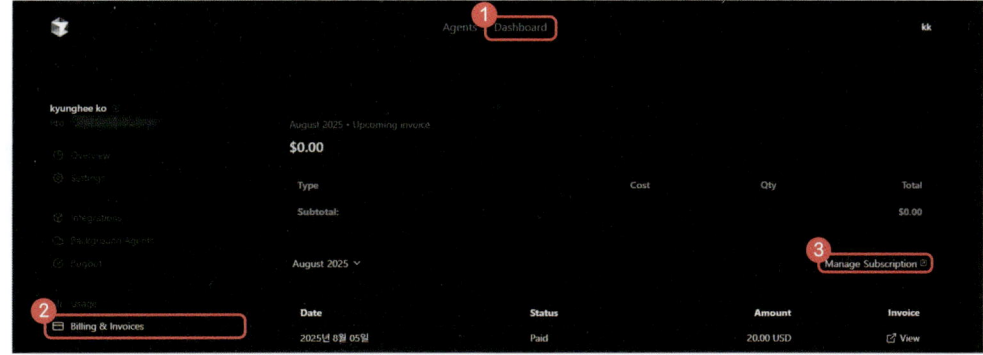

구독 관리 화면이 표시되면 [구독 취소]를 클릭합니다. 구독 기간이 종료된 이후 더 이상 결제가 이루어지지 않습니다.

3장 ✦ 커서 살펴보기   **65**

Do it! 실습 커서 설치하기

커서는 데스크톱에서 실행하는 편집기이므로 설치해서 사용해야 합니다. 이미 VS Code를 사용하고 있었다면 커서 설치 과정에 VS Code의 환경을 그대로 사용하며 VS Code에 추가했던 확장도 커서에 똑같이 추가됩니다.

✦ 커서가 빠르게 발전하고 계속 변화하고 있으므로 이후에 프로그램을 설치·설정할 때 나타나는 화면이 바뀔 수 있습니다.

1 커서에 가입하고 로그인한 상태라면 https://www.cursor.com에 접속했을 때 가장 먼저 에이전트 화면이 나타납니다. 커서 프로그램을 다운로드하려면 화면 왼쪽 위에 있는 커서 로고(●)를 클릭합니다.

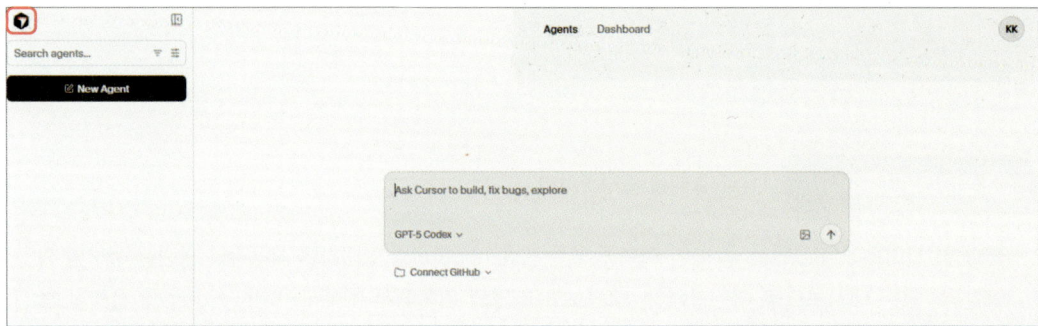

2 커서 웹 사이트의 메인 화면이 표시되고 사용자 운영체제에 맞는 설치 파일을 내려받을 수 있는 버튼이 보일 것입니다. 여기에서는 [Download for Windows]를 클릭하겠습니다.

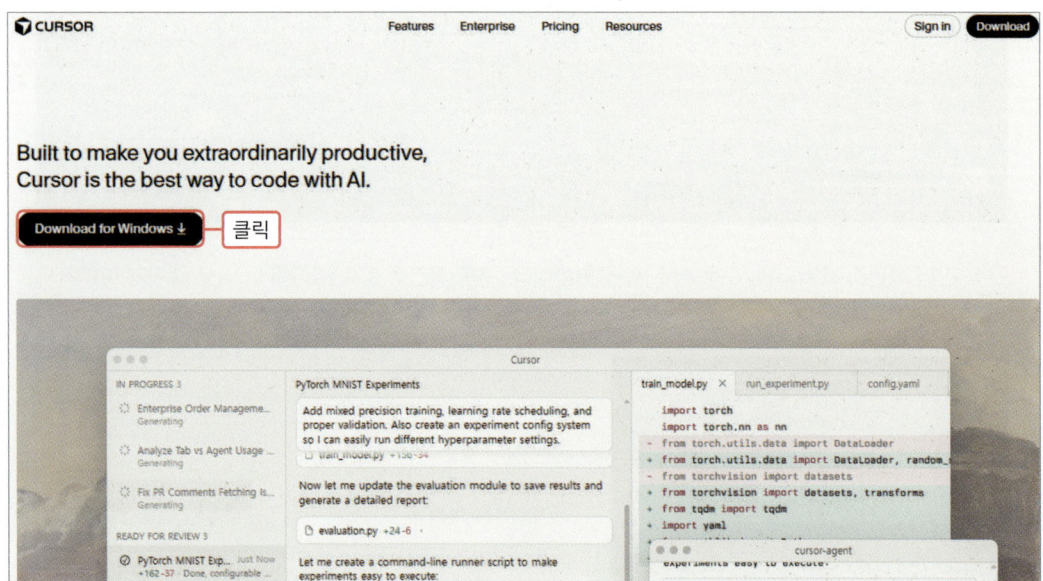

3 내려받은 파일을 실행해서 설치를 시작합니다. [다음] 버튼만 클릭하면 되므로 설치 과정은 따로 설명하지 않습니다. 커서 설치가 끝난 후 [종료] 버튼을 클릭하면 커서가 자동으로 실행됩니다.

4 로그인을 위한 창이 나타나면 [Log In]을 클릭합니다.

5 커서 프로그램에 표시된 로그인 정보를 확인하고 [Yes, Log In]을 클릭합니다.

✦ 아직 로그인한 상태가 아니라면 커서 사이트에서 로그인한 뒤 커서 프로그램으로 돌아와 [Yes, Log In]을 클릭합니다.

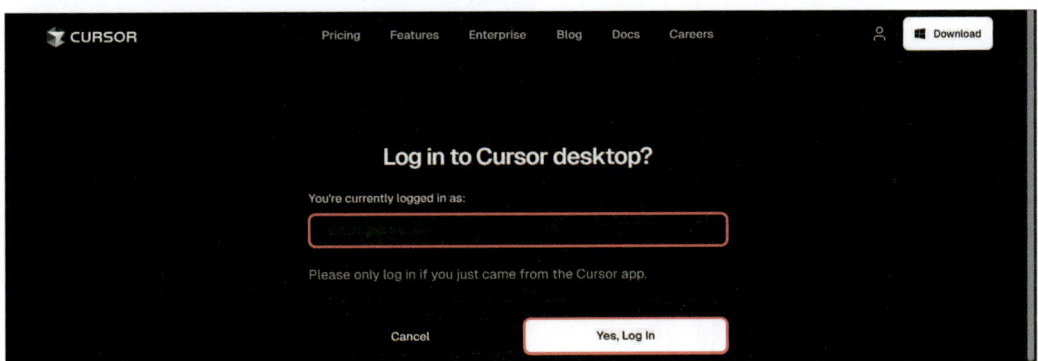

6 이미 VS Code를 사용하고 있다면 VS Code의 환경 설정을 가져올지 물어봅니다. VS Code의 환경 설정을 그대로 사용하려면 [Import from VS Code]를 클릭하고, VS Code를 사용한 적이 없거나 환경 설정을 가져오지 않고 싶다면 [Skip and continue]를 클릭합니다.

✦ [Skip and continue]를 클릭했다면 8번 단계로 이동해서 실습을 진행하세요.

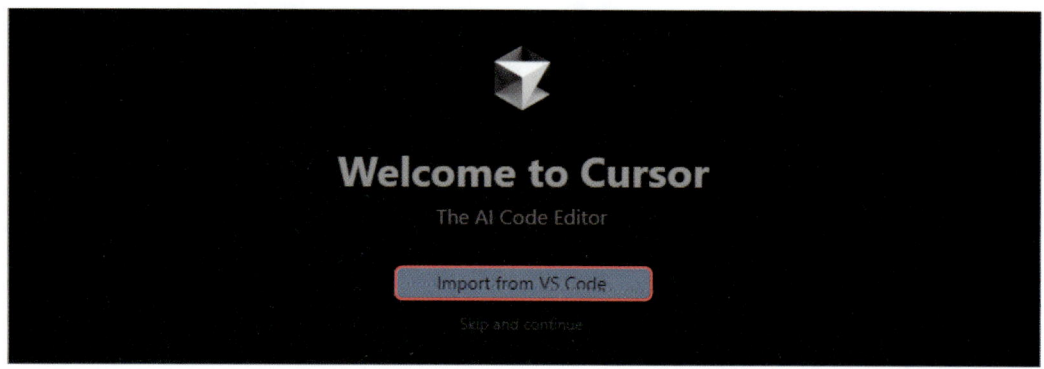

7 VS Code에서 사용하던 확장은 제외하고 나머지 설정만 가져오겠다면 [Import without extensions]를 클릭하고, VS Code의 확장을 모두 가져온다면 [Import]를 클릭합니다.

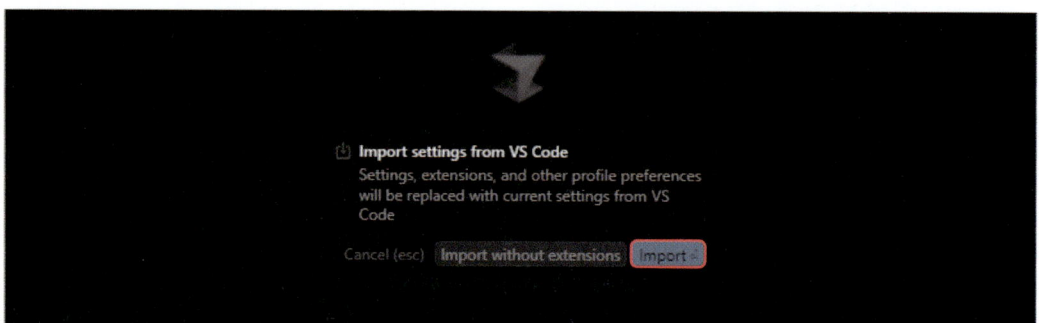

확장을 가져오는 동안 일부 확장은 인증되지 않았다는 경고 창이 표시될 수 있습니다. 이때는 [Trust Publisher & Install]을 클릭해야 확장을 가져올 수 있습니다.

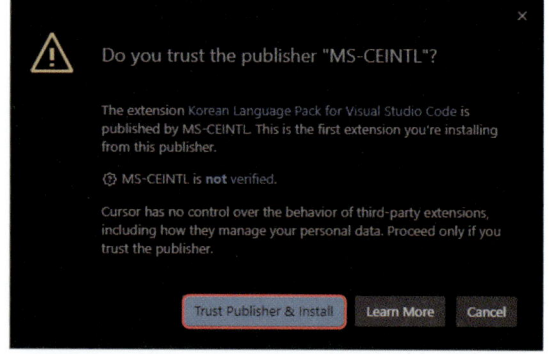

8 커서에서 사용할 테마를 선택합니다. 테마를 클릭할 때마다 해당 테마의 배경색과 글자색을 즉시 적용해서 보여주므로 원하는 테마를 고르기 쉽습니다. [Continue] 버튼 아래에 있는 [Explore other themes]를 클릭하면 더 많은 테마를 확인할 수도 있습니다. 원하는 테마를 선택했다면 [Continue]를 클릭합니다.

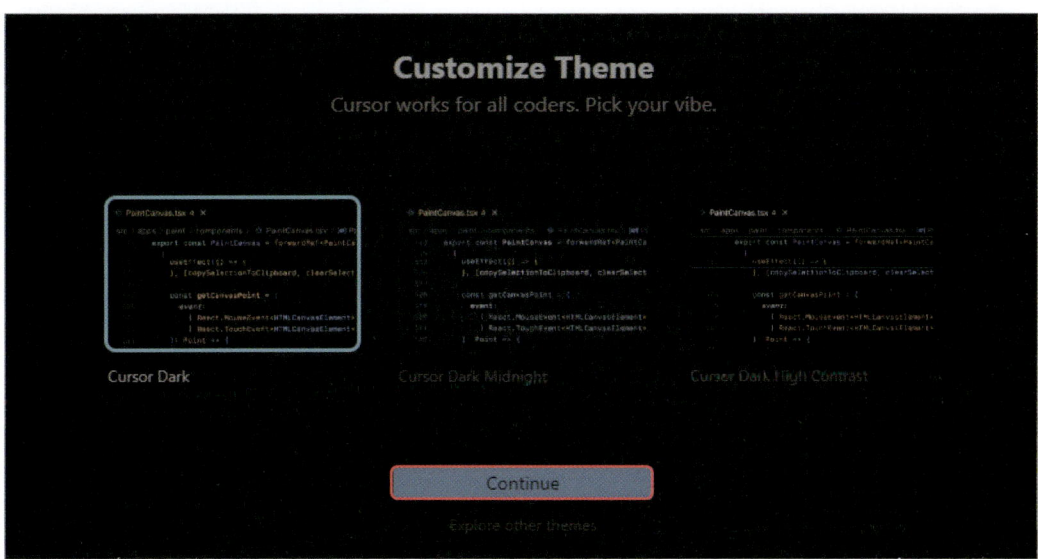

9 커서의 단축키를 기존에 사용하던 편집기에 맞게 지정할 수 있습니다. 기본으로 VS Code에 맞춰져 있지만 Vim이나 서브라임 텍스트^{Sublime Text} 등 다른 편집기를 선택할 수도 있습니다. 여기에서는 [VS Code]를 선택했습니다. 단축키를 지정했다면 [Continue]를 클릭합니다.

10 커서로 작성하는 코드를 다른 사람과 공유할지 묻는 창이 나타나는데 동의하지 않으면 설치가 더 이상 진행되지 않습니다. 버튼 위의 체크 박스에 체크한 후 [Continue]를 클릭합니다.

✦ 커서의 자세한 데이터 공유 정책이 궁금하다면 https://cursor.com/privacy를 참고하세요.

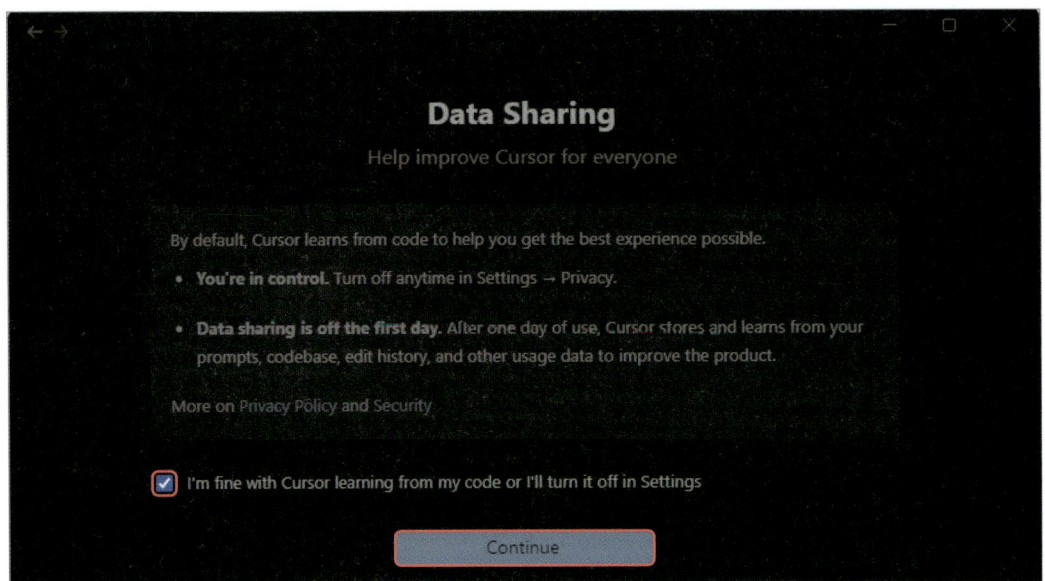

11 마지막 설정을 위한 화면이 표시됩니다. 'Language for AI'는 커서에서 AI가 응답할 때 사용하는 언어를 설정하는 항목입니다. 한글이 편하다면 기본값인 [Auto]를 클릭한 후 [Korean]을 선택하세요.

'Open from Terminal'은 터미널에서 커서를 실행할 수 있게 설정하는 항목입니다. 터미널에서 프로그램을 실행하는 게 편리하다면 [Install]을 클릭해 해당 기능을 설치할 수 있습니다. 터미널을 자주 사용하지 않는다면 이 기능을 설치하지 않아도 됩니다. 설정을 마쳤다면 [Continue]를 클릭합니다.

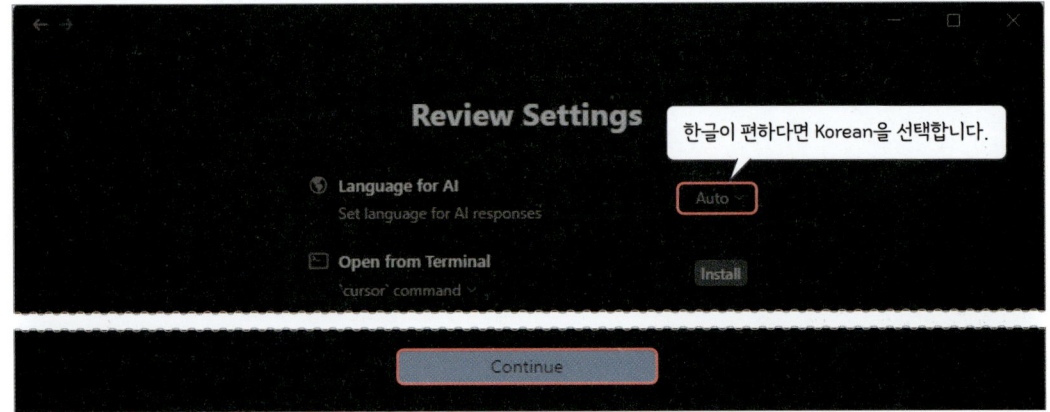

12 다음과 같이 커서 화면이 나타난다면 설치가 완료된 것입니다.

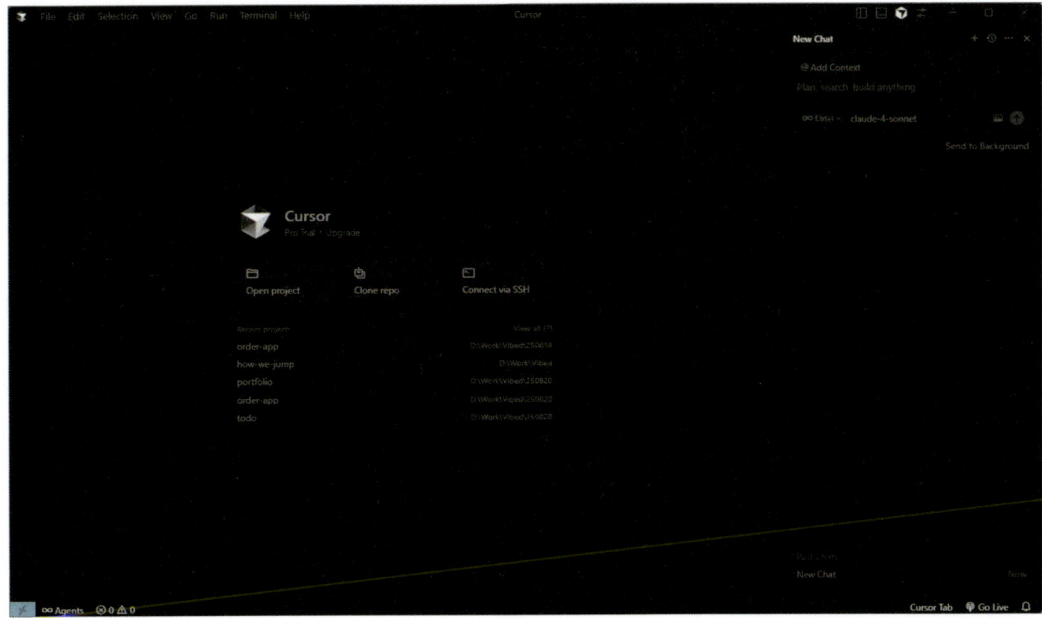

이 책에서는 화면을 좀더 알아보기 쉽도록 커서의 테마를 밝게 바꿔서 사용하겠습니다.

✦ 테마를 바꾸고 싶다면 [File → Preferences → Color Theme]를 선택한 후 원하는 테마를 고르면 됩니다.

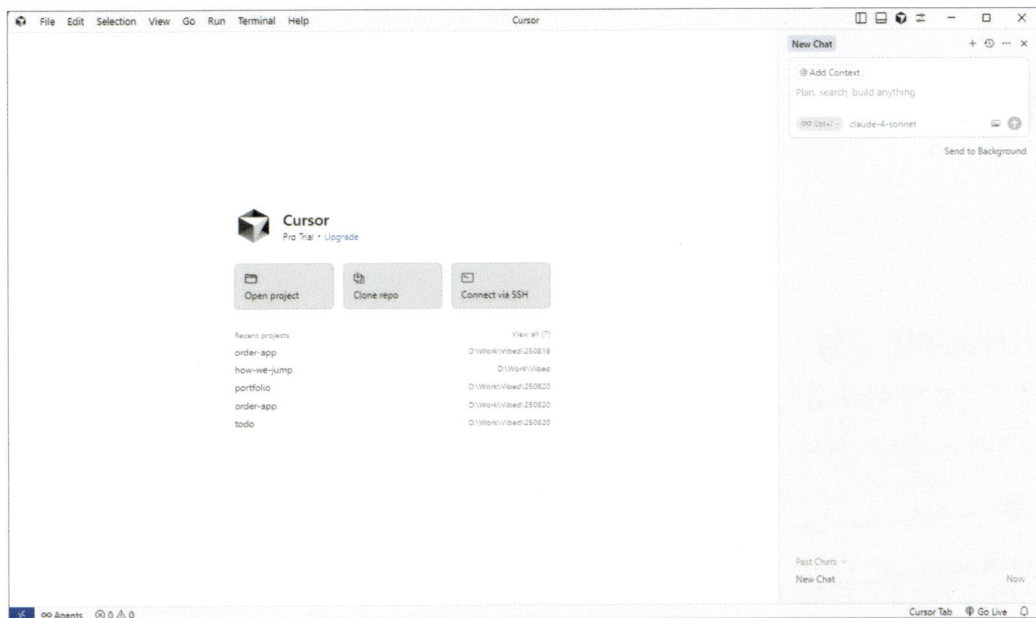

> 💚 **알아 두면 좋아요!**   커서에서 한글 메뉴를 사용하려면
>
> 커서는 기본 설정에 따라 메뉴를 영문으로 표시하며 **이 책에서도 영문 메뉴를 기준으로 설명합니다.** 하지만 원한다면 메뉴를 한글로 표시할 수도 있습니다. Ctrl + Shift + P 를 누른 후 검색 창에 'display'를 입력하면 관련된 항목이 나타납니다. 그중 'Configure Display Language'를 선택한 후 '한국어'를 선택합니다. 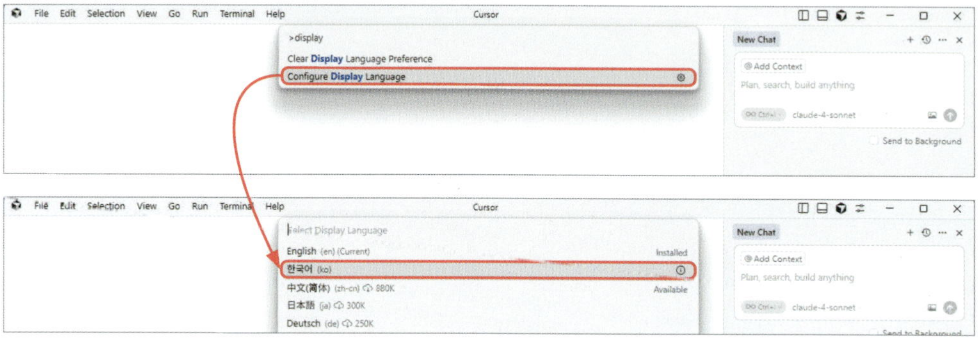
>
> 커서를 다시 시작할지 묻는 창이 표시됩니다. 언어 설정을 적용하려면 커서를 다시 시작해야 하므로 [Restart]를 누릅니다. 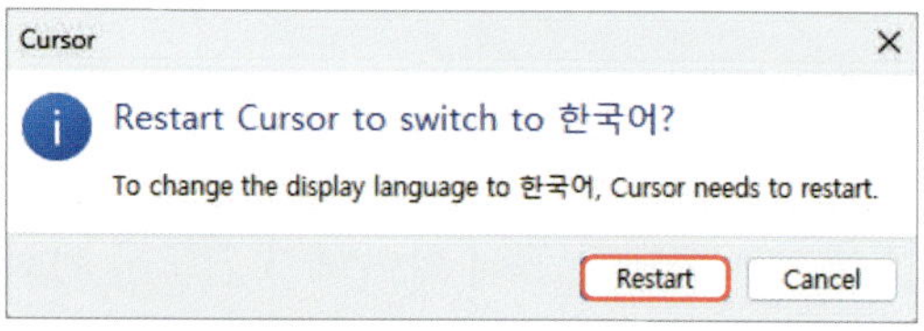
>
> 커서가 다시 시작되고 나면 커서의 모든 메뉴가 한글로 표시됩니다.

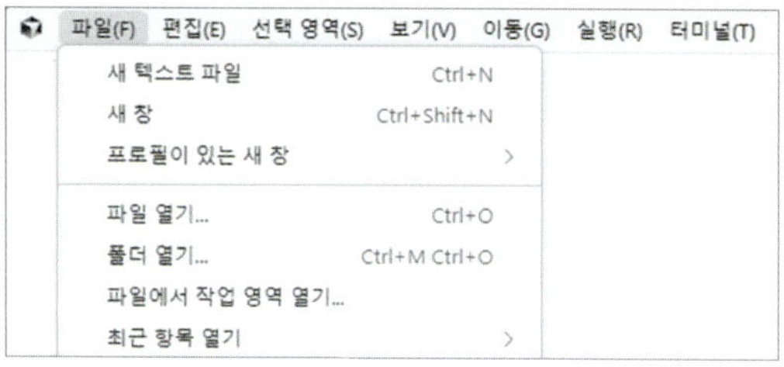

커서의 화면 구성

커서 화면 맨 위에 있는 메뉴 바를 사용해서 커서의 메뉴나 도구를 열고 닫을 수 있습니다. 왼쪽에는 메뉴가 표시되고, 오른쪽에는 자주 사용하는 도구 아이콘이 있습니다.

✦ 커서 2.0에서는 메뉴 바 왼쪽의 [Agents]와 [Editor] 버튼을 눌러 사용할 기능을 선택할 수 있습니다. [Editor]를 선택하면 이 책의 내용을 따라할 수 있습니다.

❶ **메뉴**: 커서의 기능이 배치되어 있으며, VS Code의 메뉴와 비슷합니다.

❷ **메인 사이드바 토글(□)**: 클릭할 때마다 화면 왼쪽에 메인 사이드바를 표시하거나 감춥니다. 메인 사이드바에는 기본적으로 파일 탐색 창이 나타나는데, 여기에서 프로젝트 폴더에 있는 파일을 찾거나 관리할 수 있습니다. 메인 사이드바 위에는 검색 창, 소스 제어 창, 확장 창 등을 표시할 수 있는 확장 패널( )이 있습니다. 메인 사이드바는 Ctrl + B를 눌러서 열거나 닫을 수 있습니다.

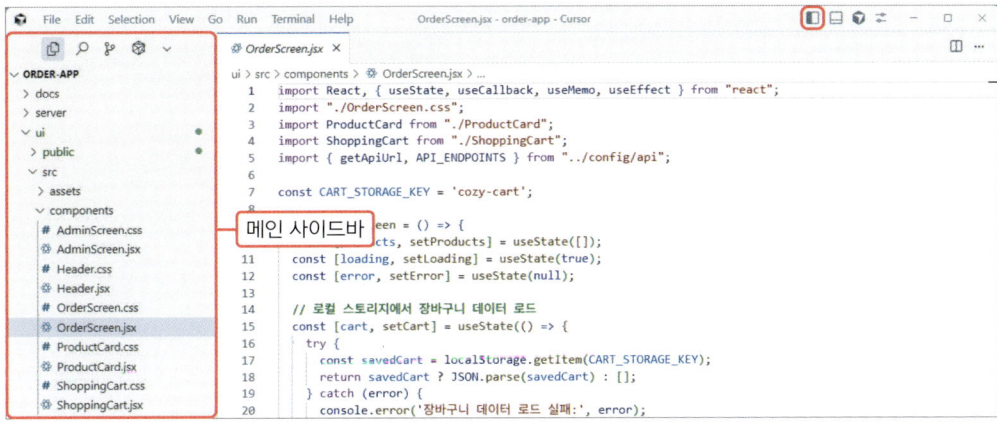

❸ **패널 토글(□)**: 클릭할 때마다 커서 화면 아래에 패널을 표시하거나 감춥니다. 기본적으로 터미널 창이 나타나는데, 터미널 창에서는 명령어를 실행할 수 있습니다. 패널은 Ctrl + J를 눌러서 열거나 닫을 수 있습니다.

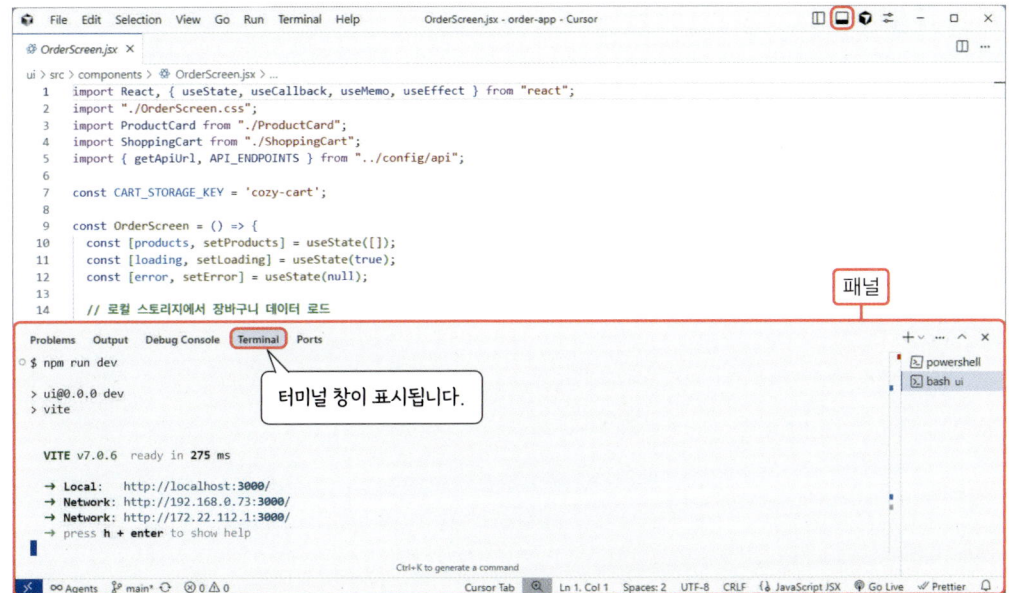

3장 ✦ 커서 살펴보기 **73**

❹ **AI 패널 토글(⬡)**: 클릭할 때마다 커서의 핵심 기능인 AI 패널, 즉 AI 대화 창을 화면 오른쪽에 표시하거나 감춥니다. 사용자가 프롬프트를 요청하면 현재 프로젝트 안에 있는 파일들을 인식해서 새로운 코드를 작성하거나 기존 코드를 수정합니다. AI 패널은 Ctrl + L 을 눌러서 열거나 닫을 수 있습니다.

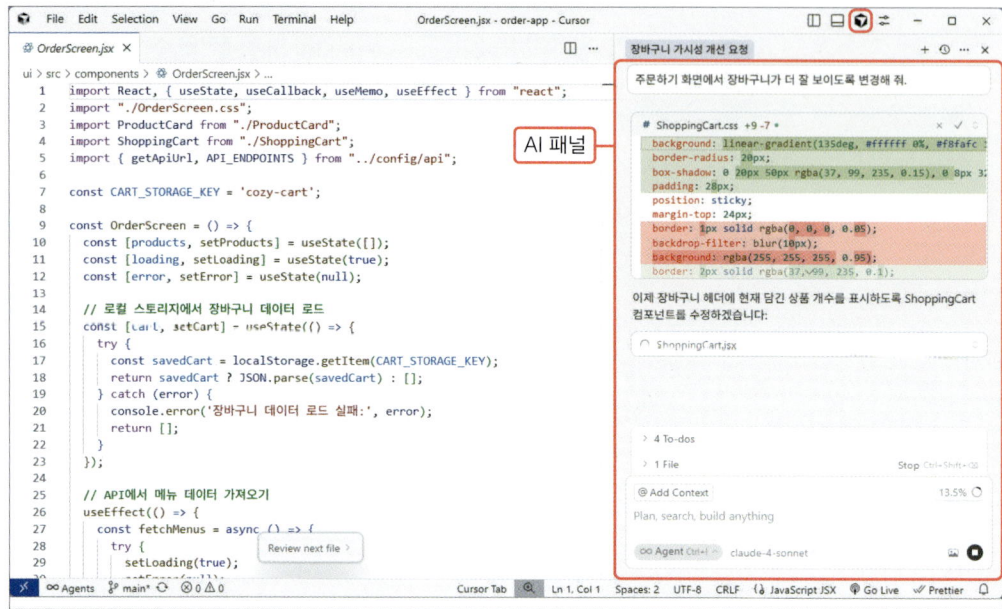

❺ **커서 설정 열기(⇌)**: 커서 설정 화면을 엽니다. 커서 계정이나 편집기 등의 설정을 관리할 수 있는 화면입니다.

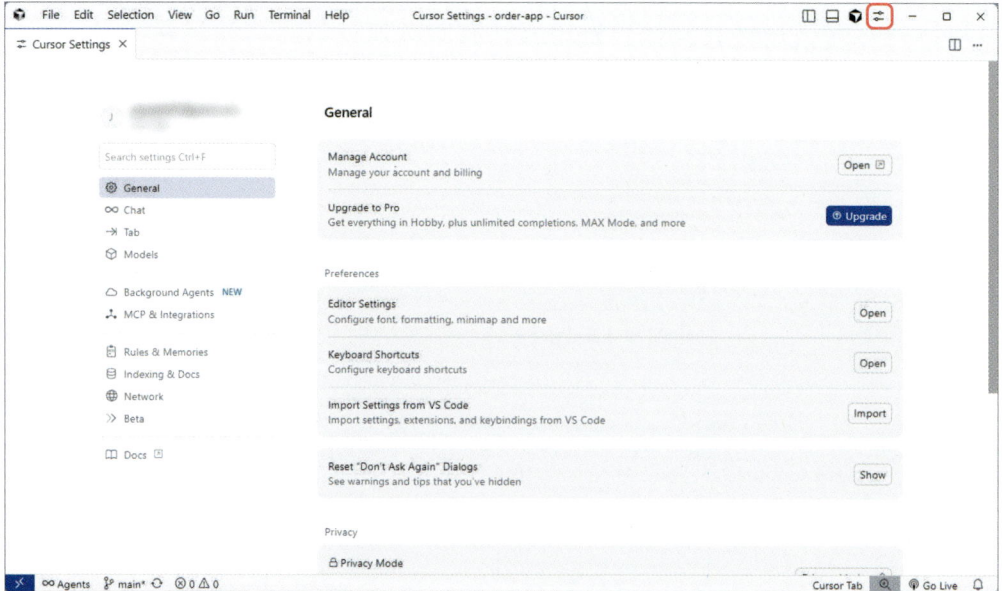

AI 패널의 화면 구성

AI 패널은 커서에서 가장 많이 사용하는 도구입니다. AI 패널이 어떻게 구성되어 있는지 알아야 앞으로 커서를 더욱 수월하게 사용할 수 있습니다. AI 패널의 화면 구성을 함께 살펴봅시다.

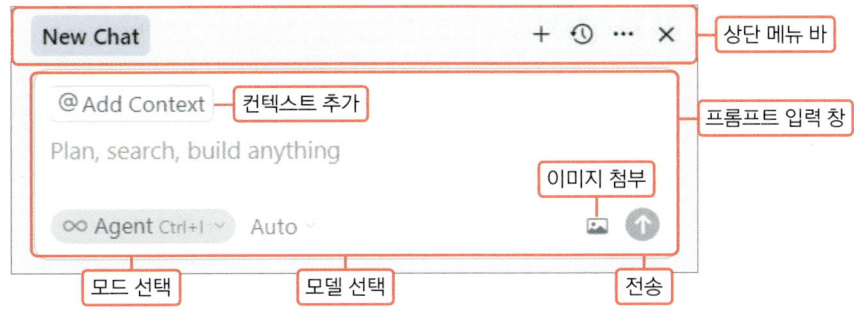

상단 메뉴 바

AI 패널에서 진행 중인 채팅의 정보를 확인하거나 채팅 관련 메뉴를 실행할 수 있습니다.

① **채팅 창 제목**: 현재 진행 중인 채팅 창의 제목을 표시합니다. 채팅 창 제목은 커서에서 자동으로 붙입니다.

② **새 채팅**: 새 채팅 창을 시작합니다. 앱 1개를 만들 때도 개발 단계별로 서로 다른 채팅 창을 사용할 수 있습니다.

③ **채팅 이력 표시**: 지금까지의 채팅 이력을 표시합니다. 채팅 창 제목을 클릭해서 이전 채팅 내용으로 돌아갈 수 있습니다.

④ **기타 명령**: 현재 채팅을 편집 창에 표시하거나 채팅 창을 닫는 등 채팅과 관련된 기타 명령을 선택할 수 있습니다.

프롬프트 입력 창

AI에게 질문하거나 코드 작성을 요청하는 프롬프트를 작성합니다.

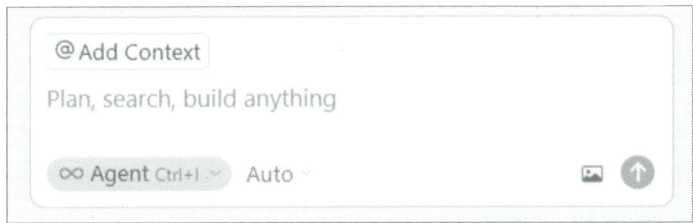

컨텍스트 추가

프롬프트를 작성할 때 특정 파일이나 코드를 참조하도록 컨텍스트를 추가할 수 있습니다. [Add Context]를 클릭해서 참조할 컨텍스트를 선택하면 됩니다. 선택한 컨텍스트는 바로 옆에 표시됩니다. 편집 창에 파일이 열려 있을 경우 'Active Tab'이라는 컨텍스트가 추가됩니다. 선택한 컨텍스트를 삭제하려면 컨텍스트 위에 마우스 커서를 올려놓았을 때 나타나는 ⓧ를 클릭합니다.

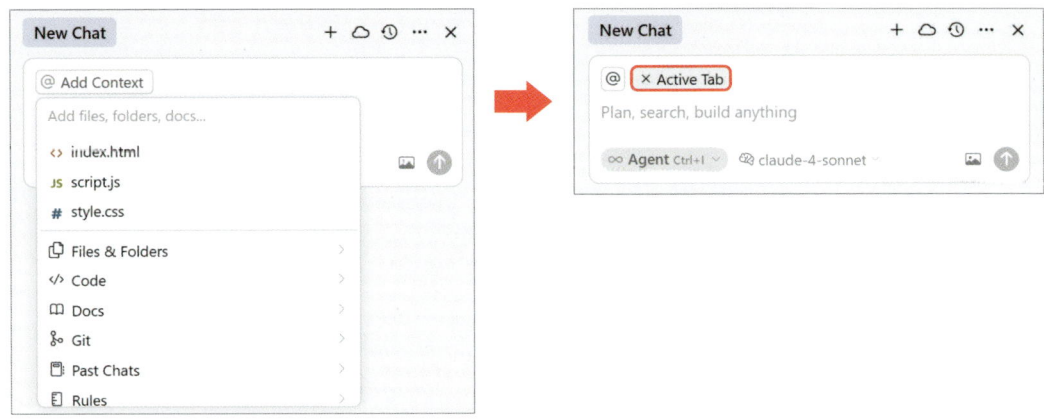

커서에서 자주 사용하는 주요 컨텍스트는 다음과 같습니다.

- **Files & Folders**: 특정 파일이나 폴더를 선택해서 AI에 전달합니다. 예를 들어 특정 폴더를 지정한 후 새로 만든 모듈을 어디에 추가하면 좋을지 알려 달라고 할 수 있습니다.
- **Code**: 코드의 특정 블록이나 함수 등 원하는 코드 조각을 AI에게 전달하고 리팩터링하거나 설명해 달라고 할 수 있습니다.
- **Docs**: 프로젝트 안의 문서 파일을 AI에게 전달하고 파일 내용을 참조하거나 수정할 수 있도록 합니다.
- **Web**: 웹에서 실시간으로 정보를 검색해 AI에게 전달할 수 있습니다. 외부 정보를 AI가 검색해서 답변할 수 있습니다. 예를 들어 최신 Next.js의 새로운 기능을 알려 달라고 요청할 수 있습니다.

모드 선택

최신 커서에서는 Agent 모드와 Ask 모드, Background 모드를 지원합니다.

- **Agent**: AI 코딩의 기본 기능을 지원하며, 개발을 할 때는 대부분 이 모드를 사용합니다.
- **Ask**: 앱의 구성을 기획하거나 코드에 대해 질문할 때 유용하며, 기본적으로 검색 기능이 포함되어 있습니다.
- **Background**: 커서가 아닌 클라우드 환경(백그라운드)에서 작업을 처리하며 백그라운드 에이전트에 명령만 내리고 커서를 종료해도 되므로 유용합니다. 주로 규모가 큰 개발 작업에서 사용합니다.

커서에서 지원하는 모드 이름 위로 마우스 포인트를 올려놓으면 간단한 설명을 말풍선으로 보여 줍니다.

✦ 커서 버전이 업그레이드되면 지원하는 모드도 변경될 수 있습니다.

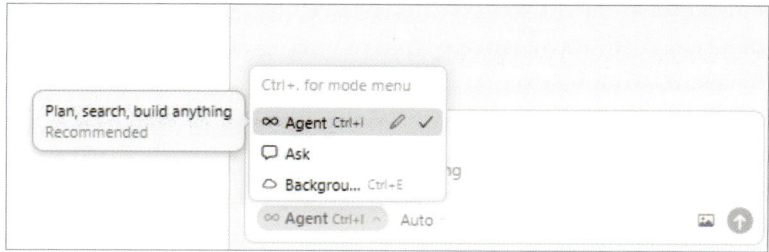

모델 선택

커서에서는 여러 가지 AI 모델을 선택해서 사용할 수 있는데, 기본적으로 [Auto]가 선택되어 있습니다. 이 옵션은 현재 수요에 따라 가장 안정적이고 빠르게 응답하는 모델을 자동으로 사용한다는 뜻입니다.

✦ 무료/유료 플랜에서 정해 놓은 개수를 넘어서 요청할 경우 비용을 지불해야 합니다. 커서에서 사용할 수 있는 모델 정보는 https://docs.cursor.com/settings/models를 참고하세요.

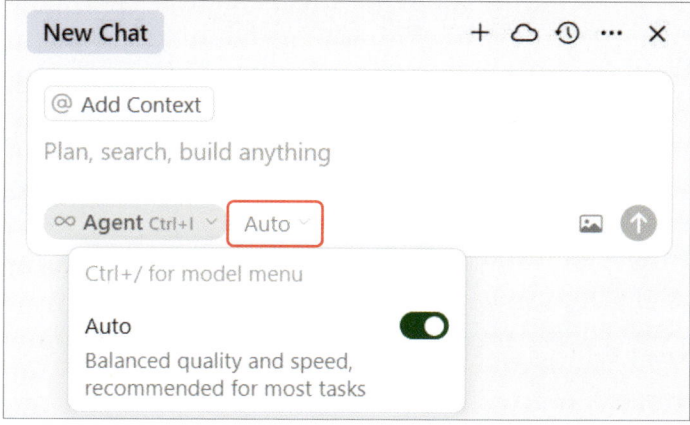

[Auto] 옵션을 끄면 [MAX Mode] 옵션과 AI 모델 목록이 나타납니다. 여기서 [MAX Mode] 옵션을 켜면 커서의 고급 AI 모델 기능을 모두 활용할 수 있습니다. 이 모드에서는 어려운 문제 해결을 위해 사고와 추론 능력을 최대한 사용하고 토큰을 기준으로 비용을 계산합니다.

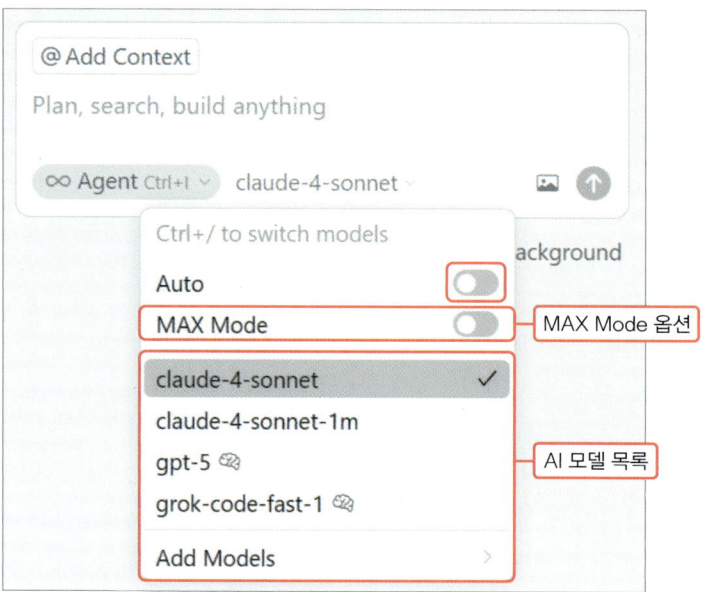

표시된 목록에 최신 AI 모델이 보이지 않는다면 커서 화면 오른쪽 위에 있는 커서 설정 열기 아이콘(⚙)을 클릭한 후 왼쪽 [Models] 메뉴에서 필요한 모델을 선택합니다. AI 모델이 발전함에 따라 커서에서 선택할 수 있는 AI 모델 종류도 달라질 수 있습니다.

✦ macOS를 사용한다면 [Cursor → Cursor Settings]를 선택해서 설정 화면을 켜고 모델을 선택하면 됩니다.

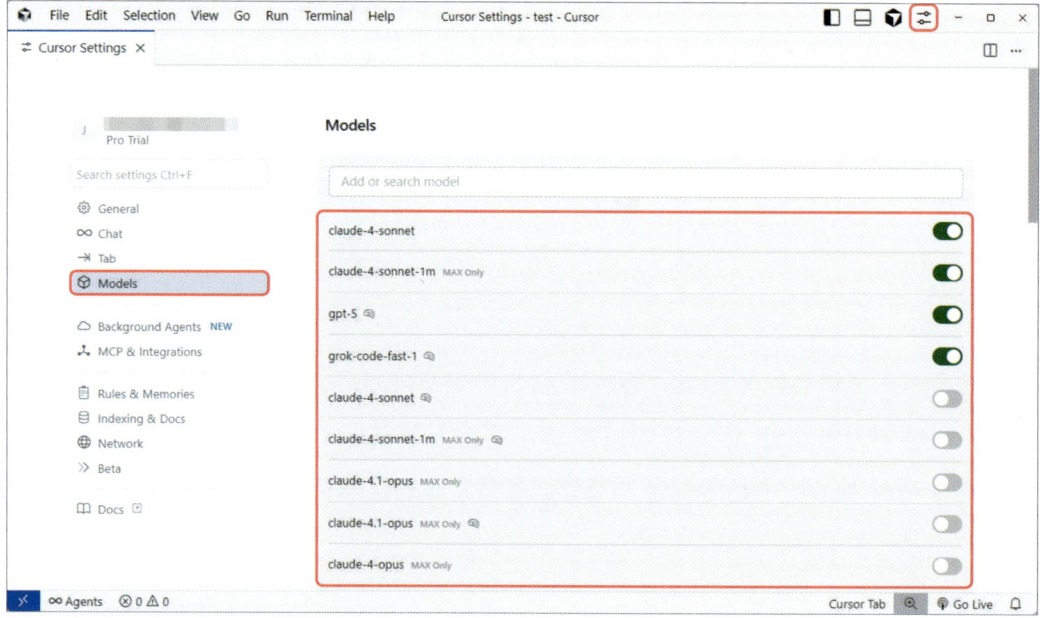

이미지 첨부

프롬프트를 입력할 때 이미지를 첨부할 수 있습니다. 예를 들어 UI 화면을 직접 그린 후 그 화면에 맞는 코드를 작성해 달라고 하면 됩니다.

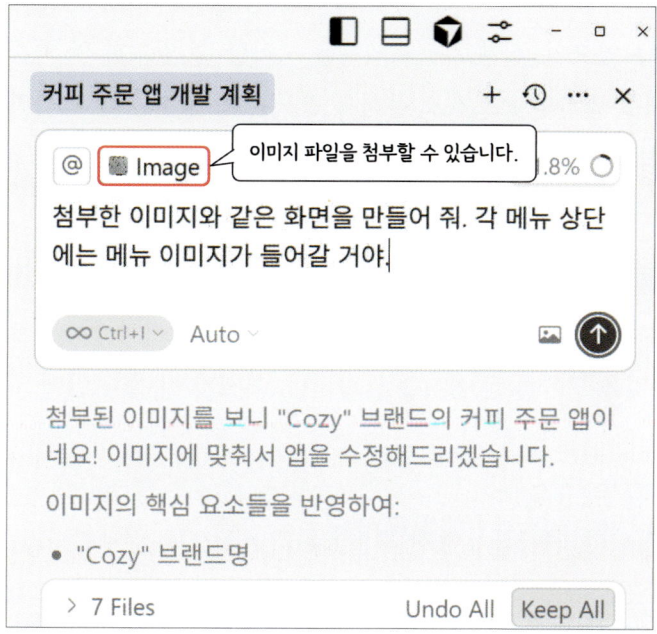

전송

프롬프트를 모두 입력했다면 ⬆ 버튼을 클릭하거나 Enter 를 눌러서 전송합니다.

3-3 ✦ 커서의 개발 환경 준비하기

커서를 설치하고 화면 구성을 살펴보았으니, 실제로 프로젝트를 시작할 수 있도록 몇 가지 기본 준비를 해봅시다. 코드를 작성할 공간인 프로젝트 폴더를 만드는 방법과 좀 더 편리하게 개발할 수 있게 해주는 확장의 설치 방법을 알아보겠습니다.

Do it! 실습 ▸ 프로젝트 폴더 만들기

커서의 주요 기능을 연습하기 위해 첫 번째 프로젝트 폴더를 만들어 봅시다. 커서에서 프로젝트 폴더란 프로젝트에 필요한 파일을 모아 놓은 폴더를 말합니다. 커서가 이 폴더 안에 코드를 작성하게 됩니다.

1 원하는 위치에 test 폴더를 만듭니다. 커서를 실행한 후 [Open project]를 선택합니다.

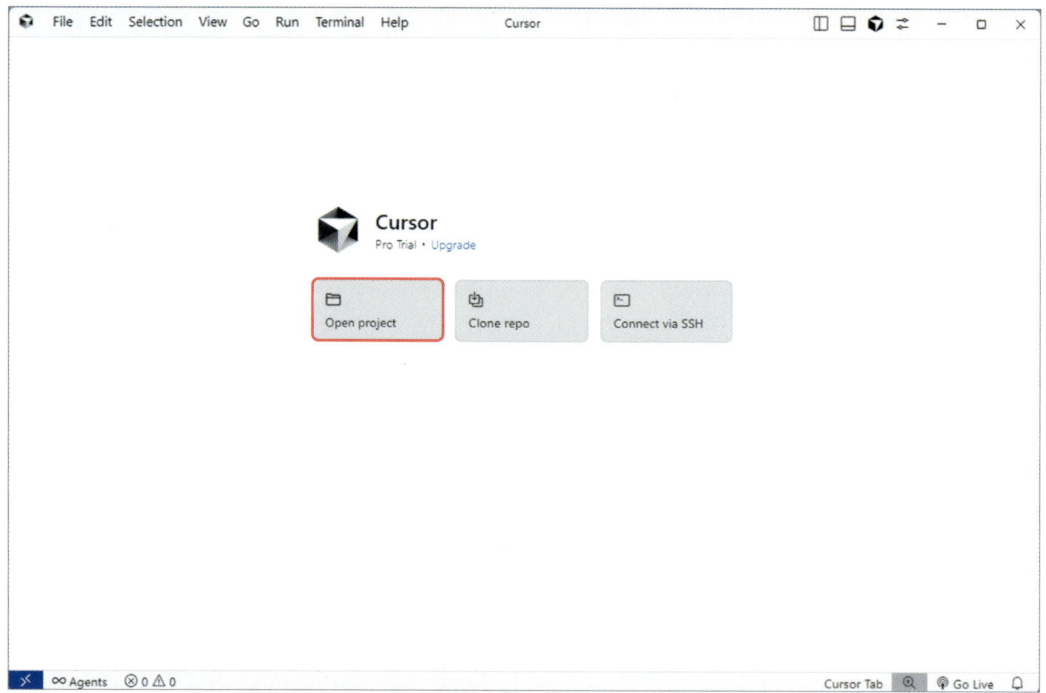

2 새로 만든 test 폴더를 선택한 후 [폴더 선택]을 클릭합니다.

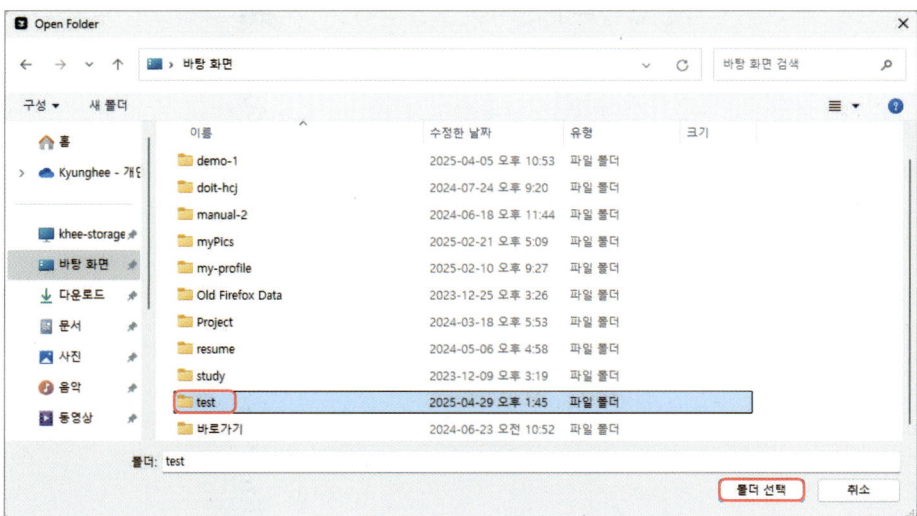

3 커서의 메인 사이드바에 TEST라는 프로젝트 폴더가 추가됩니다. 이제 프로젝트 폴더에서 작업할 준비가 끝났습니다.

✦ 메인 사이드바의 프로젝트 폴더 이름은 모두 대문자로 표시됩니다.

Do it! 실습   커서에 라이브 서버 확장 설치하기

커서에서 기본으로 제공하는 기능 외에도 편집기에 필요한 추가 기능을 플러그인 형태로 설치해서 사용할 수 있는데, 이러한 플러그인을 확장extension이라고 합니다.

여기에서는 라이브 서버Live Server라는 확장을 설치해 봅시다. 웹 사이트를 만들 때 중간 결과를 웹 브라우저로 자주 확인해야 하는데, 이때 편리하게 사용할 수 있는 확장입니다.

✦ VS Code를 이미 사용해 왔다면 VS Code에 추가한 확장이 커서에도 똑같이 설치됩니다.

1 커서의 메인 사이드바 위에 있는 확장 아이콘(⊞)을 클릭합니다. 이미 VS Code를 사용해 왔다면 VS Code에서 가져온 확장도 이 확장 패널에 표시됩니다.

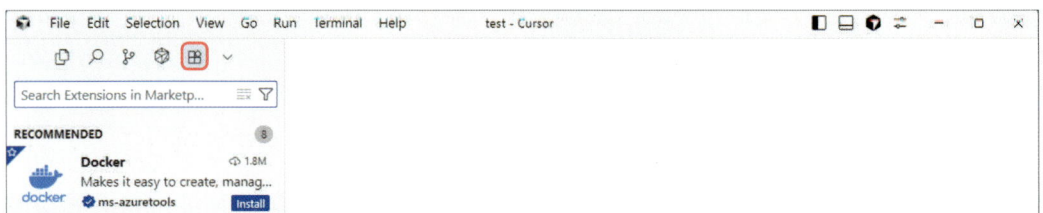

2 확장 패널 아래 검색 창에 'live server'를 입력해 검색합니다. 라이브 서버와 관련된 확장 목록이 꽤 많죠? 되도록이면 다운로드 수가 많은 확장을 사용하는 것이 안전합니다. 검색 결과 중에서 제작자가 ritwickdey인 확장을 선택합니다. 그리고 오른쪽 확장 설명 창에서 [Install]을 클릭하면 라이브 서버가 자동으로 설치됩니다. 라이브 서버 확장은 설치 후에 커서를 다시 시작하지 않아도 바로 사용할 수 있습니다.

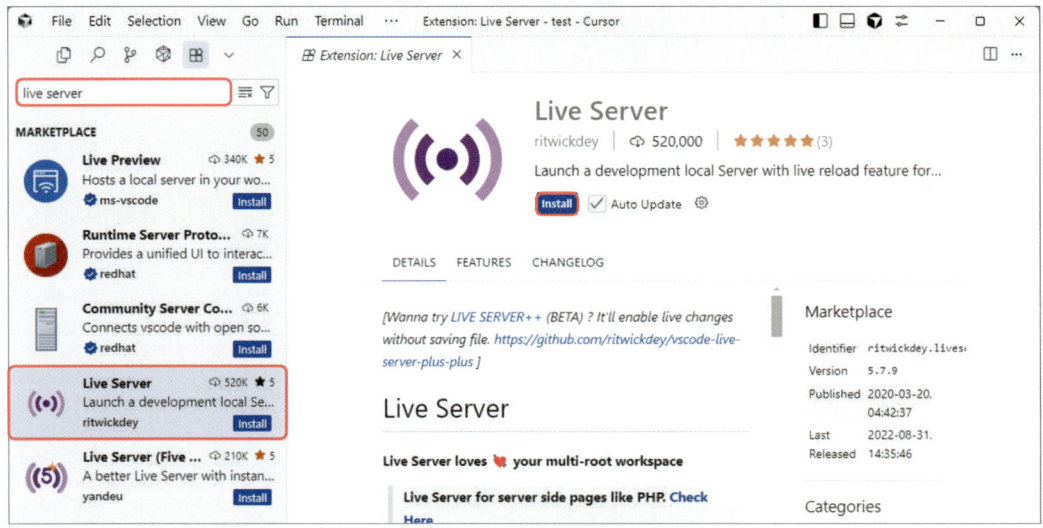

3-4 ✦ 커서의 AI 코딩 기능 사용하기

3-1절에서 소개한 것처럼 커서에서는 인라인 프롬프트와 AI 패널로 AI 코딩 기능을 사용할 수 있습니다. 커서로 웹 사이트를 만들기 위해서는 이 2가지 도구를 사용하는 방법을 잘 알고 있어야 합니다. 이번 절에서는 실습을 따라하면서 커서의 AI 기능을 사용하는 방법을 배워봅시다.

Do it! 실습 인라인 프롬프트 사용하기

커서에서는 파일이나 코드를 편집하다가 프롬프트를 요청할 수 있는 도구를 '인라인 프롬프트'라고 합니다. 여러 파일을 참조하면서 작성하는 코드가 아니라면 인라인 프롬프트만으로도 코드를 작성하고 수정할 수 있습니다.

1 메인 사이드바의 빈 공간을 마우스 오른쪽 버튼으로 클릭한 후 [New File]을 선택합니다. 여기에서는 자바스크립트 코드를 작성하므로 파일 이름을 test.js라고 지정합시다.

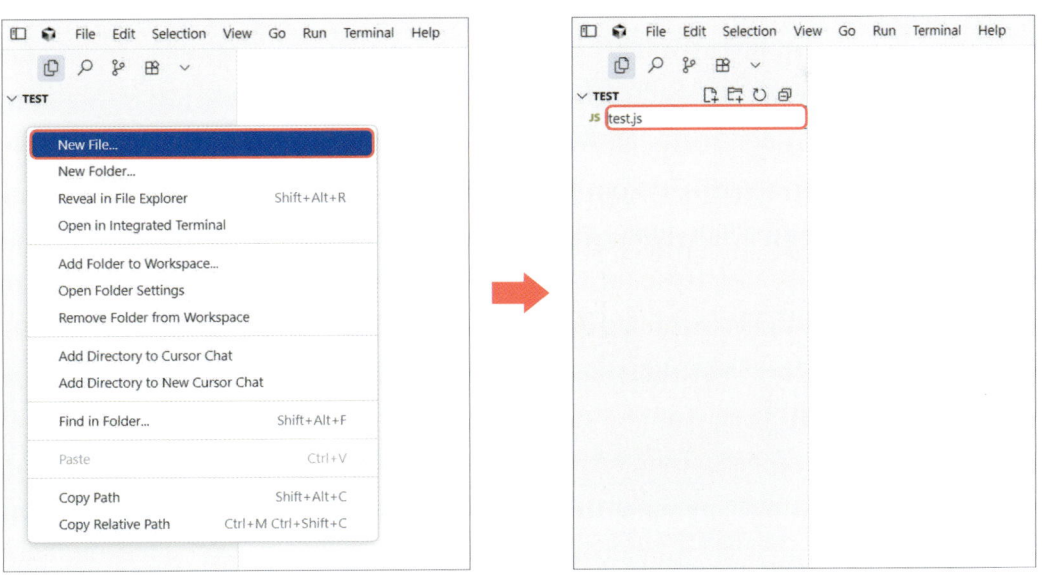

2 가장 먼저 코드를 생성해 봅시다. 편집 창에 표시된 test.js에서 Ctrl + K 를 누르면 작은 프롬프트 입력 창이 열리는데, 여기에 프롬프트를 작성하면 됩니다. 프롬프트 입력 창 왼쪽 아래에는 사용하는 모델이 표시되며, 기본으로 [Auto]가 선택되어 있습니다. 필요하다면 [Auto]를 클릭해서 다른 모델을 선택할 수도 있습니다. 인라인 프롬프트를 닫고 싶다면 프롬프트 입력 창 오른쪽의 X 를 클릭하거나 Esc 를 누릅니다.

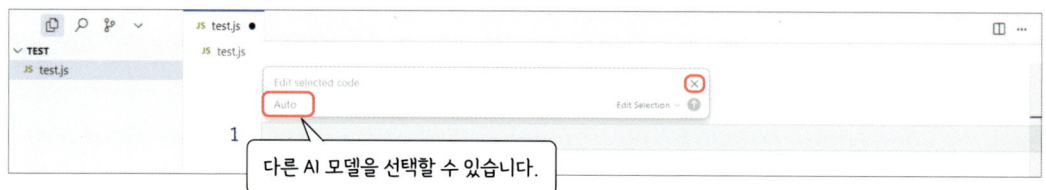

3 다음과 같이 프롬프트를 입력하고 Enter 를 누르거나 보내기 버튼(⬆)을 클릭합니다. 이때 프로그래밍 언어를 지정하지 않더라도 현재 파일의 확장자가 .js이므로 자바스크립트로 코드를 작성합니다.

 숫자 배열에서 가장 작은 수를 찾는 함수를 작성해 줘.

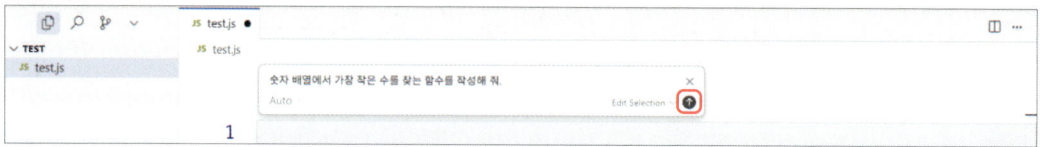

4 질문한 내용에 맞는 코드가 작성됩니다. 프롬프트 창에 나타난 [Accept]를 클릭하거나 생성된 코드 아래에 있는 [Keep]을 클릭하면 현재 파일에 코드가 추가됩니다.

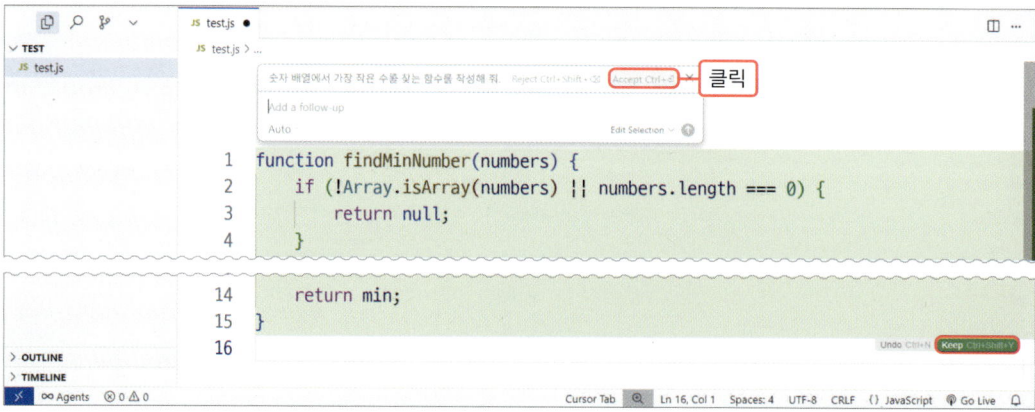

5 다음으로 **기존 코드를 수정**하는 기능을 사용해 보겠습니다. 이미 작성된 코드에서 수정할 부분이 있다면 그 위치를 클릭하거나 영역을 선택합니다. 그리고 Ctrl + K 를 누른 후 프롬프트를 입력합니다. 여기에서는 1번 줄에 마우스 커서를 가져다 놓고 프롬프트 입력 창을 연 후, 다음과 같이 프롬프트를 입력해서 함수 이름을 고쳐 달라고 요청합니다.

 함수 이름을 minimum으로 수정해 줘.

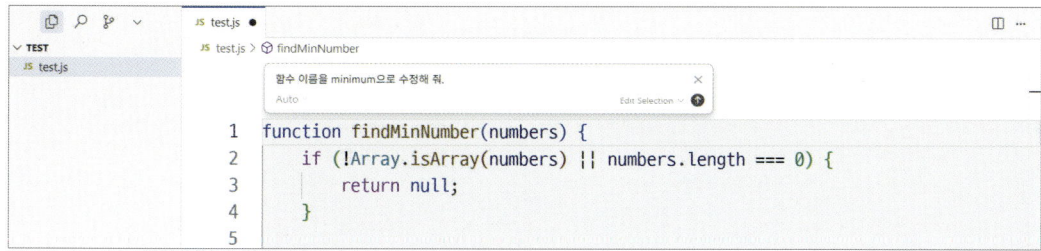

6 커서가 코드를 수정합니다. 코드에서 빨간색 배경은 변경된 후에 삭제될 부분이고 초록색 배경은 추가되는 새로운 변경 사항을 나타냅니다. [Keep]을 클릭해서 변경된 코드를 적용합니다.

✦ 삭제할 부분과 추가할 부분을 서로 다른 색으로 표시해서 한눈에 확인하는 기능을 디프(diff)라고 합니다.

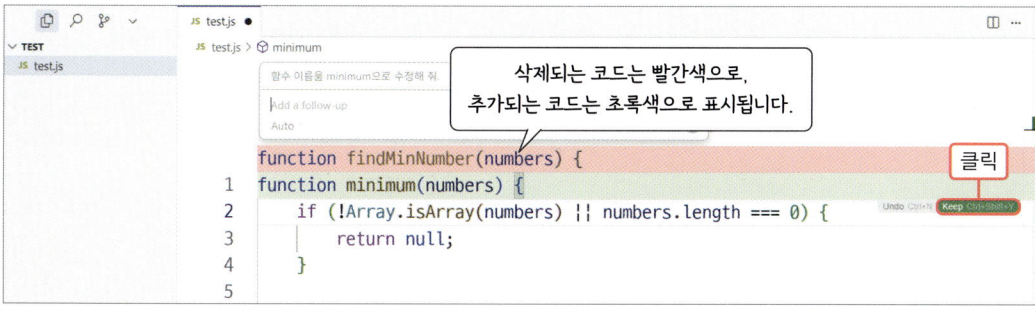

7 코드를 살펴보면서 이해되지 않는 부분이 있다면 코드를 설명해 달라고 요청할 수 있습니다. 질문하고 싶은 코드 영역을 선택한 후 Ctrl + K 를 누릅니다. 프롬프트 창이 뜨면 다음과 같이 코드 설명을 요청하는 프롬프트를 작성한 후 Enter 를 누릅니다.

 현재 선택한 부분의 코드를 설명해 줘.

8 선택한 코드에 주석 형태로 코드 설명을 표시합니다. 선택한 코드에 대해 다른 질문을 하거나 커서의 설명에 이어서 보충 질문을 할 수도 있습니다.

> 커서의 설명에 이어서 보충 질문을 할 수 있습니다.

9 마지막으로 **코드 자동 완성하기** 기능을 사용해 보겠습니다. 사용자가 편집기에 코드를 직접 작성하기 시작하면 커서는 코드를 제안합니다. 제안해 준 코드를 사용하겠다면 Tab 을 누르면 됩니다.

예를 들어 배열에서 최댓값을 찾는 maximum 함수를 직접 작성해 보겠습니다. test.js 파일에서 minimum 함수 뒷부분에 새로운 함수를 작성합니다. function maximum까지만 입력하면 함수 이름만 보고도 개발자의 의도를 인식하고 적절한 코드를 제안합니다. Tab 을 누르면 제안한 코드가 추가되죠. 제안한 코드를 무시하고 다른 코드를 직접 작성해도 됩니다. 이때도 개발자가 입력하는 코드에 따라 다음에 올 코드를 커서가 제안합니다.

```js
function minimum(numbers) {

    let min = numbers[0];

    for (let i = 1; i < numbers.length; i++) {
        if (numbers[i] < min) {
            min = numbers[i];
        }
    }

    return min;
}

function maximum(numbers) {
```

↓

```js
function maximum(numbers) {
    if (!Array.isArray(numbers) || numbers.length === 0) {
        return null;
    }

    let max = numbers[0];
```

> Tab 을 누르면 제안한 코드가 추가됩니다.

↓

```js
function maximum(numbers) {
    if (!Array.isArray(numbers) || numbers.length === 0) {
        return null;
    }

    let max = numbers[0];

    for (let i = 1; i < numbers.length; i++) {
        if (numbers[i] > max) {
            max = numbers[i];
```

> 코드가 자동으로 완성됩니다.

> 이어지는 코드도 제안합니다.

> **Do it! 실습** AI 패널로 할 일 목록 앱 만들기

커서의 AI 패널을 이용하면 AI와 채팅하면서 원하는 코드를 작성할 수 있습니다. 해야 할 일을 목록 형태로 나열하고 마무리한 일을 삭제할 수 있는 할 일 목록 앱을 만들면서 AI 코딩 기능을 사용해 봅시다.

1 바탕 화면이나 원하는 위치에 todo-app 폴더를 만듭니다. 커서에서 [File → Open Folder]를 선택한 후 방금 만든 todo-app 폴더를 선택합니다.

✦ 커서 시작 화면에서 [Open project]를 클릭한 후 todo-app 폴더를 선택할 수도 있습니다.

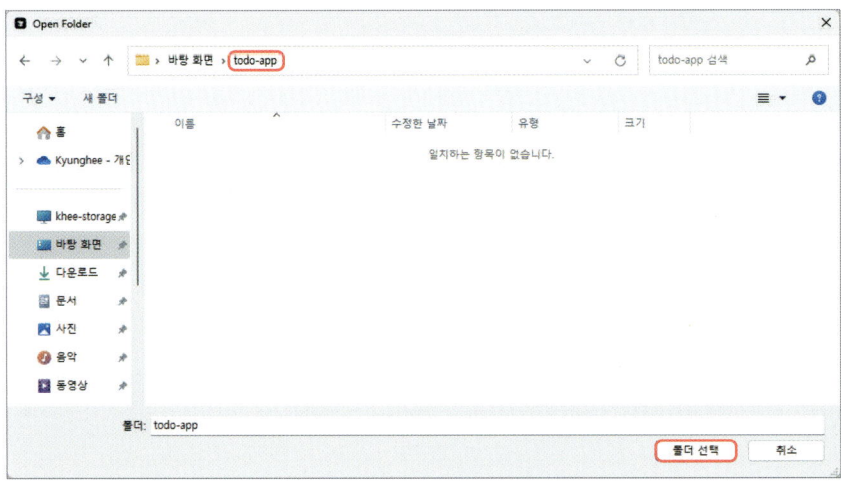

2 AI 패널이 열려 있지 않다면 Ctrl + L 을 누르거나, 커서 화면 오른쪽 위에 있는 아이콘을 클릭합니다.

✦ AI 패널 왼쪽의 세로 구분선을 드래그해서 AI 패널의 너비를 조절할 수 있습니다.

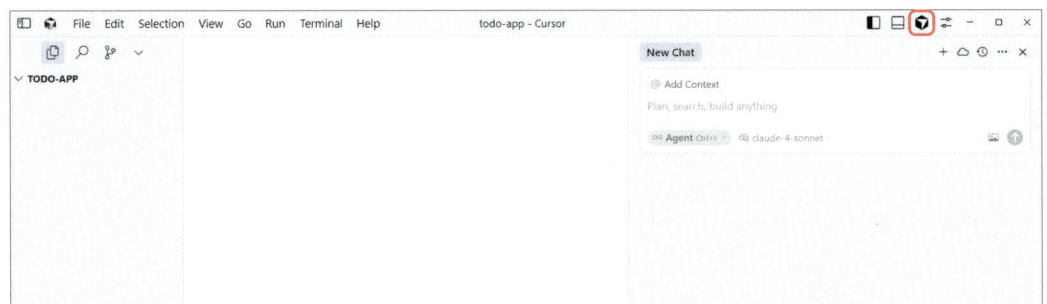

3 할 일 목록 앱에 필요한 기능과 사용할 언어를 AI 패널의 프롬프트 입력 창에 최대한 자세하게 작성합니다. 프롬프트 입력이 끝나면 Enter 를 누르거나 를 클릭합니다.

>  매일 해야 할 일을 기록하는 Todo 앱을 만들고 싶어.
>
> 필요한 기능
> - 할 일 입력하고 '추가' 버튼을 클릭하면 목록에 추가
> - 항목에는 체크박스가 있어서 체크박스를 클릭하면 내용 위로 취소선 표시
> - 항목에는 '삭제' 버튼이 있어서 삭제 버튼을 클릭하면 항목 삭제
> - 앱을 다시 시작해도 기존 내용이 유지되도록 하기
>
> 사용 언어/프레임워크
> - HTML, CSS, 바닐라 자바스크립트

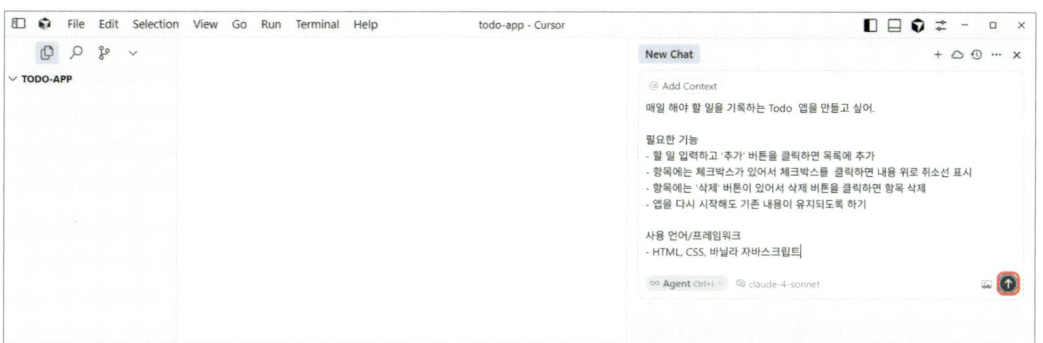

✦ 바닐라 자바스크립트란 리액트 같은 라이브러리를 사용하지 않고 순수하게 자바스크립트로만 작성해 달라는 뜻입니다.

node.js나 타입스크립트를 사용해 더욱 안정된 앱을 만들 수도 있지만, 여기에서는 가장 기본적인 언어인 HTML, CSS, 자바스크립트만 사용합니다. 원한다면 다른 언어나 프레임워크를 사용해도 됩니다.

4 앱에 필요한 파일이 한꺼번에 만들어집니다. 여기에서는 HTML과 CSS, 자바스크립트를 사용하라는 요청에 따라 3가지 파일이 만들어집니다. 이 3가지 파일은 왼쪽의 메인 사이드바에서 확인할 수 있습니다. AI 패널에는 방금 만든 코드에 대한 설명도 정리되어 있죠.

✦ 같은 프롬프트를 입력하더라도 파일 이름이나 코드는 달라질 수 있으며 현재 프로젝트를 설명하는 README.md 파일을 자동으로 만들기도 합니다.

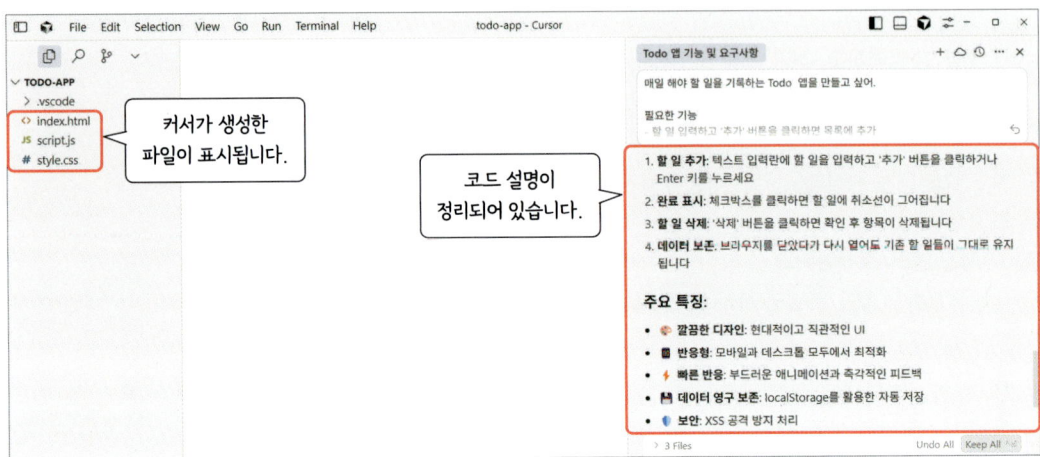

5 제대로 동작하는지 살펴볼까요? 메인 사이드바에서 index.html을 클릭하면 편집 창에 해당 코드가 나타나는데, 편집 창에서 마우스 오른쪽 버튼을 클릭한 후 [Open with Live Server]를 선택합니다.

✦ [Open with Live Server] 메뉴가 보이지 않는다면 3-3절을 참고해서 라이브 서버 확장을 설치한 후 다시 시도해 보세요.

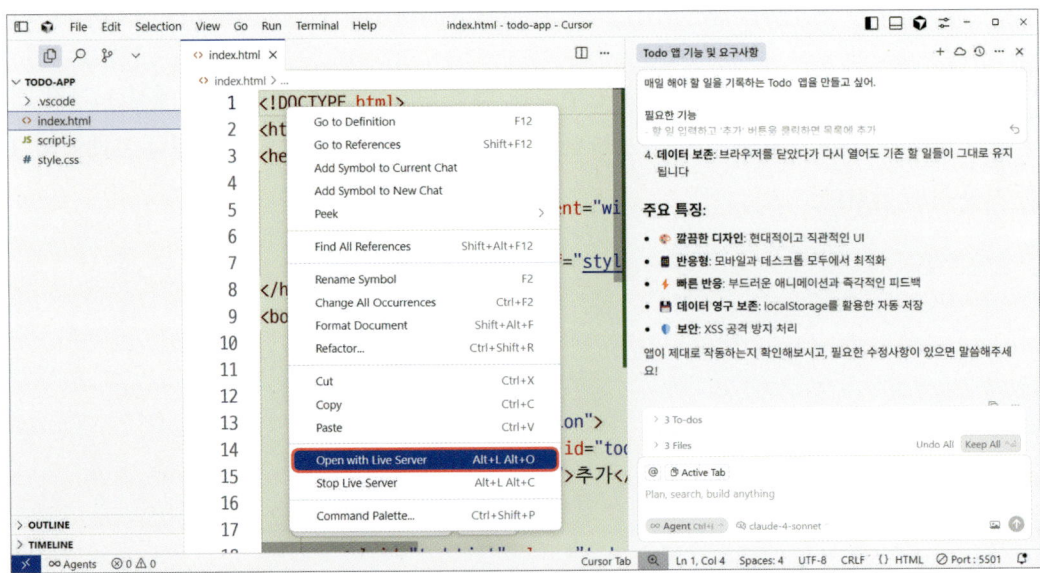

6   웹 브라우저에 화면이 표시되면 웹 사이트가 제대로 동작하는지 확인합니다. 할 일을 입력한 후 Enter 를 누르거나 [추가] 버튼을 클릭하면 할 일 목록이 하나씩 추가됩니다. [삭제] 버튼을 클릭하면 해당 항목이 사라지고, 체크박스에 체크하면 해당 항목 위로 취소선이 표시됩니다.

7   완성한 앱에서 수정하거나 추가할 부분이 있다면 프롬프트를 작성합니다. 여기에서는 할 일 목록을 '예정' 목록과 '완료' 목록으로 나눠서 표시해 달라고 요청해 보겠습니다. 요청할 내용을 AI 패널의 프롬프트 입력 창에 입력하고 Enter 를 누릅니다.

 할 일 목록을 '예정'과 '완료' 2가지 목록으로 유지하고 싶어. 처음에 할 일을 입력하면 '예정' 목록에 표시했다가 체크 표시해서 완료되면 '완료' 목록으로 이동시켜 줘.

8 커서가 기존 코드를 수정해서 파일에 적용해 줍니다. 인라인 프롬프트로 요청했을 때와 마찬가지로, 삭제되는 기존 코드는 빨간색으로, 새로 추가되는 코드는 초록색으로 표시되므로 수정한 부분을 확인하기 쉽습니다.

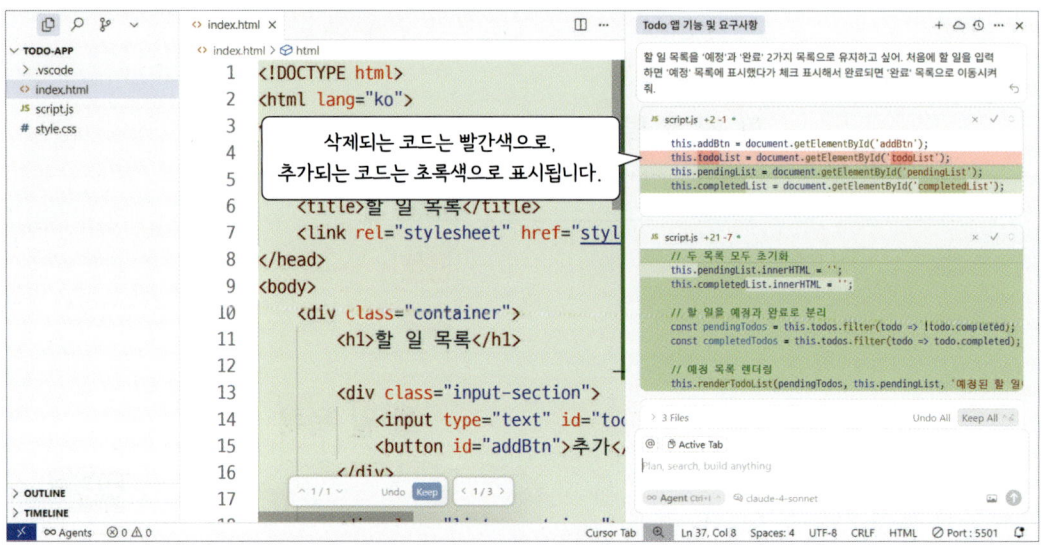

9 다시 한번 웹 브라우저에서 확인해 보면 할 일 목록이 예정 목록과 완료 목록으로 구분된 것을 볼 수 있습니다.

10 코드를 더 이상 수정하지 않아도 된다면 AI 패널의 오른쪽 아래 끝부분에 있는 [Keep All]을 클릭해서 모든 파일의 코드를 승인합니다. 수정한 코드가 각 파일에 저장됩니다. 편집 창에서 파일별로 하나씩 확인하면서 창 아래에 있는 [Keep] 버튼을 클릭해도 됩니다.

✦ 커서에서 '승인'이란 AI가 제안한 코드를 실제 파일에 적용하는 것을 말합니다.

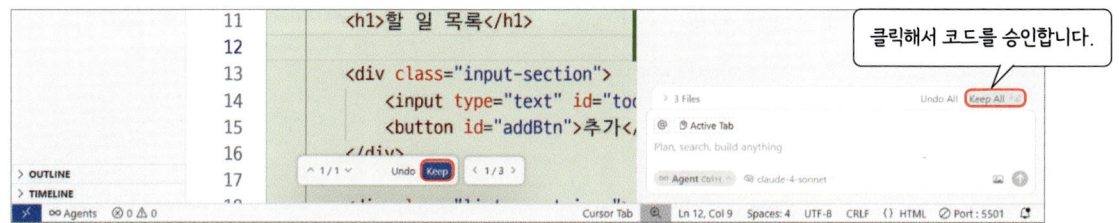

> 💗 **알아 두면 좋아요!** README.md 파일
>
> 커서의 최신 버전에서는 프로젝트에서 첫 번째 코드를 만들 때 README.md 파일도 함께 만드는 경우가 있습니다. README.md 파일은 앱이나 프로젝트의 설명서라고 생각하면 쉽습니다. 현재 프로젝트의 파일 구조나 구현된 기능, 사용법, 개발에 사용된 언어 등 다양한 정보를 담고 있죠. 프로젝트를 진행할 때마다 개발자가 따로 정리해야 하는 파일인데 커서가 자동으로 만들어 주므로 필요한 내용만 수정하거나 추가하면 됩니다. 파일 확장자 .md는 마크다운 문법을 사용한 문서라는 뜻입니다.

4장

웹 사이트 제작을 위한 기본 개념 다지기

AI 코딩 서비스로 웹 사이트를 만들기에 앞서 몇 가지 기본 개념을 알아두면 좋습니다. 먼저 웹 사이트를 구성하는 HTML, CSS, 자바스크립트를 살펴보며 웹 사이트 구조와 사용 기술을 이해해봅니다. 웹 사이트의 구조를 이해하고 있으면 AI에게 더 구체적으로 요청할 수 있습니다. 또한 웹 사이트는 완성된 뒤에도 수정과 개선이 계속됩니다. 변경되는 코드를 안전하게 관리할 수 있는 도구인 깃과 깃허브도 함께 배워보겠습니다. 웹 개발에 관한 기본 개념을 이미 알고 있다면 다음 장으로 넘어가도 됩니다.

4-1 ✦ 웹 페이지의 구조를 만드는 HTML
4-2 ✦ 웹 페이지를 보기 좋게 꾸미는 CSS
4-3 ✦ 웹 페이지에 동작을 부여하는 자바스크립트
4-4 ✦ 코드를 추적하고 관리하는 깃과 깃허브

4-1 ✦ 웹 페이지의 구조를 만드는 HTML

3-4절에서 할 일 목록을 만들 때처럼 웹 페이지는 HTML과 CSS, 자바스크립트라는 언어를 사용해서 제작합니다. 이 3가지 언어는 웹 페이지에서 각각 다른 역할을 맡는데요. 이번 절에서는 먼저 HTML이 어떤 역할을 하는지 배워봅시다. HTML은 **웹 페이지에서 뼈대를 만드는 언어**입니다. 집을 지을 때 기둥과 벽을 세우는 과정에 해당한다고 생각하면 됩니다. 웹 개발을 처음 시작한다면 반드시 HTML부터 배우게 되며, AI 코딩 도구나 웹 개발 도구를 사용할 때도 HTML 구조를 이해해야 코드를 잘 활용할 수 있습니다.

HTML의 기본 형식

HTML은 태그^{tag}라고 하는 코드 블록을 사용해서 웹 브라우저에게 "이건 제목이야", "이건 버튼이야"와 같은 정보를 전달합니다.

```
<태그명>내용</태그명>
```

예를 들어 다음 코드를 볼까요?

```
<h1>웹 페이지의 구조를 만드는 HTML</h1>
<p>3-4절에서 할 일 목록을 만들 때처럼 웹 페이지는 HTML과 CSS, 자바스크립트라는 언어를 사용해서 제작합니다.</p>
```

이 코드에는 제목을 나타내는 〈h1〉 태그와 문단을 나타내는 〈p〉 태그를 사용했습니다. 웹 브라우저는 이 코드를 보고 '웹 페이지의 구조를 만드는 HTML'이라는 문구를 제목 형태로, 그 아래 문장을 문단 형태로 표시하죠.

HTML로 나타낸 화면 예시

HTML 태그는 대부분 여는 태그와 닫는 태그가 한 쌍으로 되어 있지만, 다음과 같이 태그 자체에 기능이 있어서 닫는 태그가 필요 없는 경우도 있습니다.

```
<br>                                    <!-- 줄 바꿈 -->
<img src="cat.jpg" alt="고양이 이미지">    <!-- 이미지 -->
<hr>                                    <!-- 가로줄 -->
<input type="text">                     <!-- 입력 필드 -->
```

✦ 닫는 태그가 없는 경우
처럼 사용해도 되고
처럼 슬래시(/)를 붙여서 사용해도 됩니다.

주요 HTML 태그

사용할 수 있는 HTML 태그는 미리 정해져 있는데, 자주 사용하는 태그는 다음과 같습니다.

태그 이름	설명
<h1> ~ <h6>	heading의 줄임말로 제목을 지정합니다. <h1> 태그가 가장 큰 제목, <h6>이 가장 작은 제목입니다. 숫자가 커질수록 크기가 순서대로 줄어듭니다.
<p>	paragraph의 줄임말로 텍스트 문단을 지정합니다.
 	break의 줄임말로 줄바꿈을 지정합니다. 닫는 태그가 없습니다.
<img>	image의 줄임말로 이미지를 지정합니다. 닫는 태그가 없습니다.
<input>	양식에서 실제 사용자가 입력하거나 클릭할 입력 필드를 지정합니다. 닫는 태그가 없습니다.
<button>	버튼을 지정합니다.
<div>	division의 줄임말로 특정 영역을 묶는 역할을 합니다. 이렇게 묶은 영역에는 위치나 크기, 배경 등 다양한 스타일을 적용할 수 있습니다.
<a>	anchor의 줄임말로 HTML 문서에 링크를 만듭니다.
<ul>	unordered list의 줄임말로 순서 없는 목록을 지정합니다. <li> 태그와 함께 사용합니다.
<ol>	ordered list의 줄임말로 순서 목록을 지정합니다. <li> 태그와 함께 사용합니다.
<li>	list의 줄임말로 <ul>이나 <ol> 태그 안에서 목록의 각 항목을 지정합니다.

예를 들어 다음은 제목과 문단, 링크가 포함된 웹 페이지를 만드는 HTML 코드입니다.

```
<h1>나의 첫 번째 웹 페이지</h1>
<p>HTML은 웹 페이지의 구조를 만듭니다.</p>
<a href="https://www.google.com">구글로 이동</a>
```

태그의 속성

HTML 태그에 속성^{attribute}을 지정해서 더 많은 정보를 담을 수도 있습니다. 예를 들어 〈link〉는 외부 파일을 연결하는 태그인데, 이 태그 안에 rel 속성과 href 속성을 사용해서 '외부에 있는 style.css라는 스타일시트 파일을 연결한다'라는 명확한 정보를 담을 수 있죠.

```
<link rel="stylesheet" href="style.css">
```

- **rel**: 연결할 파일의 종류를 지정합니다. 여기서는 CSS 파일을 연결하기 위해 stylesheet라는 값을 지정했습니다.
- **href**: 연결할 파일의 경로를 지정합니다. 여기서는 CSS 파일인 style.css 파일을 지정했습니다.

HTML 태그의 속성은 태그마다 다르므로 태그를 공부할 때 속성까지 함께 공부하는 것이 좋습니다.

HTML은 태그와 속성만 이해하면 되는 단순한 언어이지만 웹 개발의 출발점이자 필수 요소입니다. 그러므로 HTML을 이해하면 웹 페이지가 어떻게 구성되는지 한눈에 보이고, 거기에 CSS와 자바스크립트를 더하면서 웹 문서가 달라지는 재미를 느낄 수 있습니다.

4-2 ✦ 웹 페이지를 보기 좋게 꾸미는 CSS

CSS는 Cascading Style Sheets의 줄임말로 웹 페이지에 색이나 크기, 위치, 간격 등을 지정하는 언어입니다. HTML이 웹 페이지의 구조를 만든다면 CSS는 **웹 페이지의 디자인**을 담당하죠.

CSS의 기본 형식

CSS는 필요한 요소마다 스타일 규칙을 지정하는데 기본적으로 다음과 같은 형식을 지닙니다.

```
선택자 {
  속성: 값;
  속성: 값;
}
```

- **선택자**(selector): 웹 페이지의 어떤 요소에 스타일을 적용할지 지정합니다.
- **속성**(property): 색을 바꿀지, 위치를 조절할지 등 적용할 스타일 종류를 지정합니다. CSS에서 사용할 속성은 미리 정해져 있습니다.
- **값**(value): 각 속성마다 구체적인 값을 지정합니다.

다음 HTML 코드를 사용해서 [추가] 버튼을 만들었다면 웹 브라우저에는 특별한 디자인 없이 기본 형태로 나타납니다.

```
<button id="add-btn">추가</button>
```

스타일을 적용하지 않은 버튼 예시

하지만 여기에 CSS를 적용하면 훨씬 보기 좋게 바꿀 수 있습니다. 앞에서 만든 할 일 목록 앱에서는 style.css라는 파일 안에 버튼 스타일을 작성했습니다. 이 스타일에서 #add-btn 이 선택자, padding, background, transition 등은 속성입니다.

✦ 이 책의 코드와 여러분이 보고 있는 코드는 다를 수 있습니다.

```
#add-btn {
    padding: 8px 16px;
    background: #4CAF50;
    (...생략...)
    transition: background 0.2s;
}
```
선택자 / 속성

스타일을 적용한 버튼 예시

자주 사용하는 선택자

선택자는 웹 페이지 내용 가운데 어디에 스타일을 적용할 것인지 정합니다. 선택자는 여러 종류가 있지만 가장 기본적인 선택자는 다음 3가지입니다.

타입 선택자

같은 태그를 사용하는 요소에 모두 적용하는 선택자입니다. 태그 이름을 선택자로 사용하므로 태그 선택자라고도 합니다. 예를 들어 〈p〉 태그를 사용하는 텍스트를 모두 12픽셀 크기의 파란색 글자로 표시하고 싶다면 다음과 같이 작성합니다.

```
p {
    color: blue;
    font-size: 12px;
}
```

클래스 선택자

특정 부분에만 스타일을 적용할 때 사용하는 선택자로, **선택자 이름 앞에 마침표**(.)를 붙입니다. 선택자 이름은 어떤 것이든 사용할 수 있지만 이름 사이에 공백이 있어서는 안 됩니다. 이렇게 만든 클래스 선택자를 적용할 때는 태그 안에 class="선택자명" 형태로 지정합니다. **웹 페이지에서 여러 요소에 같은 클래스 이름을 사용**할 수 있습니다.

예를 들어 문서 내용을 화면 중앙에 배치하고 싶다면 CSS에서 다음과 같이 .container라는 선택자를 사용해서 스타일을 지정합니다.

```css
.container {
  max-width: 400px;
  margin: 40px auto;
  (...생략...)
}
```

이 스타일을 적용하려면 다음과 같이 HTML 태그 안에서 class를 container라고 지정합니다.

```html
<div class="container">
<h1>매일 해야 할 일</h1>
<div class="input-section"> (...생략...) </div>
  <ul id="todo-list"></ul>
</div>
```

id 선택자

웹 페이지에서 1번만 사용할 수 있는 선택자입니다. id 선택자를 정의할 때는 **선택자 이름 앞에 # 기호**를 붙입니다. 선택자 이름은 공백이 없다면 어떤 이름이든 사용할 수 있습니다. id 선택자를 웹 요소에 적용할 때는 id를 사용해서 적용할 선택자 이름을 지정합니다.

예를 들어 할 일 목록 앱에서 할 일을 나열하는 목록 부분에 id="todo-list"라고 지정했다면 여기에 적용할 스타일을 만들 때는 #todo-list라는 선택자를 사용합니다.

만약 할 일 목록에 파란색 테두리를 추가하고 싶다면 CSS에서 #todo-list라는 id 선택자를 사용해서 다음과 같이 스타일을 지정합니다.

```css
#todo-list {
  border: 1px solid #0077e8;
  (...생략...)
}
```

HTML 태그 안에서 id를 todo-list라고 지정하면 스타일이 적용됩니다.

```html
<ul id="todo-list"></ul>
```

CSS 속성

CSS에서는 글자색이나 글자 크기, 배경색, 배경 이미지, 테두리 등 다양한 스타일을 지정할 수 있는데 그때마다 사용하는 속성(property)이 달라집니다. CSS에는 아주 많은 속성이 있지만 이름만 보아도 어떤 스타일을 지정하는지 쉽게 짐작할 수 있습니다. 예를 들어 font-size는 글자 크기를 지정하고, background-image는 배경 이미지를 지정하는 속성입니다.

예제와 함께 살펴볼까요? 다음 코드는 제목의 글자색을 파란색으로, 글자 크기를 24픽셀로 설정합니다. 또한 버튼의 모서리는 둥글게, 안쪽 여백을 10픽셀로 만들면서 배경색을 초록색(green)으로 지정합니다.

```css
h1 {
  color: blue;             /* h1 제목의 글자색을 파란색으로 설정 */
  font-size: 24px;         /* 글자 크기를 24픽셀로 설정 */
}

button {
  background-color: green; /* 버튼의 배경색을 초록색으로 설정 */
  border-radius: 5px;      /* 버튼의 모서리를 둥글게 (반지름 5픽셀) */
  padding: 10px;           /* 버튼 안쪽 여백을 10픽셀로 설정 */
}
```

CSS 코드를 작성하는 위치

CSS 코드는 HTML 문서 안에 직접 작성할 수도 있고, CSS 코드만 확장자가 .css인 별도 파일로 저장한 후 HTML에서는 연결해서 사용할 수도 있습니다. 여기에서는 CSS 코드를 작성하는 위치 3가지를 알아봅시다.

인라인 스타일

HTML 태그 안에 style 속성을 사용해서 스타일을 지정합니다. 간단한 스타일을 적용할 때는 유용하지만 코드가 길어질수록 관리하기 어려워집니다.

```html
<p style="color: blue">텍스트</p>
```

내부 스타일 시트

웹 페이지에서 사용하는 스타일을 한꺼번에 모아서 <style>~</style> 사이에 작성합니다. 내부 스타일 시트는 <head> 태그 영역에 작성합니다. 이렇게 하면 스타일만 모아서 관리할 수 있어서 편리합니다.

```
<head>
    (...생략...)
    <style>
        p { font-size: 12px; }
    </style>
</head>
```

외부 스타일 시트

같은 스타일을 여러 문서에서 사용할 경우 CSS 코드만 별도 파일로 만든 후 HTML 코드에 연결해서 사용합니다. 실무에서 가장 많이 사용하는 방법입니다. 외부 스타일 시트 파일은 .css 확장자를 사용합니다.

HTML 코드에서 .css 파일을 연결할 때는 <link> 태그를 사용합니다. 이때 href 속성에는 외부 스타일 시트 파일 경로를 지정하고, rel 속성에는 stylesheet라고 알려 줘야 연결하는 파일이 스타일 시트라는 걸 이해할 수 있습니다.

```
<link rel="stylesheet" href="css 파일 경로">
```

index.html
```
<link rel="stylesheet" href="style.css">
(...생략...)
<button id="add-btn">추가</button>
(...생략...)
```

style.css
```
#add-btn {
    padding: 8px 16px;
    background: #4f8cff;
    (...생략...)
    transition: 0.2s;
}
```

4-3 ✦ 웹 페이지에 동작을 부여하는 자바스크립트

자바스크립트는 웹 페이지를 동적으로 만들어 **사용자와 상호 작용할 수 있게** 해줍니다. 예를 들어 버튼을 눌렀을 때 메시지를 표시하거나 할 일을 입력하고 [추가] 버튼을 클릭했을 때 할 일 목록에 추가하는 것도 모두 자바스크립트로 처리합니다.

자바스크립트의 기본 형식

자바스크립트는 기본적으로 다양한 변수와 함수를 사용해 작성합니다. 예를 들어 다음과 같이 작성하면 name이라는 변수를 선언하고 sayHi()라는 함수를 만드는 가장 간단한 형태의 자바스크립트 코드가 됩니다. 코드에서 let이나 function 같은 단어는 자바스크립트에서 자주 사용하는 예약어keyword입니다.

✦ 예약어란 변수나 함수 이름 등으로 사용할 수 없도록 자바스크립트에 미리 정해 놓은 단어를 말합니다.

```
let name = "도레미";        // 변수 선언
function sayHi() {         // 함수 선언
    alert("안녕하세요?");
}
sayHi();                   // 함수 실행
```

자주 사용하는 용어 살펴보기

변수

변수variable는 값을 저장하는 공간입니다. 다음 코드는 age라는 변수에 15라는 숫자를 저장합니다. 나중에 age라는 이름만 사용해서 저장된 값을 가져와 사용할 수 있습니다. 변수를 선언할 때 다음과 같이 let을 붙이면 값을 바꿀 수 있는 변수가 되고, const를 붙이면 값을 바꿀 수 없는 상수가 됩니다.

```
let age = 15;
```

함수

함수function는 어떤 동작을 묶어서 이름을 붙인 코드 모음입니다. 다음 코드는 sayHello()라는 함수를 선언하고 실행합니다. 이렇게 함수를 사용하면 같은 동작을 할 때마다 재사용할 수 있습니다.

```
function sayHello() {          ┐ 함수 선언
  console.log("안녕하세요!");
}
sayHello();   ─ 함수 실행
```

매개변수와 인수

앞에서 살펴본 sayHello() 함수는 몇 번을 실행해도 '안녕하세요!'라는 인사말이 나타납니다. 하지만 함수를 실행할 때 사람 이름을 넘겨주고, 그 이름과 함께 인사말을 표시한다면 더 유용할 것입니다. 이럴 때 매개변수와 인수를 사용합니다.

매개변수parameter란 함수를 정의하면서 '함수를 실행할 때 어떤 값을 받을 예정이다'라는 뜻으로 자리를 지정해 놓는 것입니다. 아래 코드에서 name이 매개변수입니다. 매개변수는 여러 개를 지정할 수도 있습니다.

```
function greet(name) {
  console.log(name + "님, 안녕하세요!");
}
```

인수argument는 실제로 함수를 실행할 때 넘겨주는 값입니다. 예를 들어 다음과 같이 함수를 실행한다면 '도레미'와 '백두산'이 인수입니다.

```
greet("도레미")
greet("백두산")
```

✦ 매개변수와 인수를 한꺼번에 '인자'라고 부르기도 합니다.

화살표 함수

자바스크립트에서 함수를 만드는 방법은 여러 가지가 있는데, 최근에는 화살표 함수를 많이 사용합니다. function 대신 화살표(=>)를 붙여서 사용하므로 화살표 함수라고 부릅니다. 기존 방법보다 더 짧고 간결하게 쓸 수 있기 때문에 자주 사용하는 방식입니다.

위에서 살펴본 greet()라는 함수는 화살표 함수로 다음과 같이 작성할 수 있습니다.

```
const greet = name => console.log(name + "님, 안녕하세요!");
```

배열

자바스크립트에서는 여러 개의 값을 다루기 위해 배열과 객체를 사용합니다. 배열은 **하나의 변수에 여러 값을 저장**하는 형태입니다. 배열에서는 인덱스를 사용해서 몇 번째 값인지 지정해서 가져오거나 저장할 수 있는데, 인덱스는 0부터 시작합니다.

예를 들어 다음 코드는 fruits 배열을 만들고, 인덱스가 0인 값, 즉 첫 번째에 있는 값을 가져옵니다.

```
let fruits = ["사과", "배", "포도"];
console.log(fruits[0]);   // 사과
```

객체

배열에는 값만 저장하지만 객체에는 **'이름: 값' 형태로 다양한 정보를 저장**할 수 있습니다. 객체 안에 있는 값에 접근하려면 마침표(.) 다음에 각 항목의 이름을 지정합니다.

예를 들어 다음 코드는 user라는 변수에 name이 '도레미'이고, age가 '20'이라는 정보를 저장한 코드입니다. 이때 user 객체에 있는 name의 값을 알고 싶다면 user.name을 사용합니다.

```
let user = {
    name: "도레미",
    age: 20
}
console.log(user.name);
```

외부 스크립트 파일

자바스크립트도 CSS와 마찬가지로 HTML 문서 안에 직접 작성할 수도 있지만, 이럴 경우 나중에 코드를 관리하기 어렵습니다. 그래서 대부분의 경우 자바스크립트 코드는 확장자가 .js인 별도 파일로 저장하고, HTML 문서에서는 〈script〉 태그로 자바스크립트 파일을 연결해서 사용합니다.

웹 개발의 규모가 커지면서 자바스크립트 코드가 점점 복잡해지고 있습니다. 그래서 리액트React, 뷰Vue 같은 도구를 사용해서 코드를 작성한 후 자바스크립트로 변환해서 사용하는 경우도 많습니다. 참고로 이러한 도구를 사용하지 않고 순수하게 작성하는 자바스크립트를 바닐라 자바스크립트라고 하는데, 5장에서는 바닐라 자바스크립트를 중심으로 실습합니다.

4-4 ✦ 코드를 추적하고 관리하는 깃과 깃허브

웹 개발에서 코드 작성은 한 번에 끝나는 것이 아니라 결과를 계속 확인하면서 오류를 수정하거나 기능을 추가하는 등 여러 번 수정해야 합니다. 그러다 보면 이전 코드로 되돌려야 할 상황도 생기죠. 이러한 고민을 해결하기 위해 깃과 깃허브를 사용합니다.

깃과 깃허브는 무엇일까?

깃^{Git}은 코드가 수정될 때마다 그 상황을 기록하면서 코드의 변경 상황을 추적합니다. 처음에는 다소 어렵다고 느껴질 수 있지만 한 번 익혀두면 프로젝트를 안전하게 백업하고 코드 변경 내역을 쉽게 확인할 수 있어서 개발자에게는 꼭 필요한 도구입니다. 이러한 깃을 인터넷상에서 사용할 수 있게 만든 서비스가 깃허브^{GitHub}입니다. 깃은 사용자 컴퓨터에서만 동작하지만 깃허브는 인터넷으로 접근할 수 있어서 다른 사람과 코드를 공유하거나 협업할 때 유용합니다.

깃허브 로고

깃의 주요 개념

깃과 깃허브는 터미널을 통해 명령어를 직접 입력해서 사용하거나, 커서에서 마우스 클릭으로 쉽게 사용할 수 있습니다. 일단 여기에서는 기억해 두면 도움이 될 주요 개념을 알아봅시다.

✦ 깃과 깃허브를 더 자세하게 공부하고 싶다면 《Do it! 5일 만에 끝내는 깃 & 깃허브 입문》을 참고하세요.

저장소

깃에서 프로젝트 전체를 담는 폴더를 저장소^{repository}라고 합니다. 깃으로 관리하고 싶은 프로젝트가 있다면 저장소로 만들면 됩니다. 이 과정을 깃 초기화^{initialize}라고 합니다. 만일 깃허브에 프로젝트 코드를 업로드하고 싶다면 깃허브에도 저장소를 만들어야 합니다. 사용자 컴퓨터에 만든 저장소를 지역 저장소^{local repository}, 깃허브에 만든 저장소를 원격 저장소^{remote repository}라고 합니다.

커밋과 스테이징

깃에서 가장 중요한 동작은 커밋commit입니다. 커밋이란 **현재 코드 상태를 사진 찍듯이 저장**하는 것을 가리킵니다. 커밋에는 어떤 파일이 어떻게 바뀌었는지, 언제 누가 수정했는지, 저장한 순간을 찾기 쉽도록 지정하는 커밋 메시지(설명) 등이 담겨 있습니다.

깃에서 커밋할 때는 바로 커밋하지 않고 스테이지라는 준비 영역에 추가하는 단계를 먼저 거칩니다. 이 단계를 '스테이징' 또는 '스테이지에 추가한다'라고 표현합니다.

브랜치

브랜치branch는 현재 저장소 안에서 기존 코드에 영향을 주지 않으면서 **다른 코드를 테스트해 볼 수 있는 분기점**입니다. 원래 코드가 있던 브랜치는 기본적으로 main 브랜치라고 합니다. 예를 들어 할 일 목록 앱에 다크 모드 기능을 추가하고 싶다면 바로 main 브랜치에 적용하지 않고 별도의 브랜치를 만들어 다크 모드 코드를 작성한 후, 테스트가 끝나면 원래 코드가 있는 main 브랜치에 합칠 수 있습니다.

되돌리기

깃의 가장 큰 장점은 코드를 특정 시점으로 되돌릴 수 있다는 것입니다. 특정 커밋 이전 상태로 되돌릴 수도 있고 직전 커밋을 취소할 수도 있습니다. 되돌리는 데는 여러 가지 방법이 있는데 더 자세한 내용은 《Do it! 5일 만에 끝내는 깃 & 깃허브 입문》을 참고하세요.

푸시와 풀

깃허브에 저장소를 만들면 지역 저장소(사용자 컴퓨터의 저장소)에 있던 코드를 업로드할 수 있습니다. 깃허브에 **코드를 업로드**하는 것을 푸시push라고 하고, 깃허브에 있던 **코드를 지역 저장소로 가져오는 것**을 풀pull이라고 합니다. 깃허브로 팀 프로젝트를 진행할 때는 자신이 작성한 코드를 푸시하고, 다른 팀원이 작성한 코드를 풀하는 과정을 반복합니다.

풀 리퀘스트

풀 리퀘스트pull request는 깃허브로 협업할 때 중요한 개념입니다. 흔히 줄여서 PR이라고 합니다. PR은 프로젝트 안에서 여러 사람이 함께 작업할 때 '내가 만든 변경 사항을 팀 프로젝트에 반영해 주세요'라고 요청하는 기능입니다. 말 그대로 '내 코드를 끌어와(pull) 주세요'라고 요청하는(request) 거죠. 풀 리퀘스트 요청을 받은 프로젝트 관리자가 변경 사항을 확인한 후 괜찮으면 원래 코드에 반영합니다. 협업하면서 생기는 수많은 변경 사항을 원본 코드에 안전하게 합치는 절차가 풀 리퀘스트입니다.

Do it! 실습 깃허브 계정 만들기

이 책에서도 앞으로 프로젝트를 만들 때마다 깃허브에 저장합니다. 아직 깃허브 계정이 없다면 이번 기회에 깃허브 계정을 만들고 깃허브를 경험해 보세요.

1 깃허브 계정을 만들려면 깃허브(https://github.com)에서 자신의 이메일 주소를 입력한 후, [Sign up for GitHub]를 클릭합니다.

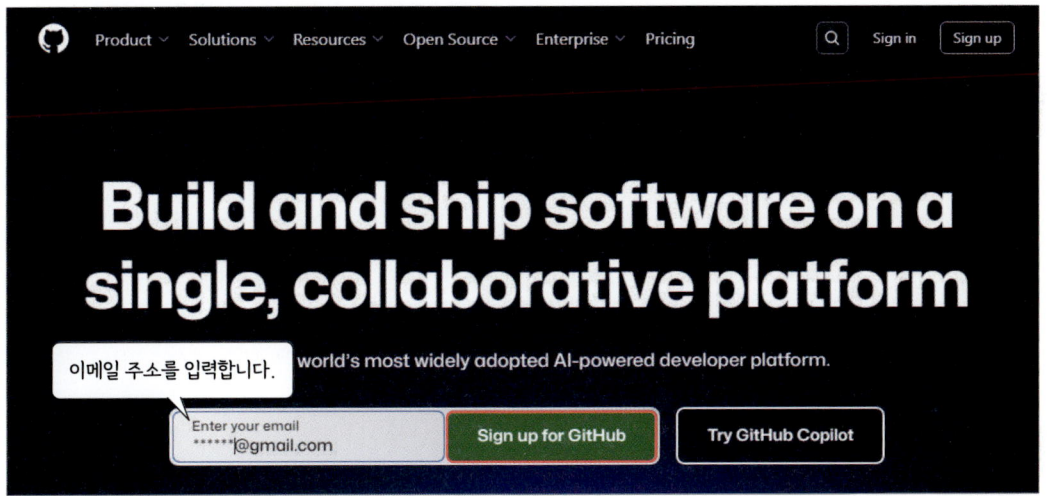

2 이후에 회원 정보를 입력한 후, 이메일 주소로 받은 인증 번호를 입력하면 회원 가입이 끝납니다. 자세한 회원 가입 과정은 여기에서 생략합니다. 회원 가입이 완료되었다면 깃허브에 로그인합니다.

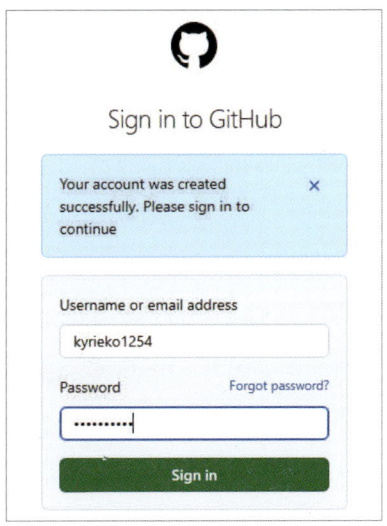

3 깃허브 로그인에 성공하면 다음과 같은 대시보드 화면이 나타납니다. 이제부터 필요할 때마다 저장소를 만들고 코드를 저장할 수 있습니다.

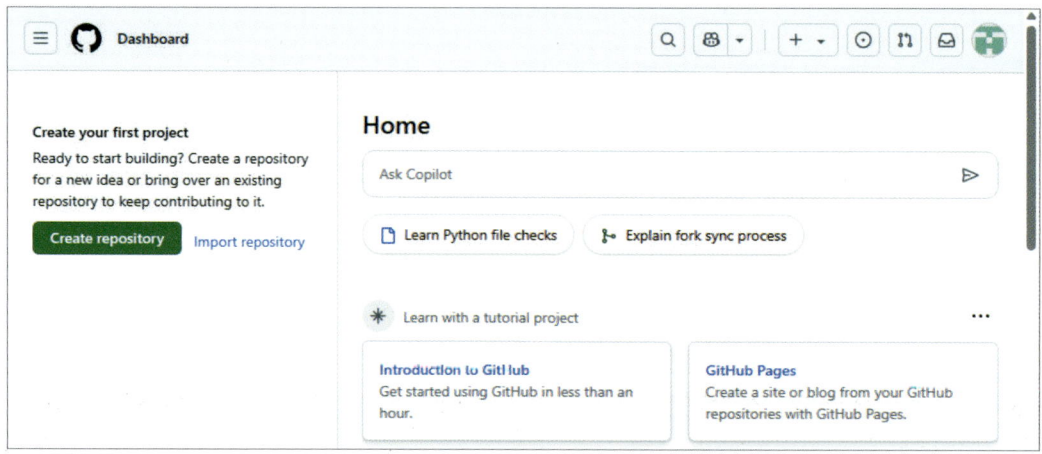

Do it! 실습 깃 설치하기

깃허브에 코드를 올리려면 사용자 컴퓨터에서도 깃 기능을 사용할 수 있어야 합니다. 그러기 위해서는 우선 깃을 설치해야 하는데, 이미 깃을 설치한 적이 있다면 이 실습은 건너뛰어도 됩니다.

1 https://git-scm.com/downloads에 접속하면 사용하는 운영체제에 맞는 버튼이 표시됩니다. 예를 들어 윈도우 사용자가 접속하면 [Download for Windows] 버튼이 보이죠. 이 버튼을 클릭하면 깃 설치 파일을 내려받을 수 있는 화면으로 이동합니다. 화면 위쪽의 [Click here to download] 링크를 클릭해서 설치 파일을 내려받습니다.

✦ 맥에 깃을 설치하는 방법은 《Do it! 5일 만에 끝내는 깃 & 깃허브 입문》을 참고하세요.

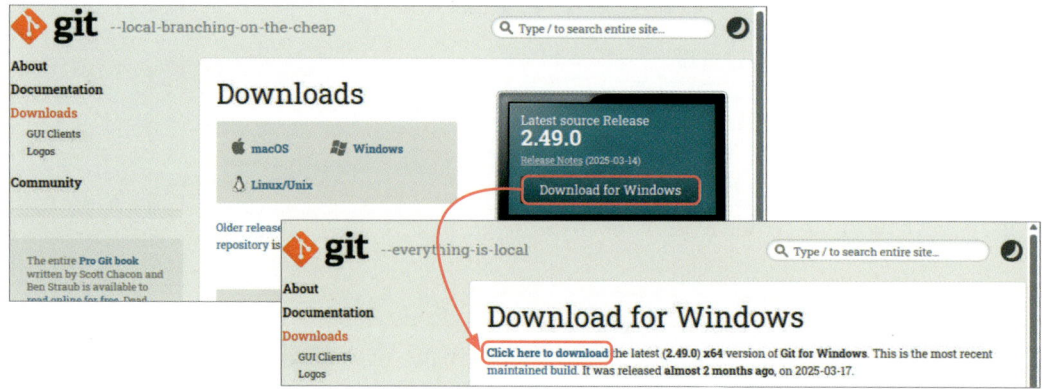

2 내려받은 설치 파일을 실행하면 깃 설치가 시작되는데, 옵션은 따로 수정하지 않고 계속 [Next]를 클릭해서 설치하면 됩니다. 마지막 단계에서 [Launch Git Bash]를 선택한 후 [Finish] 버튼을 클릭합니다.

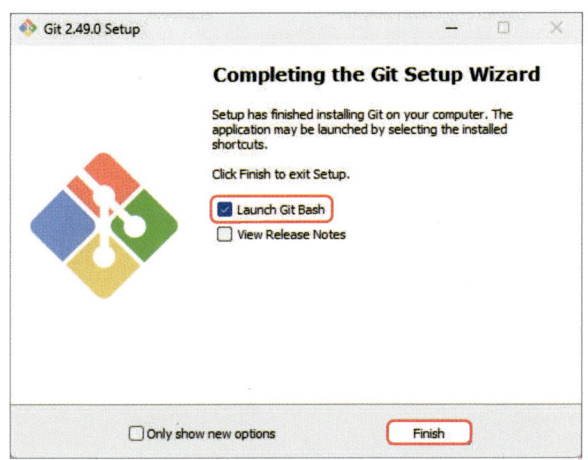

3 깃 배시 화면이 자동으로 나타납니다. 깃 명령을 사용할 때 맥은 터미널을, 윈도우는 깃 배시를 사용합니다. 다음과 같은 명령을 입력했을 때 깃 버전이 표시되면 깃이 제대로 설치된 것입니다.

```
git --version
```

```
funco@DESKTOP-CB5T4O6 MINGW64 ~
$ git --version
git version 2.49.0.windows.1
```

4 깃을 사용하는 사람이 나라는 것을 증명하기 위해 다음 명령어를 입력해서 사용자 정보를 설정합니다. 이때 이메일 주소는 깃허브에 가입할 때 사용한 대로 입력해야 합니다. 이 정보는 한번만 설정해 놓으면 됩니다. 깃 배시를 이제 더 이상 사용하지 않으므로 이 창은 닫습니다.

```
git config --global user.name "이름"
git config --global user.email "이메일 주소"
```

```
funco@DESKTOP-CB5T4O6 MINGW64 ~
$ git config --global user.name "kyrieko"
funco@DESKTOP-CB5T4O6 MINGW64 ~
$ git config --global user.email "kyrieko1254@gmail.com"
```

5장

나만의 포트폴리오 웹 사이트 만들기

이 장에서는 지금까지 학습한 웹 사이트 제작의 기본 개념을 바탕으로, 나를 소개하는 포트폴리오 웹 사이트를 직접 만들어 봅시다. 프로젝트의 시작부터 깃 저장소 설정, 코드 생성 및 수정을 거쳐 웹 사이트를 공개하는 단계까지 경험하면서 커서를 사용한 웹 사이트 제작 과정을 더 쉽게 이해할 수 있습니다.

5-1 ✦ 웹 사이트의 기본 구조 만들기
5-2 ✦ 세부 사항 수정하기
5-3 ✦ 웹 사이트 공개하기

5-1 ✦ 웹 사이트의 기본 구조 만들기

지금까지 커서의 기본 사용법과 웹 개발에 필요한 기초 개념을 살펴봤습니다. 이번 절에서는 커서로 간단한 포트폴리오 웹 사이트를 만들어 보겠습니다. 프로젝트 폴더를 준비하고 커서에 프롬프트를 입력해 원하는 화면을 만들어 가는 과정을 직접 경험해 봅시다.

AI에게 웹 사이트 제작을 요청하려면

사용자가 프롬프트를 입력하면 AI는 그에 따라 결과물을 만들어 주지만 매번 기대한 대로 동작하지는 않습니다. 따라서 원하는 결과를 얻으려면 정확하고 구체적인 프롬프트를 작성해야 합니다. 옷을 사러 가서 점원에게 "예쁜 옷 골라 주세요"라고 말하는 것보다 "여름에 입을 시원한 하늘색 셔츠를 찾고 있어요"라고 해야 그에 맞는 옷을 즉시 찾을 수 있는 것처럼 말이죠.

AI에게 웹 사이트를 만들어 달라고 할 때도 정보를 구체적으로 알려 줄수록 원하는 결과를 빠르게 얻을 수 있습니다. 프롬프트를 입력하기 전에 다음과 같은 내용을 생각해 보세요.

- 어떤 기능이 필요한가요? ㉠ 로그인 기능, 검색 창 기능, 갤러리 기능
- 어떤 스타일을 원하나요? ㉠ 심플한 디자인, 귀여운 느낌, 어두운 테마
- 어떤 페이지 구조가 필요한가요? ㉠ 홈 화면, 소개 페이지, 연락처 페이지
- 어떤 색깔이나 글꼴을 쓰고 싶나요? ㉠ 검은색, 고딕체

예를 들어 "간단한 개인 블로그를 만들어 줘"라는 프롬프트보다는 다음과 같이 자세히 설명한 프롬프트를 입력했을 때 AI가 코드를 훨씬 정확하게 만들어 낼 수 있습니다.

> HTML과 CSS로 간단한 개인 블로그를 만들어 줘. 상단에 내 이름이 있고, 아래에는 나를 소개하는 문단이 있어. 흰 배경에 검정 글씨, 글꼴은 고딕체로 설정해 줘.

이번 실습에서는 프롬프트를 어떻게 작성하는지에 집중하면서 포트폴리오 웹 사이트를 만들어 봅시다.

Do it! 실습 | 프로젝트 폴더 추가하고 깃 저장소 만들기

커서에서 프로젝트를 진행하려면 가장 먼저 프로젝트 폴더를 추가해야 합니다. 프로젝트 폴더를 추가한 후에는 코드 변경 사항을 추적할 수 있도록 깃 저장소까지 만들어 보겠습니다.

1 원하는 위치에 portfolio라는 폴더를 만듭니다. 프로젝트 폴더를 열기 위해 커서 시작 화면에서 [Open project]를 클릭하거나, 왼쪽 위의 메뉴에서 [File → Open Folder]를 선택합니다.

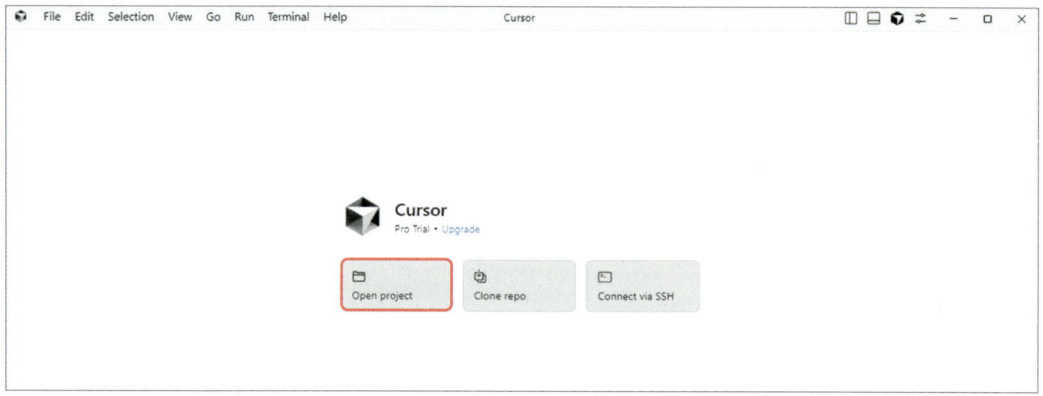

2 파일 탐색기가 표시되면 방금 만든 프로젝트 폴더를 찾아서 [폴더 선택]을 클릭합니다. 여기에서는 바탕 화면에 만든 portfolio 폴더를 선택했습니다.

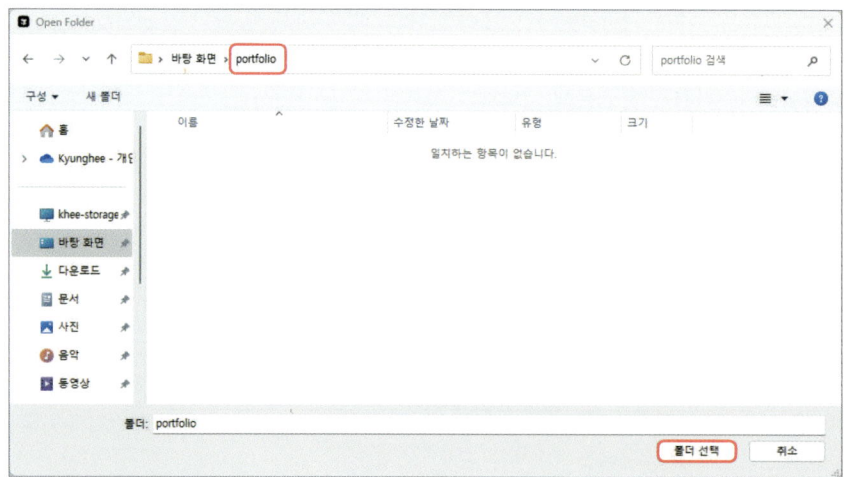

3 커서 화면의 메인 사이드바에 파일 탐색 창이 나타나면서 PORTFOLIO라는 폴더 이름이 보일 것입니다. 이 폴더에는 아직 아무 파일도 없습니다.

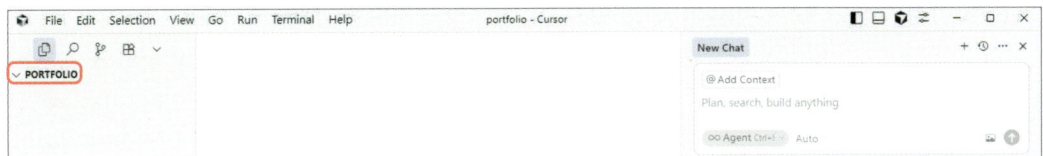

4 코드 변경 사항을 추적할 수 있도록 현재 프로젝트 폴더를 깃 저장소로 만들어 보겠습니다. 메인 사이드바의 확장 패널에서 를 클릭해 소스 제어 창으로 전환하고 [Initialize Repository]를 클릭합니다.

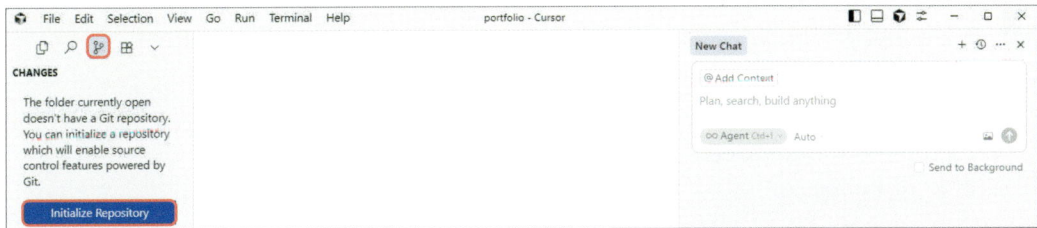

5 프로젝트 폴더에 깃 저장소가 만들어지면 소스 제어 창이 다음과 같이 바뀝니다. 소스 제어 창 역할은 앞으로 실습을 하면서 하나씩 배워봅시다.

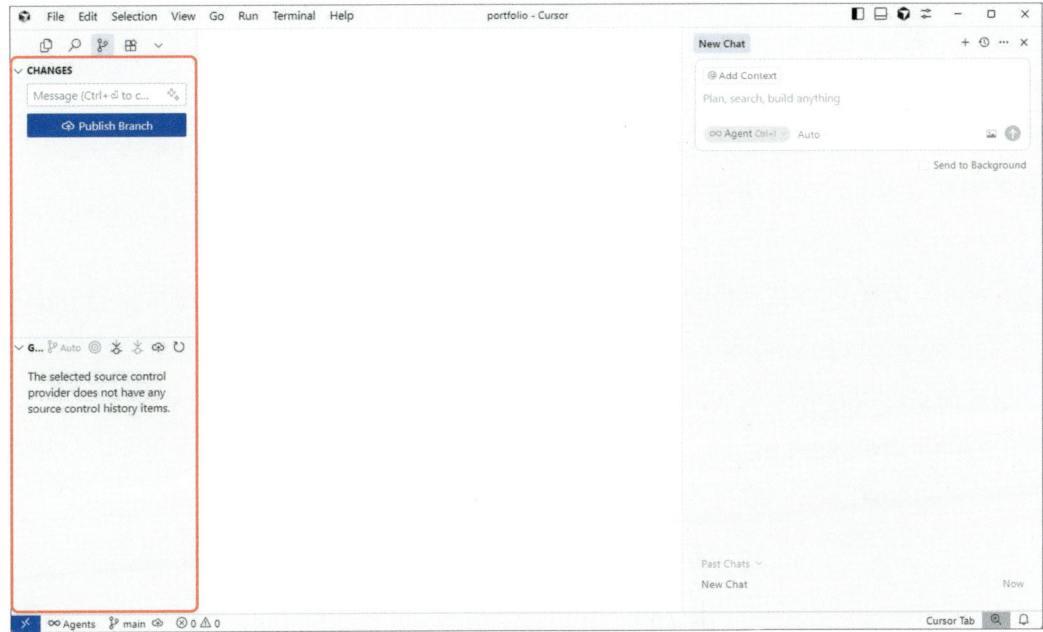

Do it! 실습 기본 코드 작성하기

이제 작업할 준비를 마쳤으므로 AI와 함께 웹 사이트를 만들어 보겠습니다. 똑같은 프롬프트를 입력하더라도 AI가 만들어 주는 코드는 매번 달라진다는 점을 명심해야 합니다. 이 책의 결과 화면과 여러분이 실습한 결과 화면이 똑같지 않겠지만 **어떤 식으로 질문하고 코드를 수정하는지** 그 방법에 주목해서 따라 해보세요.

1 커서 화면 왼쪽의 메인 사이드바에서 를 클릭해 파일 탐색 창으로 돌아옵니다. 그리고 Ctrl + L 을 눌러 AI 패널을 엽니다. 다음과 같이 프롬프트를 입력하고 Enter 를 누릅니다. 프롬프트를 자세하게 작성할수록 원하는 형태에 가까운 웹 사이트를 만들 수 있습니다.

> 모던한 분위기의 개인 포트폴리오 웹 사이트를 만들어 줘.
> - HTML과 CSS, 바닐라 자바스크립트를 사용해 줘.
> - PC나 모바일에서 모두 볼 수 있도록 반응형 디자인으로 만들어 줘.
> - 필요한 요소는 다음과 같아.
> 1) 로고와 내비게이션
> 2) 히어로 이미지
> 3) 프로젝트 3개 정도, 카드 형태로 나열
> 4) Contact 폼

✦ 히어로 이미지는 웹 사이트의 첫 화면에 나오는 크고 강렬한 이미지를 말합니다. 히어로 이미지처럼 웹 사이트의 특정 영역을 가리키는 용어는 5-2절에서 자세하게 설명합니다.

여기서 반응형 디자인이란 PC나 모바일 기기 등 접속 장치에 따라 웹 사이트의 레이아웃을 바꿔 주는 디자인 기법입니다. 최신 웹 사이트는 반응형 디자인을 기본으로 사용하므로 이 부분도 함께 요청하는 것이 좋습니다.

2 커서는 가장 먼저 프로젝트 폴더에 index.html 파일을 만들고 HTML 코드를 작성합니다. 참고로, index.html이 웹 사이트의 시작 파일입니다. 잠시 기다리면 CSS 코드와 자바스크립트 코드도 작성합니다. AI 패널에는 현재 웹 사이트의 특징도 정리해서 보여 줍니다.

✦ 4-1절부터 4-3절까지 배운 웹 개발의 핵심 기술을 떠올리며 커서가 만들어 준 코드를 읽어 보세요.

3 왼쪽 파일 탐색 창에서 index.html 파일을 클릭해 편집 창에 코드를 표시합니다. 편집 창에 표시된 index.html 코드에서 마우스 오른쪽 버튼을 누른 후 [Open with Live Server]를 선택하면 방금 만든 웹 사이트가 웹 브라우저에 표시됩니다.

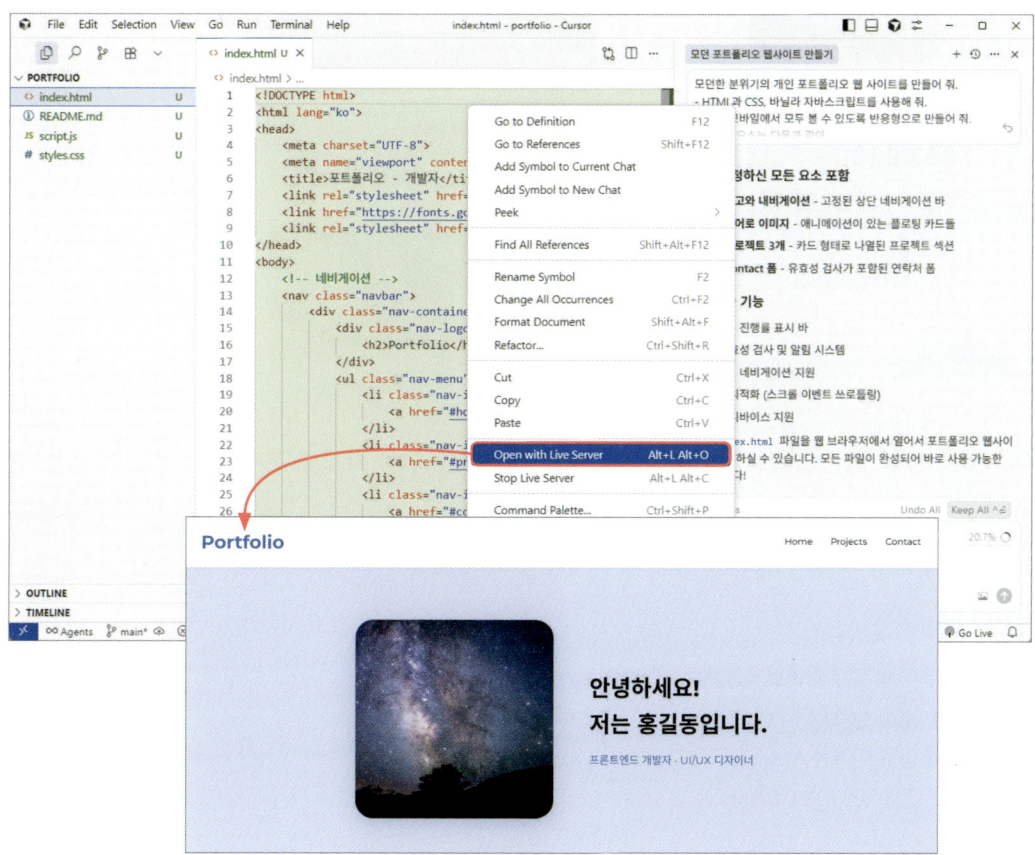

5장 ✦ 나만의 포트폴리오 웹 사이트 만들기   **117**

프롬프트만으로 웹 사이트가 금세 만들어집니다. 물론 결과 화면은 사용자 모두 다를 것입니다. 하지만 프롬프트만으로 이러한 웹 사이트를 만들 수 있다니 놀라운 일이죠. 웹 사이트를 둘러보면서 처음에 요청한 것과 다른 부분이 있는지 확인하세요.

✦ 코드를 수정하면서 변경된 웹 사이트를 확인해야 하므로 현재 웹 브라우저 창은 계속 열어 두세요.

4 반응형으로 디자인해 달라고 했으므로 웹 브라우저의 화면 너비를 줄이면 모바일 기기에 맞는 레이아웃으로 바뀝니다. 화면을 아래로 내려보면 PC 화면에서는 가로로 나열됐던 프로젝트 내용이 모바일 화면에서는 세로로 표시되는 것을 확인할 수 있습니다. 언제든 메뉴에 접근할 수 있도록 화면 맨 위의 메뉴는 계속 고정되어 있습니다.

5 처음 만든 디자인이어서 수정할 부분이 많을 것입니다. 커서로 돌아와 수정할 내용을 구체적으로 요청합니다. 여기에서는 히어로 이미지와 홍길동이라는 이름, 로고를 수정하겠습니다. 이제부터는 각자 상황에 맞게 프롬프트를 작성해야 합니다.

1) 내가 생각한 히어로 이미지는 웹 사이트에 처음 접속했을 때 화면에 가득 차도록 큰 배경 이미지로 넣는 거야. 현재의 히어로 이미지를 수정해 줘.
2) '홍길동'이라는 텍스트를 '고경희'로 바꿔 줘.
3) 로고를 'Do it!'으로 바꿔 줘.

6 요청한 사항을 모두 반영했는지 웹 브라우저에서 확인해 보세요. 요청한 대로 히어로 이미지가 수정되었고 홍길동이라는 이름과 웹 사이트의 로고도 바뀌었습니다.

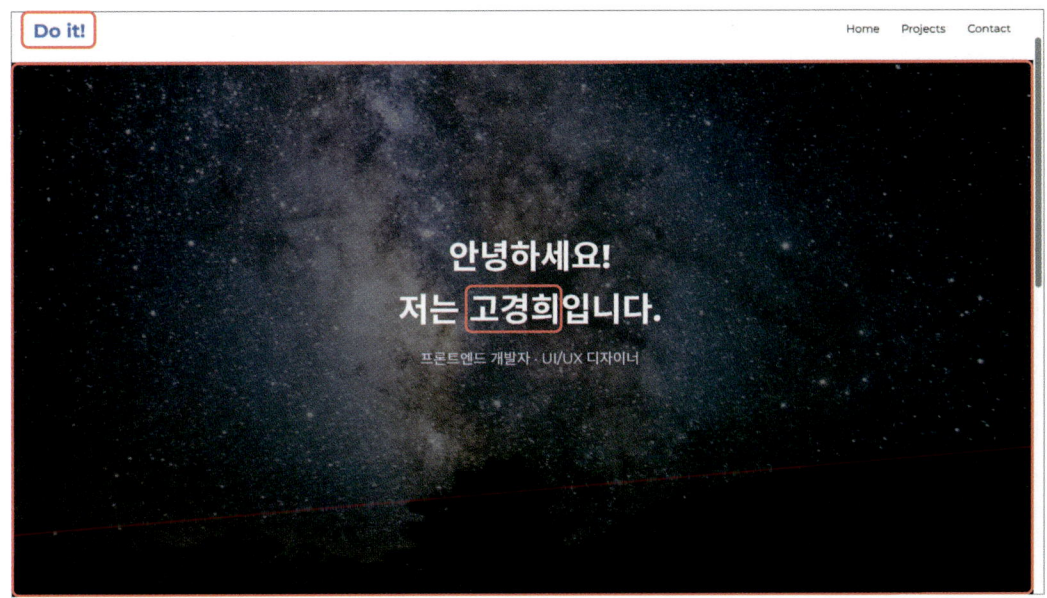

7 커서로 돌아와 현재까지 작성된 코드를 승인해 봅시다. 아직은 코드를 수정하고 있으므로 추가하거나 삭제한 코드에 배경색이 함께 표시되어 있죠? 프롬프트 입력 창 위에 있는 [Keep All]을 클릭하면 현재 코드가 파일에 반영되면서 배경색도 사라집니다.

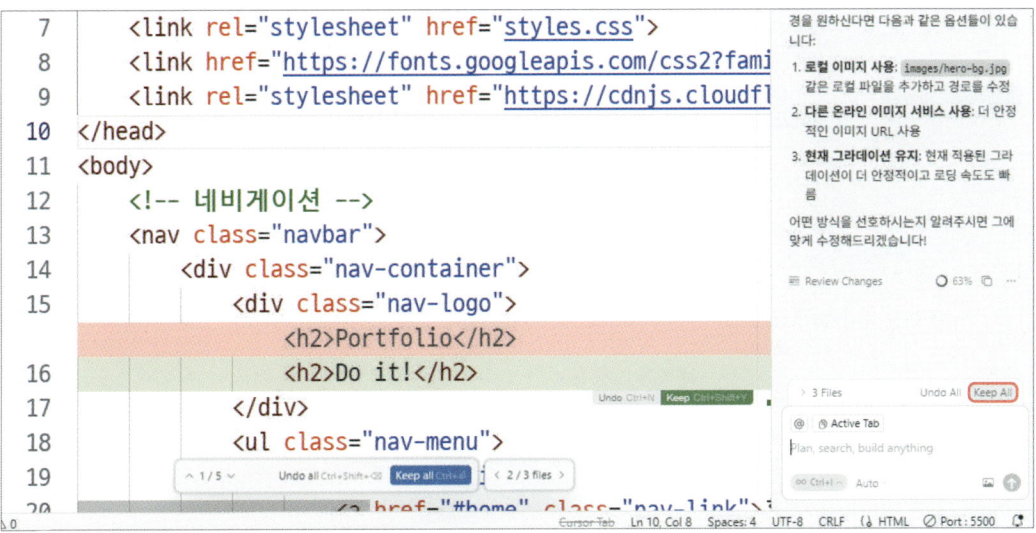

5장 ✦ 나만의 포트폴리오 웹 사이트 만들기   119

> **Do it! 실습** 첫 번째 커밋하기

portfolio 폴더에 깃 저장소를 만들었으므로 코드 변경 사항을 저장하고 추적할 수 있습니다. 코드의 변경 내용이나 파일 이름, 변경 시간 등을 기록해 두는 것을 커밋이라고 하는데, 첫 번째 커밋이므로 과정을 자세히 알아봅시다.

1 커서가 코드를 작성한 이후부터 파일 탐색 창의 파일 이름 옆에 U 라는 글자가 표시됩니다. U는 Untracked의 줄임말로 아직 한 번도 커밋하지 않았다는 뜻입니다.

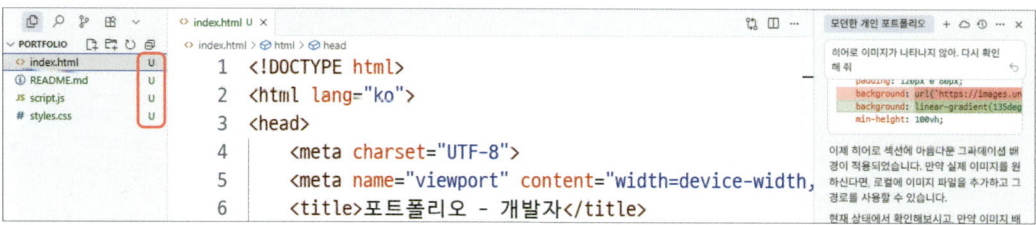

2 깃에서는 커밋하기 전에 먼저 스테이징을 해야 합니다. 앞으로 커밋할 파일들을 임시 공간인 스테이지에 추가해 놓는 것이죠. 파일 탐색 창 위에 있는 아이콘을 클릭해서 소스 제어 창으로 전환합니다. 이 창은 [CHANGES] 영역과 [GRAPH] 영역이 위아래로 나뉘어 있습니다. [CHANGES] 영역에는 현재 변경 내역이 있는 파일들이 나타나는데, 이 중에서 커밋할 파일을 스테이징합니다. 우선 index.html 파일 이름 오른쪽에 있는 + 를 클릭해 보세요.

120 둘째마당 ✦ 커서로 웹 사이트 만들기

3 Staged Changes라는 항목이 생기면서 index.html이 추가될 것입니다. Staged Changes는 스테이지의 내용을 보여 주는 항목이라고 생각하면 됩니다. 같은 방법으로 CSS 파일과 자바스크립트 파일, README 파일도 스테이지에 추가합니다.

✦ 커서에서 README 파일을 만들지 않았다면 HTML과 CSS, 자바스크립트 파일만 스테이지에 추가합니다.

4 파일들이 스테이지에 준비되었다면 이제 커밋할 수 있습니다. 커밋 메시지를 입력하고 [Commit]을 클릭합니다. 여기에서는 '기본 코드 작성'이라고 입력했습니다.

5 소스 제어 창의 [GRAPH] 영역은 깃의 커밋 내역을 이해하기 쉽게 시각적으로 표시해 줍니다. 그래서 커밋이 끝나면 [GRAPH] 영역에 커밋한 내용이 나타납니다. 커밋 메시지 위로 마우스 포인터를 올리면 언제 어떤 변경을 했는지 요약해서 보여 줍니다.

✦ [GRAPH] 영역에서 커밋 메시지를 클릭하면 실제 수정한 내역까지 확인할 수 있지만, 여기에서는 이 부분을 생략하겠습니다.

6 커밋한 후 파일 탐색 창으로 전환하면 파일 이름 오른쪽에 있던 U 라는 글자가 사라졌을 것입니다. 파일이 모두 커밋되어 컴퓨터의 깃 저장소에 기록되었다는 의미입니다.

5-2 ✦ 세부 사항 수정하기

커서는 코드의 전체 흐름과 구조를 파악하면서 작업할 수 있는 편집기입니다. 이러한 커서의 특성 때문에 프롬프트를 작성할 때 문맥context이 매우 중요합니다. 코드의 전후 관계와 전체 구조를 이해해야 사용자가 요청한 의도에 맞게 도움을 줄 수 있기 때문입니다.

따라서 기존 코드를 수정할 때는 커서가 문맥을 이해하기 쉽게 변경 사항은 한 번에 하나만 요청하고 그 결과를 확인한 후 다음 수정을 진행하는 것이 좋습니다.

웹 사이트의 구조 살펴보기

커서에게 웹 사이트를 수정해 달라고 요청하려면 몇 가지 기본 용어를 알아 두면 도움이 됩니다. 웹 사이트의 각 영역을 어떻게 부르는지 간단히 알아보겠습니다.

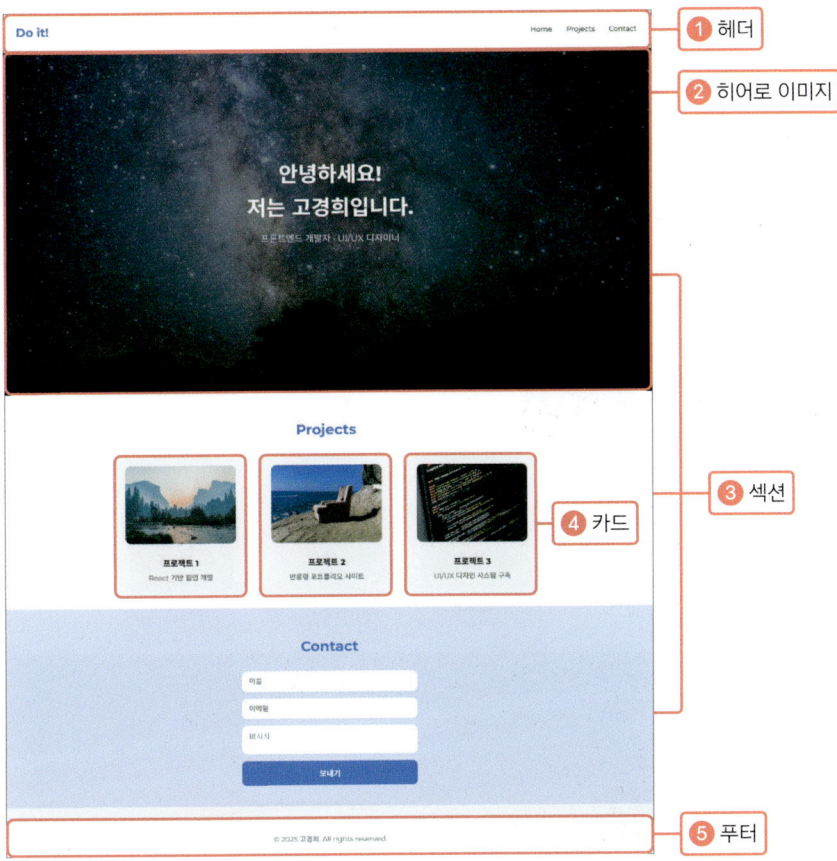

❶ **헤더**: 웹 사이트의 맨 위 영역을 가리키며, 로고나 메인 메뉴, 검색 창 등이 포함됩니다. 웹 사이트 방문자가 가장 먼저 보는 영역입니다.

❷ **히어로 이미지**: 웹 사이트의 첫 화면에 나오는 크고 강렬한 이미지를 가리킵니다. 여기서 히어로란 가장 눈에 띄는 시작 부분이라는 의미입니다. 주로 서비스나 제품을 소개하는 웹 사이트에서 큰 배경 이미지와 함께 소개 문구를 표시합니다.

❸ **섹션**: 주제별로 내용을 구분하는 영역입니다. 섹션별로 배경색이나 스타일을 다르게 사용할 수 있습니다.

❹ **카드**: 상자 형태로 내용을 표시하는 디자인 요소를 가리킵니다. 보통 제목과 이미지, 설명 글이나 버튼 등이 포함됩니다.

❺ **푸터**: 웹 사이트의 맨 아래 영역을 가리키며, 저작권 정보나 연락처 등이 표시됩니다. 이 외에 SNS 정보나 사이트 맵 링크 등을 포함하기도 합니다.

섹션 이름 확인하는 방법

커서에게 특정 섹션의 코드를 수정해 달라고 요청하려면 섹션을 어떻게 가리킬지 알아야 합니다. 커서에서 만든 웹 사이트에는 섹션마다 제목이 있습니다. 이 이름을 사용해서 섹션을 구별할 수 있죠. 예를 들어 다음 그림에는 섹션이 2개 있는데, 각 섹션의 제목을 이용해서 'Projects' 섹션과 'Contact' 섹션이라고 하면 커서가 구별할 수 있습니다.

예를 들어 다음과 같이 섹션을 지정해서 수정 사항을 요청할 수 있습니다.

 'Contact' 섹션의 배경색을 어둡게 바꿔 줘.

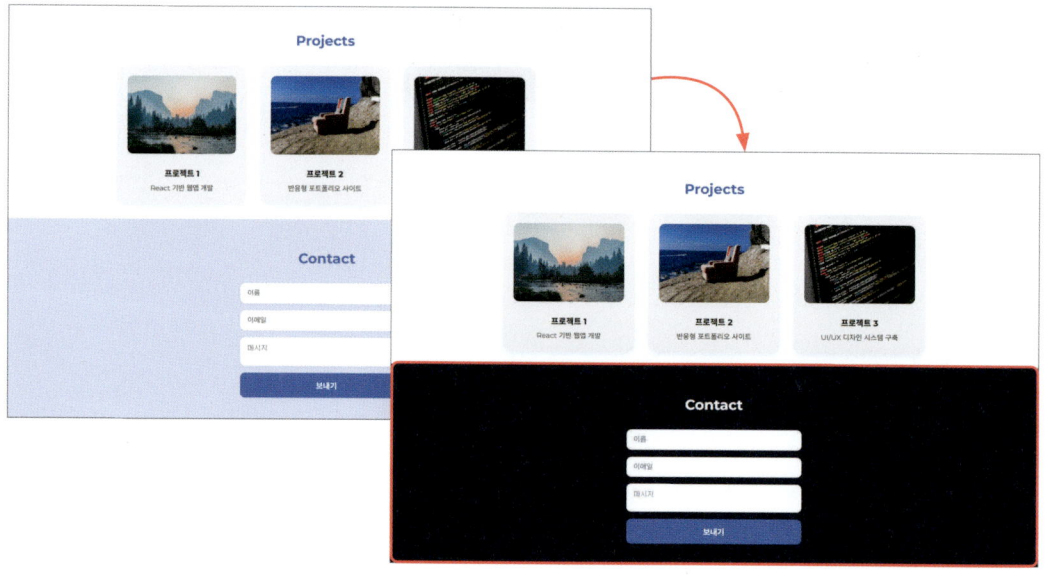

Do it! 실습   프롬프트 취소하기

커서에서 코드를 여러 번 수정하다 보면 수정하기 전 상태가 더 나았다는 생각이 들 때가 있습니다. 이럴 때는 프롬프트를 다시 작성해서 수정하기 직전 상태로 되돌리라고 요청하거나 직접 이전 상태로 되돌릴 수도 있습니다. 단, 이전 상태로 되돌아가면 그 이후 변경한 내용이 모두 취소된다는 점에 주의하세요.

1 커서에서 AI 패널의 프롬프트 입력 창에 다음과 같이 입력해서 각 섹션의 제목을 한글로 바꿔보겠습니다.

섹션 제목 Projects를 '프로젝트'로, Contact는 '연락하기'로 수정해 줘.

2 브라우저로 확인하면 섹션의 제목이 한글로 바뀐 것을 확인할 수 있습니다.

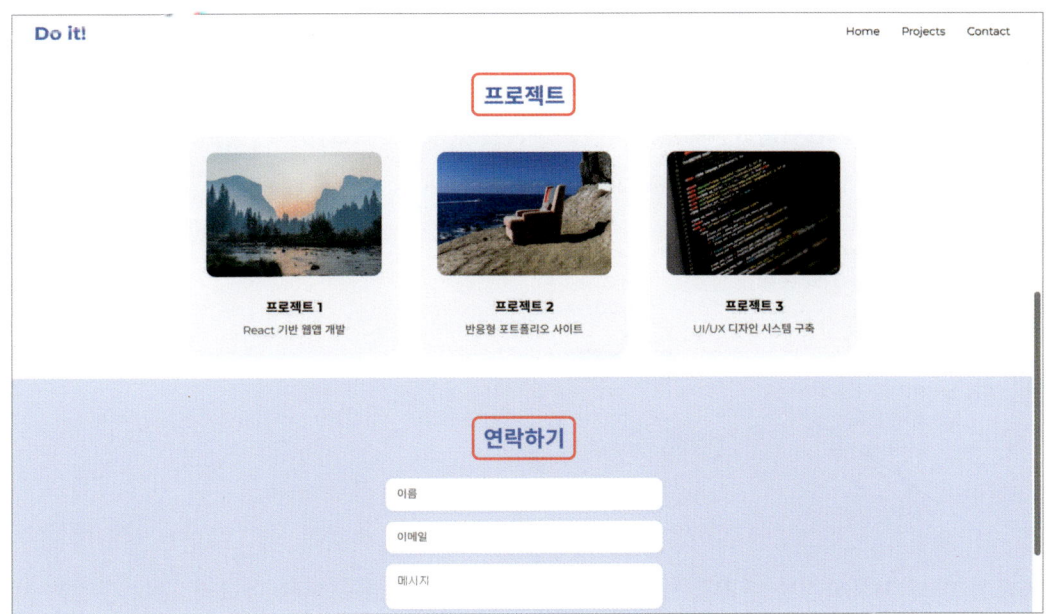

3 이번에는 이전의 프롬프트를 수정해 보겠습니다. 커서의 AI 패널에는 그동안 입력한 프롬프트들이 모두 저장되어 있습니다. AI 패널 화면에서 섹션 제목을 수정해 달라고 요청한 프롬프트를 찾아보세요. AI 패널의 프롬프트 입력 창 오른쪽 아래에 Restore Checkpoint 버튼(⤺)이 있는데, 이 버튼을 클릭하거나 프롬프트를 클릭해 보세요.

✦ 체크포인트(checkpoint)란 작업 중간에 임시로 저장해 놓은 위치를 말합니다. 코드를 변경하면서 [Keep] 버튼을 눌러 승인할 때마다 체크포인트가 만들어집니다.

4 클릭한 체크포인트 이후에 변경된 모든 사항이 취소된다는 알림 창이 나타납니다. 취소하려는 프롬프트 다음에 중요한 변경 사항이 있는지 확인한 후, 계속 진행하려면 [Continue]를 클릭합니다.

✦ 체크포인트를 되돌려 놓을 때마다 나타나는 알림 창이 번거롭다면 [Don't ask again]에 체크하세요.

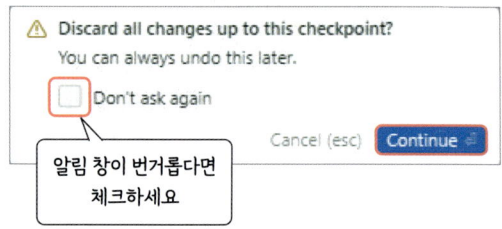

알림 창이 번거롭다면 체크하세요

5 AI 패널에서 체크포인트 이후의 변경 사항은 희미하게 바뀌고, 체크포인트 위치의 프롬프트를 다시 작성하거나 수정할 수 있는 상태가 됩니다. 프롬프트를 다음과 같이 수정해 보겠습니다.

 섹션 제목 Projects를 '프로젝트'로 수정하고 글자색을 검은색으로 바꿔 줘.

6 웹 브라우저에서 확인해 보면, 이전 프롬프트는 취소되고 'Projects' 부분만 한글 '프로젝트'로 바뀐 후 글자색이 검정으로 적용되어 있을 것입니다. 이와 같이 코드를 사용하겠다면 커서로 돌아가 [Keep]을 클릭해서 코드를 승인합니다.

Do it! 실습 이미지 변경하기

커서가 만든 예시 웹 사이트에서 히어로 이미지와 프로젝트 섹션의 이미지는 커서에서 임의로 넣어 놓은 것입니다. 이 이미지들을 원하는 이미지로 바꿔 보겠습니다.

1 히어로 이미지를 변경하기 위해 커서 AI 패널에서 다음과 같이 프롬프트를 작성합니다.

 웹 사이트의 히어로 이미지를 웹 개발자라는 느낌이 들 수 있는 이미지로 채워 줘.

2 웹 브라우저로 확인해 볼까요? 인터넷에는 무료로 사용할 수 있는 이미지를 모아 놓은 웹 사이트가 많은데, 커서가 해당 웹 사이트의 이미지를 사용해서 히어로 이미지를 채워 줍니다. 이미지가 마음에 들지 않는다면 다른 이미지로 교체해 달라고 요청할 수 있습니다.

✦ 히어로 이미지에 있는 글자의 위치나 색상 등을 조절할 수도 있습니다.

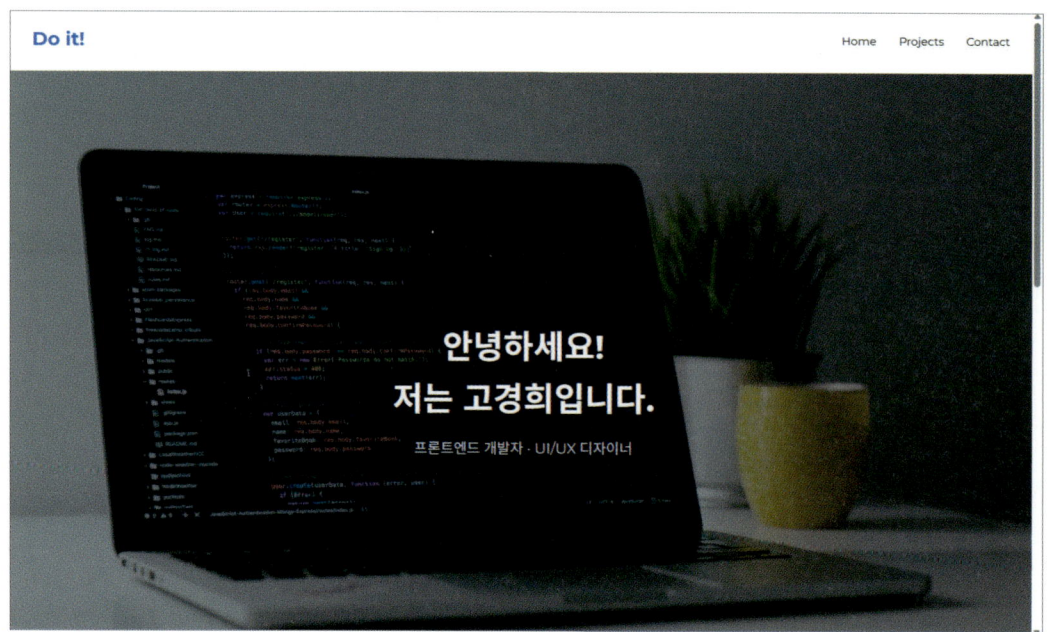

3 이번에는 프로젝트 섹션에 있는 카드 3개의 이미지를 교체하기 위해 다음과 같이 프롬프트를 작성합니다.

 '프로젝트' 섹션에 3개의 카드가 있는데 각 카드의 이미지를 웹 개발에 어울리는 이미지로 바꿔 줘.

4 웹 브라우저로 확인했더니 다음과 같이 프로젝트 섹션의 카드에 변경된 이미지가 적용되었습니다. 만일 이 이미지가 마음에 들지 않는다면 다시 프롬프트에게 어떤 카드의 이미지를 어떤 식으로 바꿀지 구체적으로 요청하면 됩니다.

5 바뀐 이미지를 사용하겠다면 커서로 돌아와서 AI 채널의 프롬프트 입력 창 아래에서 [Keep All]을 클릭해 코드를 승인합니다.

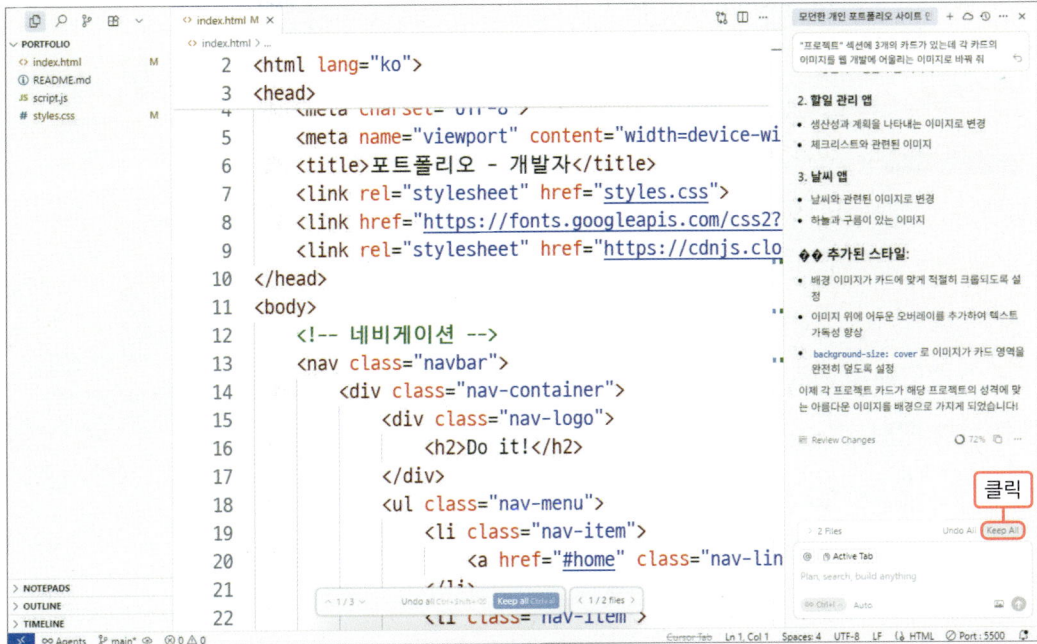

6 파일 탐색 창에서 파일 이름 오른쪽을 보니 M 이 표시되어 있습니다. Modified의 줄임 말로 파일이 수정되었다는 뜻입니다. 코드를 변경했으므로 커밋해야겠죠? 를 클릭해서 소스 제어 창으로 전환합니다.

5장 ✦ 나만의 포트폴리오 웹 사이트 만들기   **129**

7 깃에서는 스테이징한 후 커밋하는 것이 원칙이지만 커서에서는 스테이징하지 않고 바로 커밋할 수 있어서 개발자들은 주로 이 방법을 많이 사용합니다. 커밋 메시지에 '이미지 교체'라고 입력한 후 [Commit]을 클릭합니다.

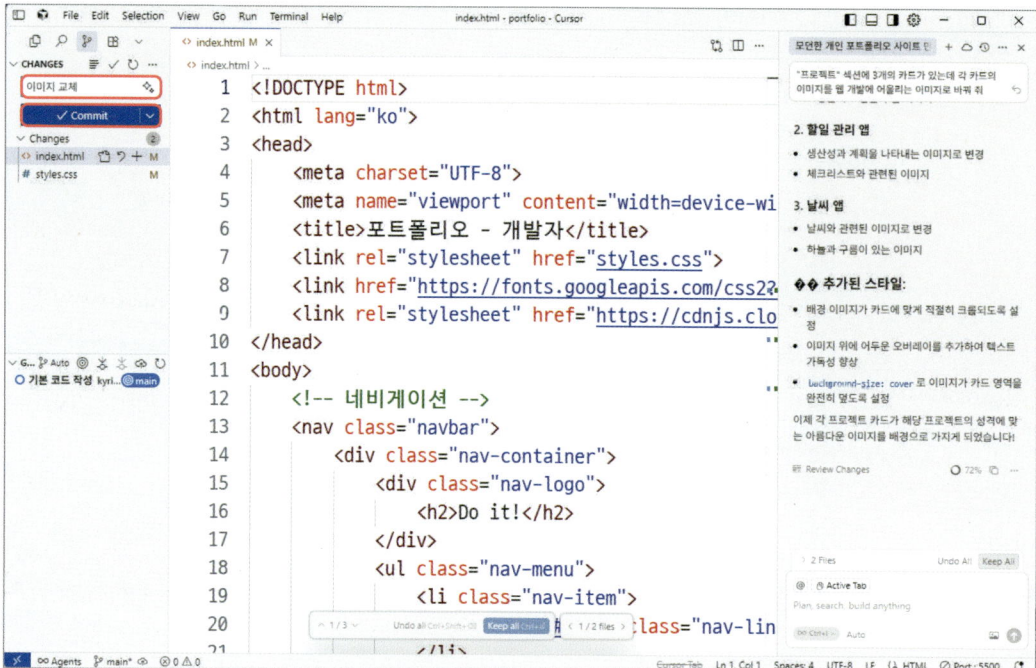

8 수정된 파일들을 자동으로 스테이징할 것인지 묻는 창이 나타납니다. 매번 알림 창이 나타나는 것이 번거롭다면 [Always]를 클릭하고, 알림 창으로 매번 확인하고 싶다면 [Yes]를 클릭합니다. 여기에서는 [Always]를 클릭하겠습니다.

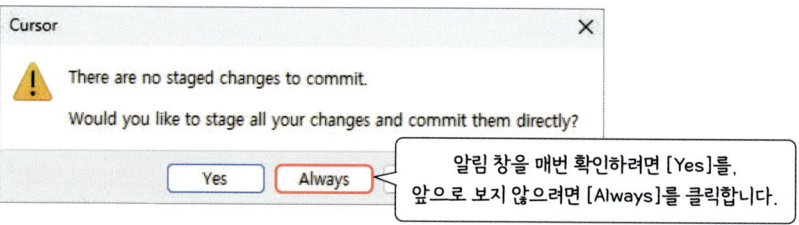

알림 창을 매번 확인하려면 [Yes]를,
앞으로 보지 않으려면 [Always]를 클릭합니다.

9 [GRAPH] 영역에 새로운 커밋이 추가됩니다. 즉, '기본 코드 작성'을 한 후에 '이미지 교체'를 했다는 커밋 과정을 한눈에 확인할 수 있습니다.

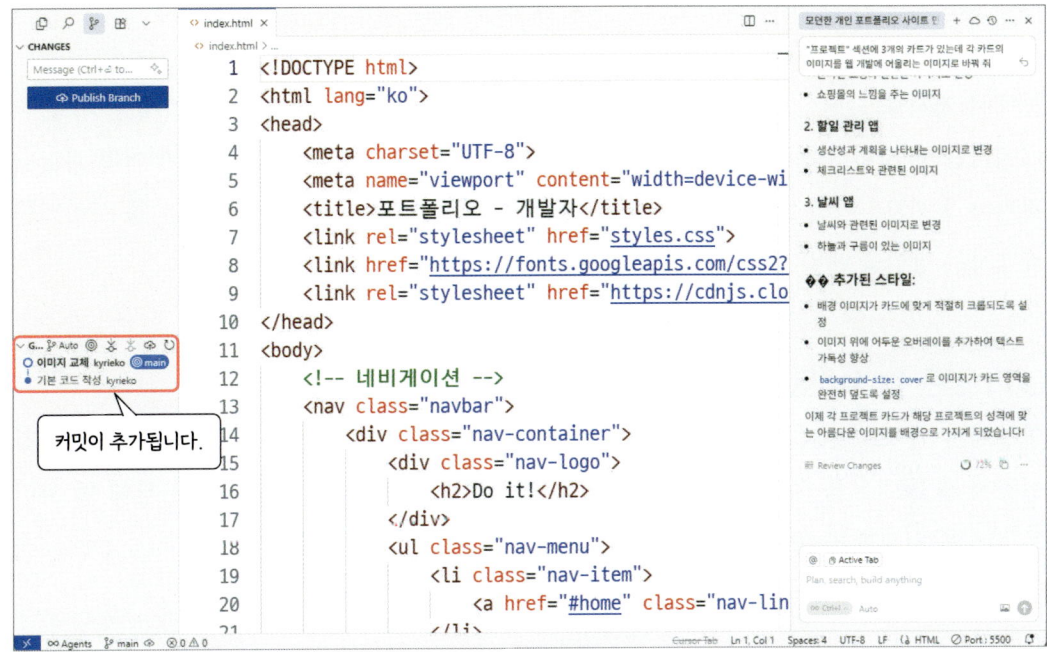

 알아 두면 좋아요!　　**필요 없는 하위 폴더를 삭제하려면**

간혹 커서에서 코드를 작성할 때 필요하지 않은 하위 폴더를 만들 경우가 있습니다. 예를 들어 커서가 코드를 작성하면서 프로젝트 폴더 안에 portfolio라는 하위 폴더를 만들고 그 안에 파일을 만들기도 합니다. 이때 하위 폴더가 필요 없다면 HTML 파일을 비롯한 모든 파일을 루트 폴더로 옮기는 것이 좋습니다. 그래서 다음과 같이 프롬프트를 입력하여 하위 폴더 안의 파일을 루트 폴더로 옮겼습니다.

> portfolio 폴더 안에 있는 3개의 파일을 루트 폴더로 옮기고, portfolio 폴더는 삭제해 줘.

파일 위치가 변경된 후에는 '파일 위치 정리'라는 커밋도 하나 추가해서 변경 사항을 저장합니다.

5-3 ✦ 웹 사이트 공개하기

앞에서 커서로 간단한 포트폴리오 웹 사이트를 만들었습니다. 그런데 아직까지는 내 컴퓨터에서만 웹 사이트를 확인할 수 있습니다. 다른 사람도 이 웹 사이트를 보려면 어떤 과정을 거쳐야 할까요? 이번 절에서는 웹 사이트의 동작 원리를 알아보고 내가 만든 웹 사이트를 공개하는 방법을 배워 보겠습니다.

내가 만든 웹 사이트는 어떻게 공개할 수 있을까?

일상에서 웹 브라우저 창을 열어 원하는 웹 사이트를 둘러보거나 정보를 검색하지만 정작 어떻게 웹 사이트를 볼 수 있는지 관심을 갖는 사람은 적습니다. 웹 브라우저 창에 웹 사이트 주소를 입력했을 때 어떤 일이 일어나는지 간단하게 살펴보겠습니다.

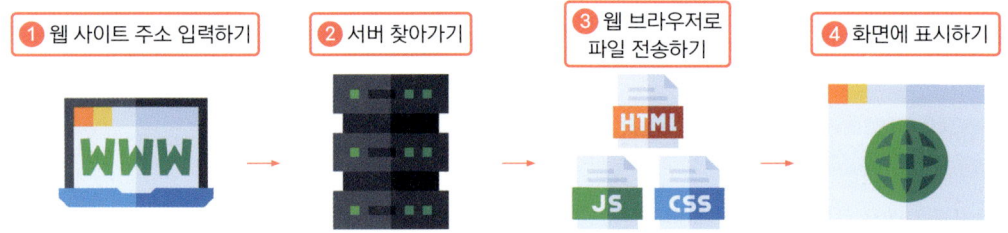

① 사용자가 웹 브라우저에서 웹 사이트 주소를 입력하고 [Enter]를 누릅니다.
② 웹 브라우저에서 서버 컴퓨터를 찾아갑니다. 이 서버에는 웹 사이트 파일들이 저장되어 있습니다.
③ 서버에서 웹 브라우저로 웹 사이트 파일을 보냅니다. 이때 HTML, CSS, 자바스크립트 파일을 비롯해 이미지 파일도 함께 보냅니다.
④ 웹 브라우저가 서버에서 받은 파일을 이용해 웹 사이트 내용을 화면에 표시합니다.

방금 살펴본 대로 웹 사이트와 관련된 파일이 서버에 있어야 누구나 웹 사이트에 접속할 수 있습니다. 이렇게 웹 사이트에서 사용하는 파일을 서버에 업로드해서 다른 사람에게 공개하는 것을 **배포**deploy라고 합니다.

깃허브 페이지

웹 사이트를 배포하는 다양한 방법 가운데 여기에서는 누구나 쉽게 사용할 수 있는 깃허브 페이지를 활용하겠습니다. 깃허브 페이지GitHub Pages는 깃허브 회원이라면 누구나 사용할 수 있는 웹 호스팅 서비스로, 따로 서버를 준비하거나 비용을 내지 않아도 웹 사이트를 배포할 수 있습니다. 특히 포트폴리오 웹 사이트처럼 데이터를 처리하거나 저장할 필요가 없는 정적인 웹 사이트를 배포하는 데 적합한 서비스입니다.

깃허브 페이지 로고

깃허브 페이지로 웹 사이트를 배포하는 과정은 아주 간단합니다. 배포할 웹 사이트를 완성했다면 깃허브에 저장소를 만들고 파일을 업로드합니다. 그리고 깃허브 저장소를 깃허브 페이지로 바꾸기 위해 몇 가지 설정만 지정하면 자동으로 배포됩니다. 이처럼 복잡한 설정이 필요하지 않으므로 초보자도 웹 사이트를 쉽게 배포할 수 있습니다.

또한 버전을 관리하기도 쉽습니다. 깃허브는 소스 코드를 저장하고 관리하는 도구이므로 웹 사이트에서 어떤 파일을 언제 수정했는지 즉시 확인할 수 있고, 실수했을 경우에도 이전 상태로 되돌려 다시 배포할 수 있습니다.

> **♥ 알아 두면 좋아요!**   정적인 웹 사이트와 동적인 웹 사이트
>
> 깃허브 페이지는 정적인 웹 사이트를 배포할 때 적합하다고 했는데, 정적인 웹 사이트란 무엇일까요? **정적인 웹 사이트**(static website)는 HTML, CSS, 자바스크립트만으로 이루어지고 서버 쪽 프로그래밍이 필요하지 않습니다. 실습에서 만든 포트폴리오 웹 사이트를 비롯해 블로그나 회사 소개 페이지처럼 **내용이 자주 바뀌지 않는 웹 사이트**가 정적 웹 사이트에 해당합니다.
>
> 반면에 **동적인 웹 사이트**(dynamic website)는 화면에 보이는 것 외에도 PHP나 Node.js, 파이썬 등을 사용하는 서버 쪽 프로그래밍이 필요합니다. 사용자의 동작에 따라 내용이 바뀌고 데이터베이스 연결이 필요한 경우가 많습니다. 포털 사이트나 온라인 쇼핑몰, SNS 등 **사용자마다 다른 정보를 보여 주는 웹 사이트**가 동적 웹 사이트에 해당합니다.

Do it! 실습 ▸ 깃허브에 저장소 만들기

5-1절에서 만든 포트폴리오 웹 사이트를 깃허브 페이지에 배포하려면 깃허브 저장소부터 만들어야 합니다.

1 깃허브에 로그인한 후 대시보드 화면 오른쪽 위에서 [+]를 누르고 [New repository]를 클릭합니다.

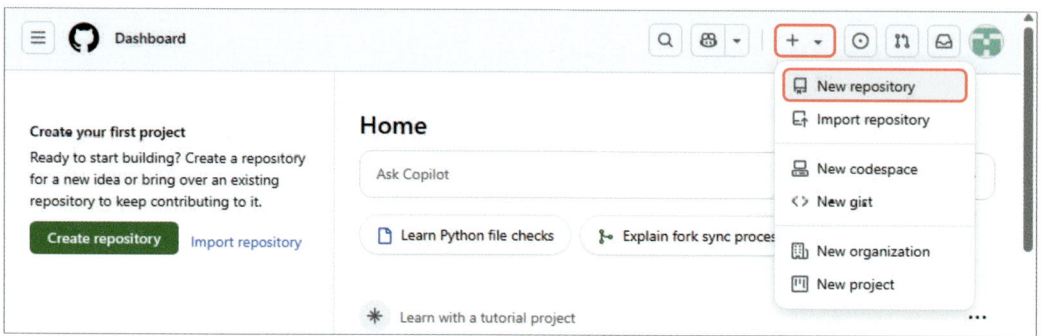

2 저장소 이름은 자유롭게 지정해도 되지만, 커서에서 사용한 프로젝트 이름을 사용하면 나중에 기억하기 쉽습니다. 단어를 2개 이상 사용한다면 하이픈(-)이나 밑줄(_)을 사용해서 연결합니다. 여기에서는 portfolio라고 지정하겠습니다. 나머지 설정은 그대로 두고 화면 오른쪽 아래에서 [Create repository]를 클릭합니다.

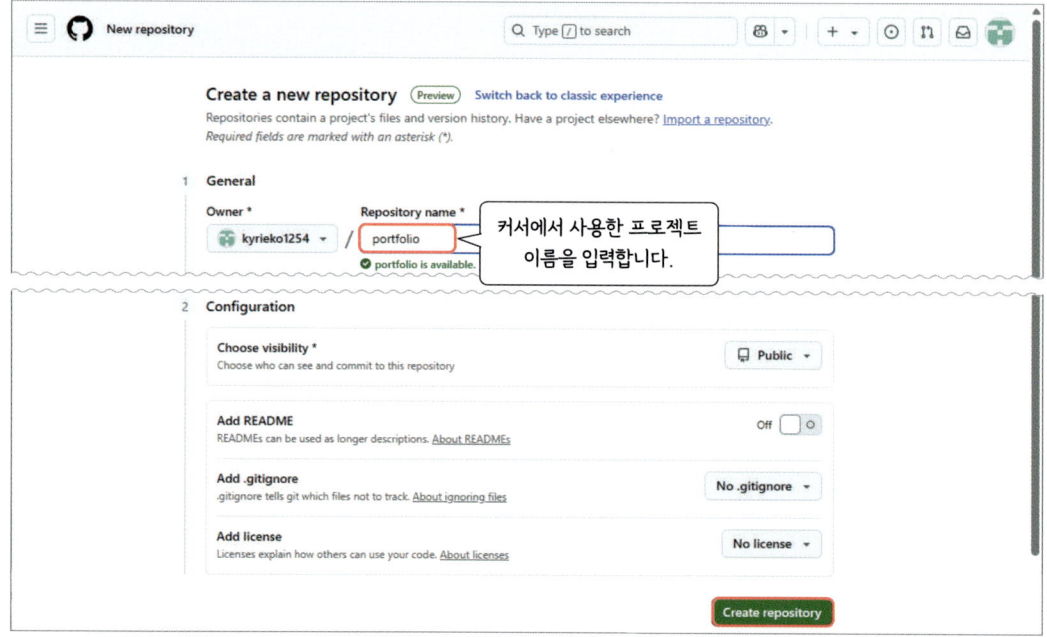

3 웹 브라우저에서 주소 표시줄을 보면 현재 저장소의 주소를 알 수 있습니다. 'https://github.com/계정/저장소명'과 같은 형태일 것입니다. 예를 들어 깃허브 계정이 kyrieko1254이고 저장소 이름이 portfolio이라면 https://github.com/kyrieko1254/portfolio가 저장소 주소입니다. 이 주소를 복사하거나 기억해 두세요.

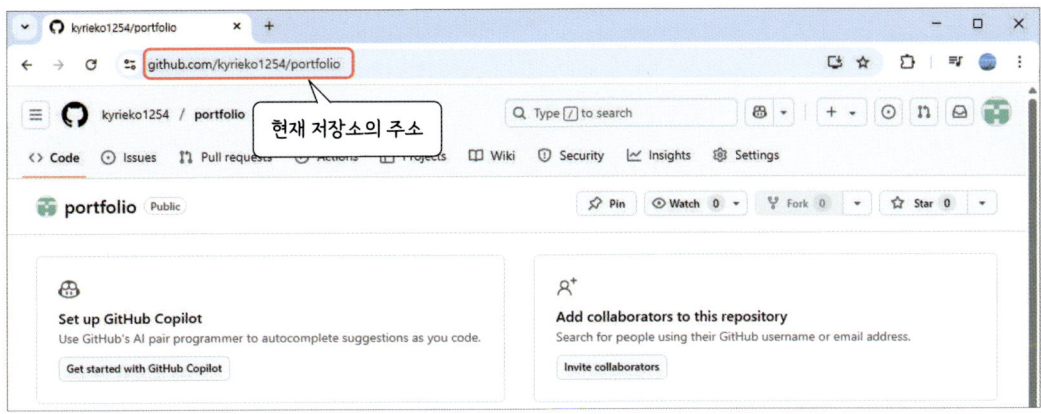

Do it! 실습   커서와 깃허브 연동하기

커서에 깃허브를 연동하면 몇 번 클릭만으로 깃허브에 코드를 업로드할 수 있고 개발 과정도 더욱 효율적으로 관리할 수 있습니다. 이번 실습에서는 깃허브 저장소에 현재 프로젝트 폴더를 연동해 봅시다.

1 메인 사이드바 위에서 ⑧를 클릭해 소스 제어 창으로 전환합니다. [CHANGES]라는 영역의 제목 위로 마우스 포인터를 올리면 오른쪽에 더 보기 아이콘(⋯)이 나타납니다. 이 아이콘을 클릭한 후 [Remote → Add Remote…]를 선택합니다.

5장 ✦ 나만의 포트폴리오 웹 사이트 만들기   135

2 바로 앞 실습에서 복사한 깃허브 저장소의 주소를 커서의 원격 저장소 입력 창에 입력하고 Enter 를 누릅니다. 그리고 다른 저장소와 구별하기 쉽도록 이름을 붙입니다. 여기에서는 프로젝트 이름과 같게 portfolio라고 했습니다.

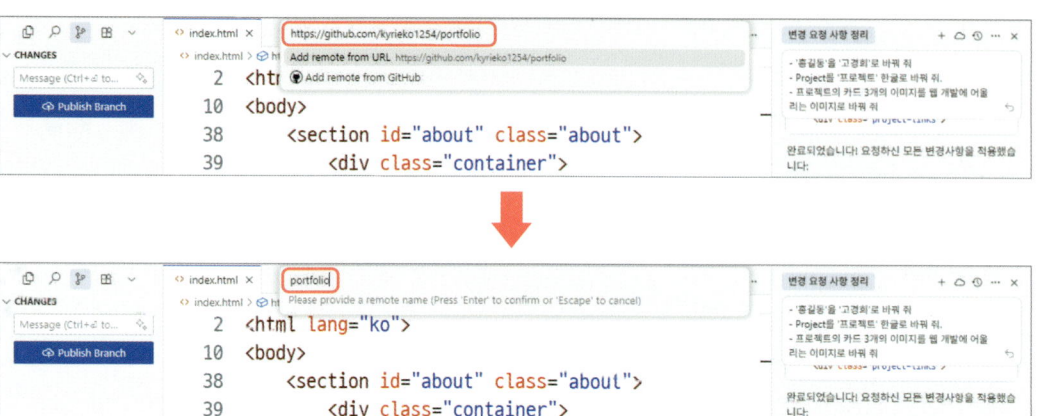

3 지금까지 만들었던 커밋을 깃허브에 업로드하기 위해 소스 제어 창에서 [Publish Branch]를 클릭합니다.

4 커서에서 깃허브에 연동할 것이라는 알림 창이 나타나면 [Allow]를 클릭합니다.

5 깃허브 로그인 창이 나타나면 [Sign in with your browser]를 클릭합니다.

6 [Authorize git-ecosystem]을 클릭한 후, 깃허브 계정의 비밀번호를 입력하고 [Confirm]을 클릭합니다. ✦ 이미 깃허브에 로그인되어 있다면 이 과정을 건너뛰고 7번 단계 인증 성공 메시지가 나타납니다.

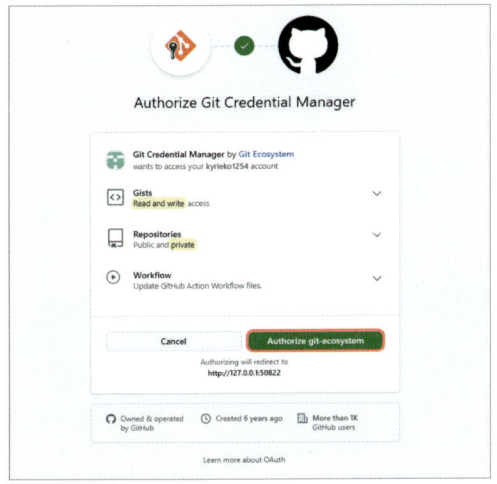
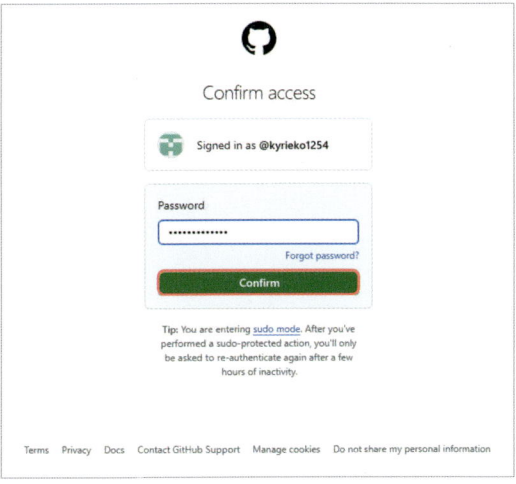

5장 ✦ 나만의 포트폴리오 웹 사이트 만들기 **137**

7 다음과 같이 인증 성공 메시지가 나타난다면 깃허브 계정에 올바르게 연결된 것입니다.

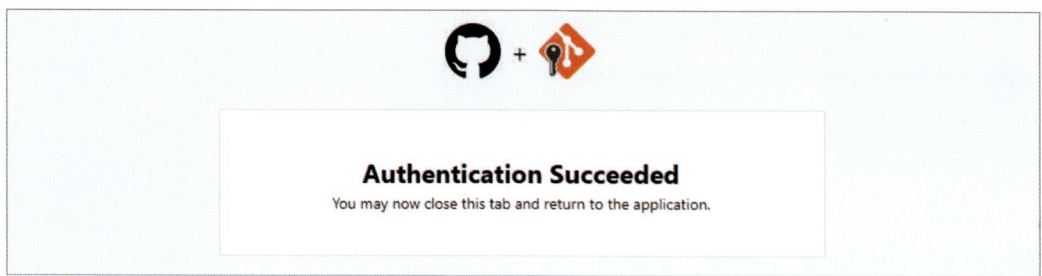

8 커서로 돌아와서 소스 제어 패널의 [GRAPH] 영역에 있는 커밋 목록을 보면 main 브랜치 오른쪽에 ☁ 아이콘이 나타날 것입니다. 깃허브 저장소에 코드가 업로드되었고, 깃허브 저장소에도 같은 커밋이 있다는 뜻입니다. ☁ 아이콘 위로 마우스 포인터를 올리면 커밋에 대한 간단한 설명이 나타납니다. 여기서 왼쪽의 main 브랜치는 사용자 컴퓨터의 저장소를 가리키고, portfolio/main 브랜치는 깃허브 저장소를 가리킵니다.

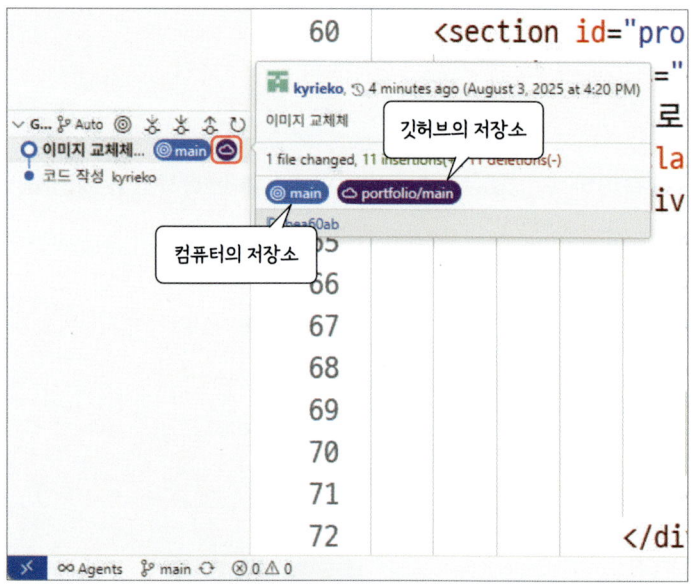

9 웹 브라우저에서 깃허브 저장소로 접속해 보면 커서에서 만든 포트폴리오 웹 사이트 파일이 모두 업로드된 것을 확인할 수 있습니다.

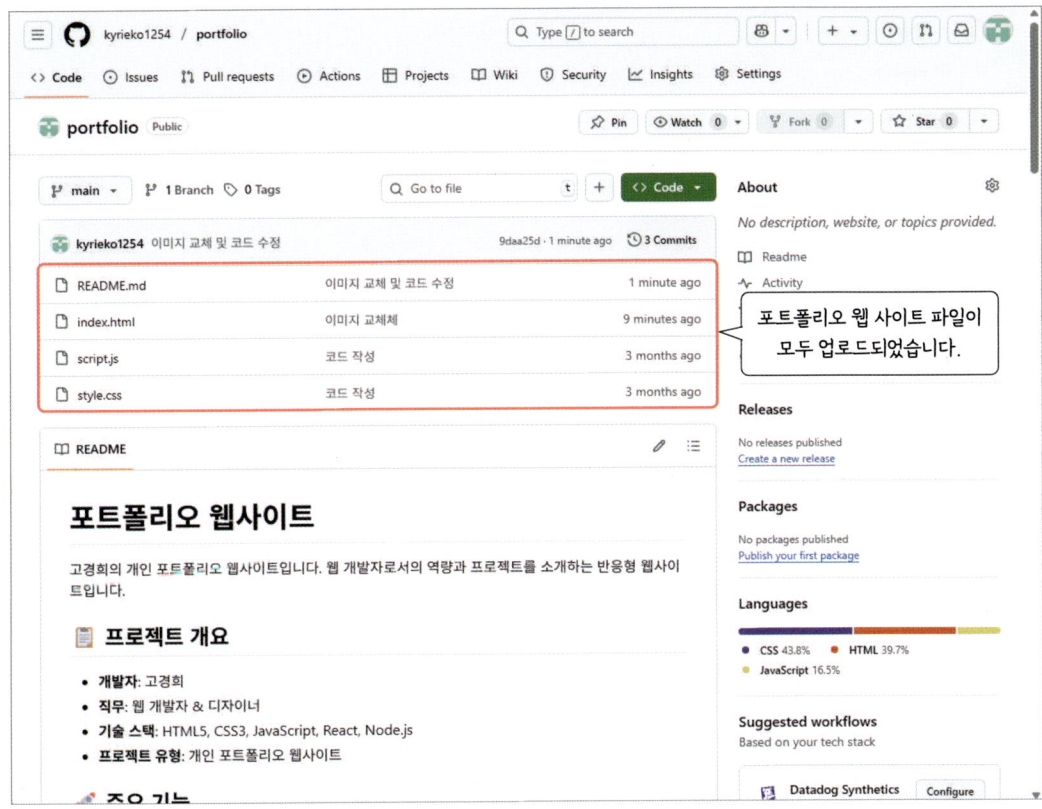

이제 사용자 컴퓨터의 portfolio 폴더와 깃허브의 portfolio 저장소가 연결되었으니 앞으로 사용자 컴퓨터에 있는 파일을 수정한 후에는 메시지와 함께 커밋하고, [Publish Branch] 버튼을 눌러 깃허브로 업로드하면 됩니다.

Do it! 실습 깃허브 페이지로 배포하기

깃허브 페이지를 사용하면 깃허브 저장소에 있는 파일을 웹 사이트로 배포할 수 있습니다. 웹 사이트의 시작 파일은 index.html이니, 배포를 시작하기 전에 먼저 깃허브 저장소에 index.html 파일이 있는지 확인한 후 따라 하세요.

1 웹 브라우저에서 깃허브 저장소로 접속합니다. 깃허브 저장소 화면의 위쪽 메뉴에서 [Settings]를 클릭합니다.

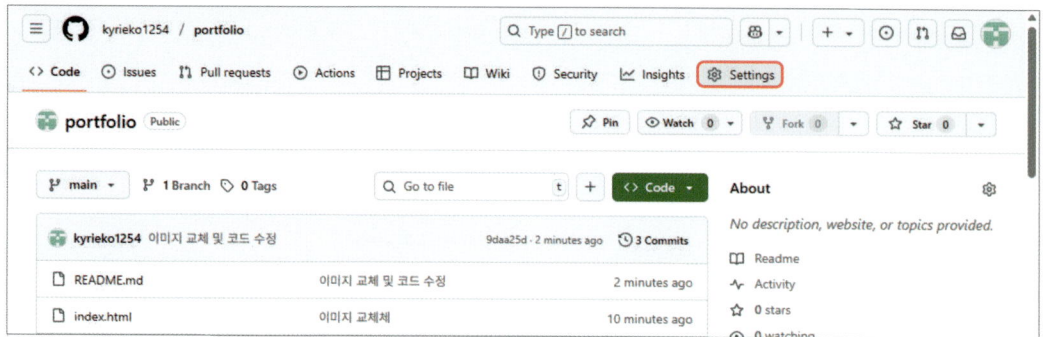

2 설정 화면이 나타나면 왼쪽 메뉴에서 [Pages]를 선택하고, [Source] 항목에 [Deploy from a branch]가 선택되어 있는지 확인합니다. 그리고 [Branch] 항목에서 [None]을 클릭한 후 [main]을 선택합니다.

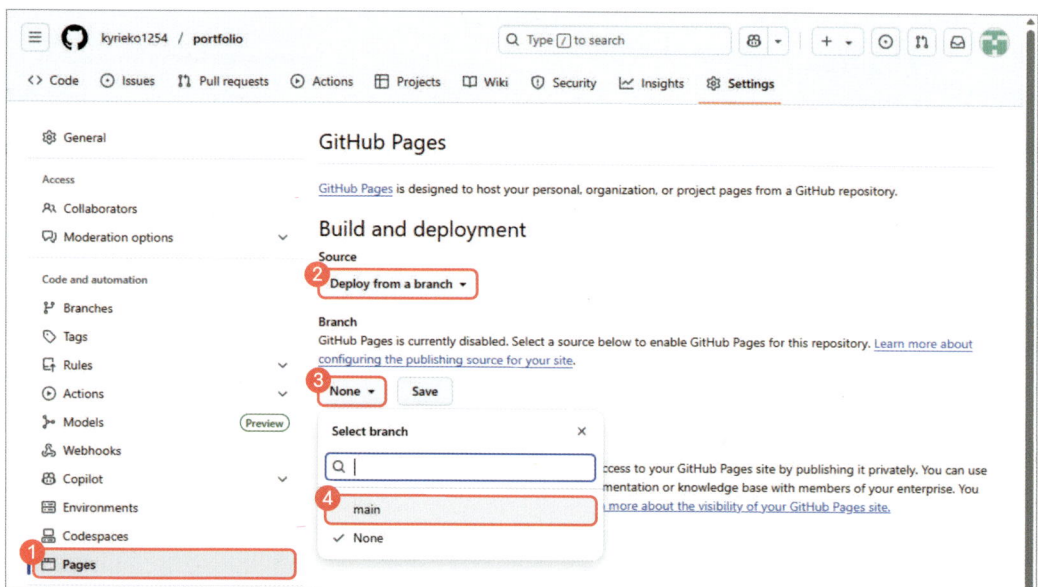

3 main 브랜치 오른쪽에 [/(root)]가 선택되었는지 확인하고 [Save]를 클릭합니다.

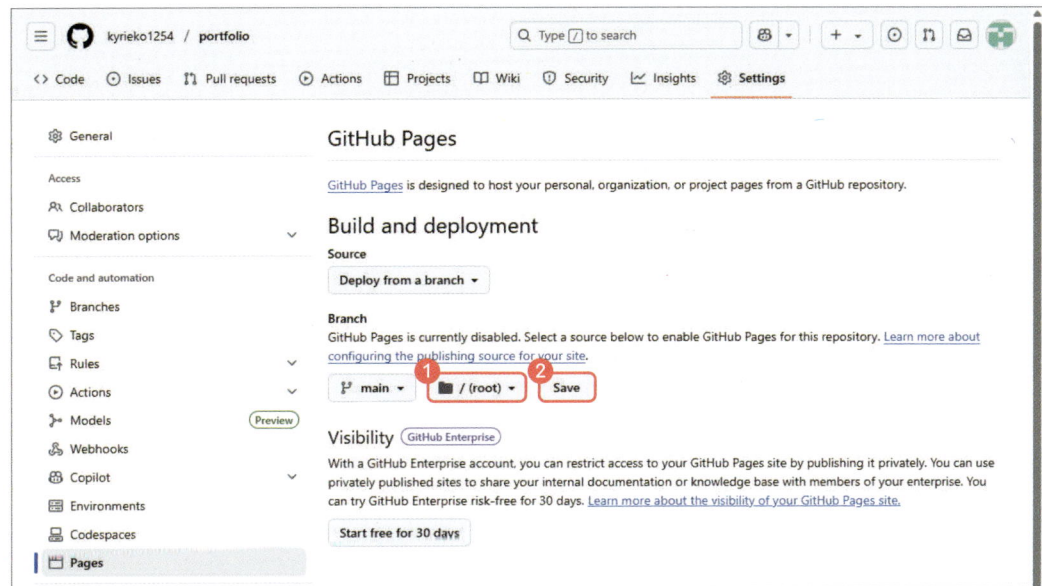

4 잠시 후 설정 화면의 가운데 위쪽에 웹 사이트 주소가 표시됩니다. 웹 사이트 주소는 'https://계정.github.io/저장소명/' 형태입니다. 웹 사이트 주소 오른쪽에 있는 [Visit site]를 클릭하면 웹 사이트에 접속할 수 있습니다.

✦ 웹 사이트 주소가 보이지 않는다면 잠시 기다렸다가 화면을 새로 고침 해보세요.

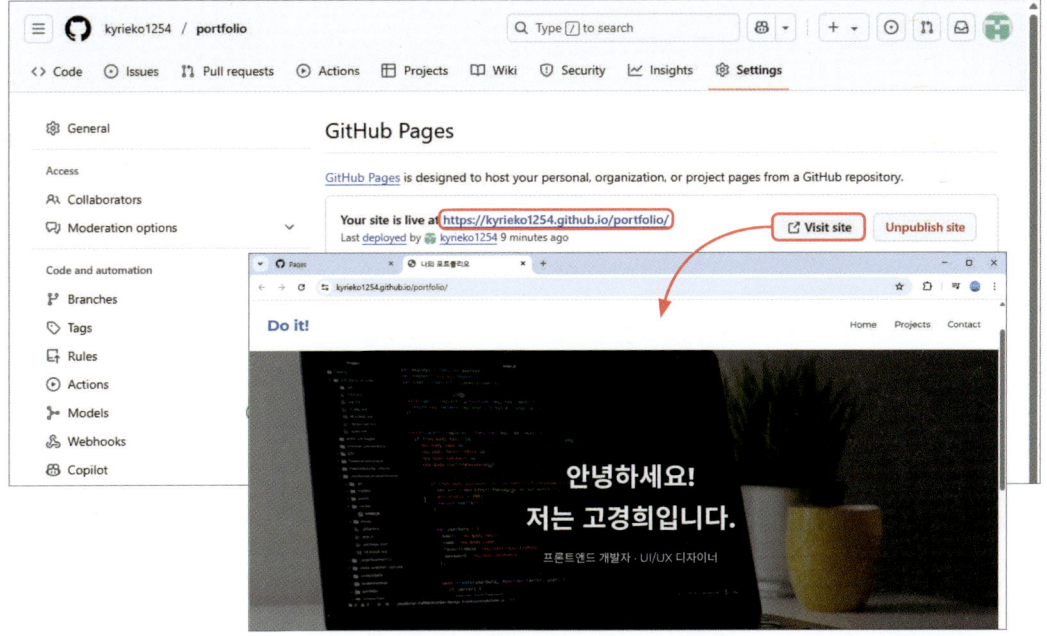

셋째마당

커서로 풀스택 앱 만들기

셋째마당에서는 한 단계 더 나아가 화면부터 기능, 데이터 처리까지 아우르는 풀스택 개발을 배웁니다. 먼저 웹의 구조와 기본 개념을 이해하고, 웹 개발 프로세스와 필요한 기술을 학습하면서 기본기를 다집니다. 그리고 커서를 사용해 커피 주문 앱을 만들면서 웹 개발의 모든 과정을 경험합니다. 이 내용을 모두 공부하면 하나의 웹 앱을 처음부터 끝까지 혼자 구성할 수 있습니다. 단순한 코딩을 넘어 서비스를 만드는 전체 흐름과 작동 방식까지 이해하는 웹 개발자로 성장해 봅시다.

6장 ✦ 웹 개발 기초 다지기

7장 ✦ 커피 주문 앱 개발하기

6장

웹 개발 기초 다지기

◆

풀스택 개발이란 프런트엔드부터 백엔드, 데이터베이스까지 모두 다루는 개발 방식을 말합니다. 실제로 우리가 접하는 대부분의 웹 서비스는 이 3가지 영역이 유기적으로 연결되어 있죠. 여기에서는 웹 앱을 구성하는 요소와 동작 방식을 알아보겠습니다.

6-1 ✦ 웹의 구조와 동작 이해하기
6-2 ✦ 웹에서는 정보를 어떻게 주고받을까?
6-3 ✦ 웹 개발의 4단계 살펴보기
6-4 ✦ 웹 앱을 개발할 때 사용할 기술

6-1 ✦ 웹의 구조와 동작 이해하기

본격적인 개발의 세계로 오신 것을 환영합니다. 커서가 코드를 작성해 주긴 하지만, 웹의 구성 요소와 웹의 동작 방식을 알아야 웹 사이트를 제대로 만들 수 있습니다. 이번 절에서는 웹의 구성 요소를 이해하고 웹이 어떻게 동작하는지 살펴봅시다.

웹 사이트의 종류

5-3절에서 설명한 대로 웹 사이트는 정적인 웹 사이트 static website와 동적인 웹 사이트 dynamic website로 나눌 수 있습니다. **정적인 웹 사이트**는 말 그대로 '변하지 않는' 웹 사이트입니다. HTML, CSS, 자바스크립트만으로 만들 수 있고, 사용자가 어떤 버튼을 눌러도 화면의 구조나 데이터가 크게 바뀌지 않습니다. 그래서 정적인 웹 사이트는 프런트엔드를 다루는 기술만으로도 충분히 만들 수 있죠.

반면에 **동적인 웹 사이트**는 사용자의 입력에 따라 동작이 바뀌고 정보를 저장하거나 불러오는 기능을 갖춰야 합니다. 따라서 동적인 웹 사이트를 만들려면 프런트엔드 기술 외에도 데이터베이스나 API를 다루는 백엔드 기술이 필요합니다. 이렇게 프런트엔드와 백엔드 기술을 모두 활용하는 개발 방식을 **풀스택 개발**이라고 합니다.

동적인 웹 사이트 중에서도 애플리케이션처럼 동작하는 서비스를 **웹 애플리케이션** web application, 줄여서 **웹 앱** web app이라고 부릅니다. 예를 들어 단순히 정보만 보여주는 포트폴리오 웹 사이트와 달리 넷플릭스 같은 웹 사이트는 영상을 재생하고 개인화된 데이터를 다루는 등 복잡한 작업을 할 수 있는 웹 앱에 해당합니다. 웹 브라우저로 접속하더라도 마치 스마트폰에 설치한 애플리케이션처럼 동작하죠.

✦ 이 책에서 웹 앱을 개발하는 과정은 동적인 웹 사이트를 만드는 과정과 똑같습니다. 앱처럼 사용할 수 있는 동적인 사이트를 만든다고 생각하면 됩니다.

웹을 구성하는 요소

우리가 자주 사용하는 웹 사이트는 단순히 보이는 화면만으로 이루어져 있지 않습니다. 사용자에게 보여지는 화면 뒤에는 수많은 기술 요소들이 함께 작동하며, 복잡한 과정을 처리하고 있습니다. 7장에서 만들 커피 주문 앱을 예로 들어 동적 웹 사이트가 어떻게 구성되는지 살펴보겠습니다.

프런트엔드

프런트엔드란 사용자가 **실제로 보는 화면**을 말하며 **클라이언트** 영역에 해당합니다. 커피 주문 앱을 예로 들면 사용자가 메뉴를 고르고, 수량을 선택하고, 주문을 완료하는 화면이 프런트엔드입니다. 프런트엔드를 개발할 때는 주로 HTML, CSS, 자바스크립트 같은 기술을 사용합니다. 요즘에는 프런트엔드를 더 효율적으로 개발하기 위해 자바스크립트 라이브러리와 **프레임워크를** 사용하는 **경우도** 많습니다. 여기서 라이브러리란 특정 기능을 쉽게 구현할 수 있도록 미리 만들어 놓은 코드 모음인데, 대표적인 예로 리액트^{React}가 있습니다.

✦ 이 책에서도 리액트를 활용합니다. 리액트는 7-2절에서 자세히 설명합니다.

백엔드

백엔드는 **실제로 일을 처리하는 역할**을 하는데, 이 백엔드가 저장되는 컴퓨터를 **서버**라고 합니다. 사용자가 웹 브라우저에서 [주문하기] 버튼을 누르면 서버에 있는 백엔드는 이 정보를 받아 어떤 사용자가 어떤 메뉴를 몇 개 주문했는지 해석하고 이를 저장하거나 다음 단계로 넘기는 등의 작업을 수행합니다. 백엔드를 개발할 때는 노드$^{Node.js}$, 파이썬^{Python}, 자바^{Java} 같은 다양한 프로그래밍 언어를 사용할 수 있습니다.

API

클라이언트와 서버는 서로 정보를 주고받습니다. 이때 원활하게 소통하기 위해 API를 사용합니다. API$^{Application\ Programming\ Interface}$는 **서로 다른 부서 간의 연락책** 같은 역할을 합니다. 클라이언트가 서버에게 '주문을 전송합니다'라는 요청을 보내면 서버는 '그럼 정해진 형식에 맞춰 알려줘'라고 정해진 규칙을 요구합니다. 이러한 규칙과 형식을 API라고 합니다.

데이터베이스

사용자의 주문이 서버에 도착하면 주문 정보를 기록하고 저장해야 합니다. 이때 데이터베이스가 필요합니다. 데이터베이스는 마치 전자식 창고처럼 주문 내역, 메뉴 목록, 재고 수량 같은 **정보를 저장하고 꺼내 오는 역할**을 합니다. 예를 들어 백엔드 서버가 '콜라 2개를 주문 했어요'라는 요청을 처리하면서, 데이터베이스에 저장된 콜라 재고 개수에서 2만큼 빼서 다시 저장할 수 있습니다. 데이터베이스로는 PostgreSQL, MySQL, MongoDB 등 다양한 종류를 사용할 수 있습니다.

데이터베이스는 오직 백엔드 서버에서만 접근할 수 있고, 사용자는 서버를 통해 간접적으로 데이터를 주고받습니다. 프런트엔드에서는 절대 데이터베이스에 직접 접근하지 않는다는 점을 꼭 기억해 두세요.

> ❤️ **알아 두면 좋아요!** 데이터베이스의 종류 2가지
>
> 데이터베이스는 데이터를 저장하는 방식에 따라 크게 2가지로 나눌 수 있습니다.
>
> **1. 관계형 데이터베이스(relational database)**
> 이 방식은 데이터를 테이블(table), 즉 표 형태로 저장하며 SQL이라는 언어를 사용해서 데이터를 다룹니다. 테이블은 행과 열로 구성되어 있어서 마치 엑셀과 비슷하게 데이터를 정리할 수 있고, 구조가 명확해서 사용자 정보, 주문 내역, 상품 목록 등 정형화된 데이터를 관리하기에 적합합니다. 관계형 데이터베이스는 초보자도 비교적 배우기 쉬우며, 실무에서도 가장 많이 쓰이는 데이터베이스 유형입니다. 대표적인 예로 PostgreSQL과 MySQL 등이 있습니다.
>
> **2. 비관계형 데이터베이스(NoSQL database)**
> 이 방식은 데이터를 테이블 대신 문서(document) 형태로 저장합니다. 문서마다 구조를 서로 다르게 할 수 있어서 데이터를 매우 유연하게 처리할 수 있습니다. 예를 들어 사용자가 남긴 댓글, 개인 설정값, 게시글의 태그처럼 정해진 형식 없이 자유롭게 저장되는 데이터를 다룰 때 효과적입니다. 자유로운 구조 덕분에 데이터의 형식이 일정하지 않아도 저장할 수 있다는 것이 가장 큰 장점입니다. MongoDB가 대표적입니다.
>
> 데이터베이스를 처음 접한다면 PostgreSQL이나 몽고DB를 추천합니다. 두 데이터베이스 모두 무료로 사용할 수 있고, 커뮤니티와 문서 지원도 풍부합니다. 사용할 데이터베이스를 선택하기 어렵다면 AI에게 현재 상황을 설명하고 적절한 데이터베이스를 추천해 달라고 요청할 수도 있습니다.

웹의 동작 과정

웹은 이렇게 여러 구성 요소가 각자 역할을 하면서도 유기적으로 연결되어 움직이는 구조입니다. 웹의 구성 요소가 어떻게 동작하는지 커피 주문 앱을 예로 들어서 살펴볼까요?

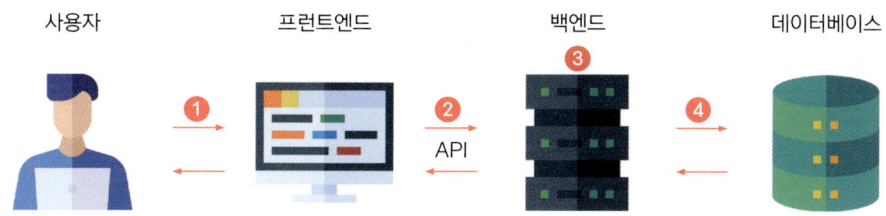

❶ 사용자가 프런트엔드 화면에서 커피를 주문합니다.
❷ 주문 정보가 API를 통해 백엔드로 전달됩니다.
❸ 백엔드는 주문 정보를 받아서 재고를 확인하고 주문을 처리합니다.
❹ 백엔드에서 최종 주문 정보를 데이터베이스에 저장하고, 사용자에게 주문이 완료되었다고 알려 줍니다.

이 과정은 로그인, 장바구니, 결제 등 웹 앱의 많은 기능에서 반복적으로 사용됩니다. 따라서 웹 앱의 구조를 이해하는 것은 모든 웹 개발의 기본이자 핵심이라고 할 수 있습니다.

6-2 ✦ 웹에서는 정보를 어떻게 주고받을까?

지금까지 웹 앱을 구성하는 요소를 살펴보았습니다. 이러한 구성 요소가 정보를 어떻게 서로 주고받는지 이해해야 합니다. 건물을 튼튼하게 지으려면 바닥부터 잘 다져야 하듯이 말이죠. 이 절에서는 웹의 동작 원리를 이해하기 위해 꼭 알아야 할 네트워크의 핵심 개념을 자세하게 알아보겠습니다.

클라이언트와 서버

6-1절에서 프런트엔드와 백엔드를 설명하면서 클라이언트client와 서버server라는 용어가 등장했습니다. 클라이언트와 서버는 웹에서 서비스를 제공할 때 반드시 갖춰야 할 필수 요소입니다. **클라이언트**는 서버에게 무엇인가를 요청하는 컴퓨터나 프로그램을 말합니다. 예를 들면 웹 브라우저 화면이나 스마트폰 앱이 될 수 있죠. **서버**는 클라이언트의 요청을 받아서 처리한 후 결과를 되돌려주는 컴퓨터나 프로그램을 말합니다. 손님(client)과 시중드는 사람(server)의 의미를 떠올리면 이해하기 쉽죠?

이렇게 클라이언트와 서버를 분리하면 클라이언트는 사용자 인터페이스와 사용자 경험을 담당하고, 서버는 데이터 처리와 저장, 로직 실행만 담당하므로 효율성과 실용성이 높아집니다.

요청과 응답

웹의 핵심은 클라이언트와 서버 간의 소통입니다. 이 소통은 항상 요청request과 응답response이라는 두 단계로 이루어집니다. 이는 마치 음식점에서 손님이 음식을 주문하면 직원이 음식을 가져다주는 것과 같은 구조입니다.

예를 들어 구글 웹 사이트를 보려면 웹 브라우저 창에 URL을 입력하고 Enter 만 누르면 됩니다. 아주 간단하고 익숙한 과정이죠. 하지만 중간에 여러 단계의 작업이 이루어진답니다. 웹 사이트를 개발하겠다면 그 과정에서 무슨 일이 일어나는지도 알아야겠죠?

클라이언트와 서버의 소통 단계

- ① **요청(request)**: 링크를 클릭하거나 웹 사이트 주소를 입력하면, 웹 브라우저는 서버에게 '이 웹 페이지 좀 보여 주세요!'라는 요청을 보냅니다.
- ② **서버 처리**: 서버는 요청을 받아서 해당 페이지에 필요한 파일과 데이터를 준비합니다.
- ③ **응답(response)**: 서버는 요청받은 웹 페이지에 해당하는 HTML, CSS, 자바스크립트 파일을 모아서 다시 웹 브라우저에 전송합니다.
- ④ **렌더링(rendering)**: 웹 브라우저는 서버에서 받은 내용을 해석한 후 화면에 표시합니다.

그러므로 웹 개발자는 클라이언트 쪽에서는 적절한 요청을 만들어 보내는 방법을, 서버 쪽에서는 요청을 올바르게 처리하고 응답하는 방법을 알아야 합니다.

HTTP/HTTPS 프로토콜

앞에서 요청과 응답에 대해 설명했는데, 그렇다면 클라이언트와 서버는 어떻게 서로 대화하고 정보를 주고받을까요? 바로 프로토콜protocol이라는 약속된 통신 규약을 사용합니다.

HTTP 프로토콜의 특징

웹에서 가장 널리 사용되는 프로토콜이 바로 HTTP^{HyperText Transfer Protocol}입니다. HTTP는 웹 브라우저와 웹 서버가 웹 페이지와 같은 하이퍼텍스트 문서를 주고받을 때 사용하는 통신 규약입니다. HTTP는 웹 개발 초창기부터 사용해 온 기본 프로토콜이며, 흔히 웹 주소 맨 앞에 'http://'를 붙여서 이 프로토콜을 나타냅니다.

하지만 HTTP는 **보안에 취약하다는 단점**이 있습니다. HTTP를 통해 주고받는 정보는 암호화되지 않은 평문plain text 상태로 전송됩니다. 이는 마치 우편엽서에 중요한 개인 정보를 적어서 보내는 것과 같아서, 중간에 누군가 가로채면 내용을 그대로 읽을 수 있다는 의미입니다.

HTTPS 프로토콜의 특징

HTTP의 보안 문제를 해결하기 위해 등장한 프로토콜이 바로 HTTPS^HyperText Transfer Protocol Secure입니다. HTTPS는 HTTP에 보안 계층을 추가해서 클라이언트와 서버 사이에 주고받는 데이터를 암호화하여 전송합니다. 그 덕분에 중간에 누군가 데이터를 가로채더라도 암호화된 내용을 해독하기 매우 어렵게 만듭니다.

요즘에는 거의 모든 웹 사이트가 보안을 강화하기 위해 HTTPS를 사용하며, 검색 엔진에서도 HTTPS를 사용하는 웹 사이트에 더 높은 점수를 주기도 합니다. 최근에는 HTTP/2, HTTP/3 같은 새로운 버전도 등장해서 데이터 전송 속도가 빨라지고 보안이 더욱 강화되었습니다. 현대 웹 사이트는 이러한 최신 프로토콜을 적극적으로 채택하고 있으며, 개발자 역시 이 흐름을 이해해야 합니다.

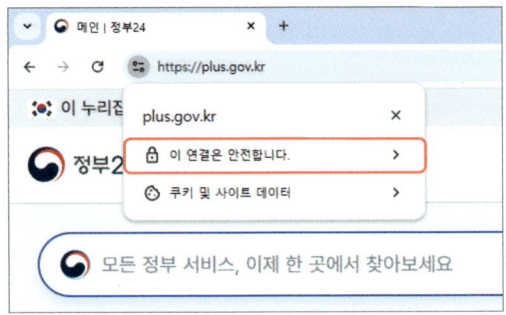

HTTPS를 사용한 웹 사이트

HTTP를 사용한 웹 사이트

HTTP 요청 메서드와 엔드포인트

웹에서 클라이언트와 서버가 데이터를 주고받을 때 사용하는 API 역시 HTTP 프로토콜을 기반으로 만들어집니다. 클라이언트가 서버에게 요청을 보낼 때는, '데이터를 보여줘' 또는 '새로운 데이터를 저장해 줘'처럼 요청의 목적을 구체적으로 알려주어야 합니다.

이때 요청의 종류를 알려주기 위해 HTTP 요청 메서드^request method를 사용합니다. 웹 앱을 개발할 때 자주 사용하는 HTTP 요청 메서드는 다음과 같습니다.

주요 HTTP 요청 메서드 설명

메서드	설명	사용 예시
GET	서버에서 데이터를 가져옵니다.	메뉴 조회하기
POST	서버에 새로운 데이터를 저장합니다.	메뉴 주문하기
PUT	기존 데이터를 수정합니다.	주문 수정하기
DELETE	특정 데이터를 삭제합니다.	주문 취소하기

요청을 보낼 위치는 엔드포인트endpoint로 나타냅니다. 엔드포인트는 서버의 주소에 포함되어 있습니다. 예를 들어 https://www.example.com/api/menus라는 주소로 요청을 보낸다면, 여기서 엔드포인트는 /api/menus가 됩니다.

API에는 어떤 엔드포인트에 어떤 HTTP 요청 메서드가 왔을 때 어떤 결과를 반환할지 미리 정해져 있습니다. 따라서 같은 엔드포인트라도 다른 HTTP 메서드를 사용하면 다른 동작을 할 수 있습니다. 예를 들어 /api/menus 라는 엔드포인트에 GET 요청을 하면 메뉴 목록을 가져오고 POST 요청을 하면 메뉴 주문을 추가하는 식으로 동작할 수 있습니다.

IP 주소, DNS, URL

클라이언트와 서버는 서로를 어떻게 찾고 연결할 수 있을까요? 바로 IP 주소, DNS, URL을 활용한 주소 체계 덕분입니다. 이 체계를 통해 클라이언트는 원하는 서버를 정확히 찾아가고, 서버는 클라이언트의 요청에 응답할 수 있습니다. 지금부터 이 주소 체계를 살펴보고 어떻게 동작하는지 알아봅시다.

IP 주소

IP^{Internet Protocol} 주소는 인터넷에 연결된 **컴퓨터의 고유한 식별 번호**입니다. 마치 우편물을 주고받을 때 사용하는 집 주소와 같은 역할을 합니다. 현재 사용하는 IP 주소는 IPv4, IPv6 방식이 있습니다.

IPv4는 192.168.1.1이나 203.251.12.34처럼 점(.)으로 구분된 숫자로 구성되고 약 43억 개의 주소를 만들 수 있습니다. 그러나 인터넷의 팽창으로 주소가 부족해지면서 IPv6가 개발되었습니다. IPv6는 2001:0db8:85a3:0000:0000:8a2e:0370:7334처럼 콜론(:)으로 구분된 8개의 문자열로 구성됩니다. 주소를 거의 무한대에 가깝게 제공할 수 있고 IPv4보다 보안성과 성능이 개선되었다는 장점이 있습니다.

DNS 서버

DNS$^{\text{Domain Name System}}$은 숫자로 된 IP 주소를 사람이 기억하기 쉬운 도메인 이름으로 바꿔 주는 시스템입니다. 예를 들어 웹 브라우저에 www.google.com을 입력하면, DNS 서버가 이 이름에 해당하는 실제 IP 주소를 찾아서 알려 주고, 웹 브라우저는 그 IP 주소로 연결하여 웹 사이트를 가져옵니다.

URL

URL$^{\text{Uniform Resource Locator}}$은 인터넷에서 특정 자원의 위치를 나타내는 완전한 주소입니다. 웹 브라우저의 주소 창에 입력하는 https://www.example.com/page.html?id=123과 같은 주소가 바로 URL입니다. 웹 개발자는 이 구조를 알아야 서버 설정이나 API 설계 등에 활용할 수 있습니다.

클라이언트와 서버가 서로를 어떻게 찾고 연결하는지 이해했나요? 사용자가 URL을 입력하면 DNS가 도메인을 IP 주소로 변환하고, 그 IP 주소의 서버에서 원하는 자원을 가져오는 것입니다. 웹 개발자는 이러한 구조를 이해해야 도메인 설정, 서버 배포, API 설계 등을 제대로 할 수 있습니다.

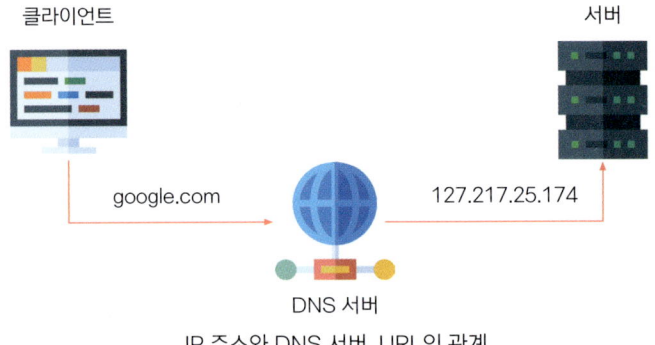

IP 주소와 DNS 서버, URL의 관계

6-3 ✦ 웹 개발의 4단계 살펴보기

5장에서 만들었던 포트폴리오 웹 사이트는 간단히 코딩만으로 만들 수 있었지만 동적인 웹 사이트나 웹 앱을 만들 때는 여러 단계를 거쳐야 합니다. 앱에 들어갈 내용을 기획하고 화면과 기능을 개발한 후 테스트를 거쳐 인터넷에 공개하는 과정까지 거쳐야 비로소 하나의 웹 앱이 완성된다고 할 수 있습니다. 이 절에서는 웹 앱이 만들어지는 전체 흐름을 크게 4단계로 나눠서 살펴보겠습니다.

✦ 여기에서 설명하는 개발 단계는 가장 기본적인 단계이므로 앱의 규모나 특성에 따라 얼마든지 바뀔 수 있습니다.

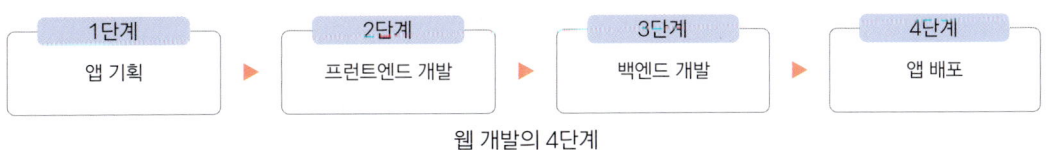

웹 개발의 4단계

1단계: 앱 기획

기획 단계는 건축으로 치면 '설계도'를 그리는 단계와 같아서, 이후 개발 과정의 방향을 잡아 주는 역할을 합니다. 우선 개발하려는 앱의 목적을 명확히 정한 후 개발할 때 사용할 기술을 선택합니다.

앱 구상하기

기획 및 설계 단계에서는 먼저 해결할 문제를 정의하고 그 문제를 해결하는 데 필요한 기능을 정해야 합니다. 이어서 앱의 목적, 구현 범위 등 개발에 필요한 주요 사항을 정리합니다.

이 과정에서 다음과 같은 내용을 생각해 보면 좋습니다.

- 이 앱이 해결하려는 문제와 목적은 무엇인가?
- 주요 사용자는 누구이며, 어떤 환경에서 사용할까?
- 필수 기능과 추가 기능은 무엇인가?
- 완성된 앱의 모습은 어떨까?

기술 스택 정하기

앱을 만들 때 사용하는 기술의 모음을 기술 스택이라고 부르며 프로그래밍 언어, 프레임워크, 데이터베이스 등이 모두 기술 스택에 해당합니다. 기술 스택을 선택하는 일은 기존의 개발뿐만 아니라 AI를 활용한 개발에서도 중요한 과정입니다. AI의 도움을 받아 개발하지만 어떤 기술을 선택하고 어떻게 개발할지는 개발자가 직접 결정해야 하니까요.

기술 스택을 선택할 때는 앱의 유형을 먼저 생각해야 합니다.
- 웹 앱인가, 모바일 앱인가?
- 프런트엔드만 있어도 되는가, 백엔드 기능도 필요한가?
- 간단한 MVP인가, 모든 기능이 필요한 완성형 앱인가?

✦ MVP는 Minimum Viable Product의 약자로, 핵심 기능만 담은 첫 번째 버전을 말합니다.

만들 앱의 유형에 따라 적절한 기술 스택을 선택합니다. 만약 아직 웹 개발을 공부하는 입장이라면 너무 복잡한 기술보다는 간단하고 확장 가능한 기술을 선택하는 것이 중요합니다.

PRD 작성하기

앱의 기능을 구상하고, 기술 스택까지 결정했다면 PRD라는 문서를 작성합니다. PRD는 Product Requirements Document의 줄임말로, 제품 요구 사항 문서라고도 합니다. PRD는 내가 만들고자 하는 앱이 무엇이고 누가 사용할지, 어떤 기능이 필요한지를 정리해 두는 **일종의 기획서**입니다.

예를 들어 커피 주문 앱을 만든다면 메뉴를 어떻게 보여 줄지, 어떤 버튼이 필요할지, 사용자는 어떤 순서로 버튼을 눌러야 할지 등을 정리한 문서가 PRD입니다.

숙련된 개발자라면 처음부터 전체 기능에 대한 PRD를 작성하면서 프로젝트의 방향이나 기능 요구 사항을 명확하게 정리할 수 있습니다. 예를 들어 프런트엔드와 백엔드에서 어떤 기능이 필요한지, 데이터베이스를 사용하면서 어떤 구조를 만들어야 하는지 등을 미리 작성해 두면 나중에 기능을 구현하거나 테스트할 때도 훨씬 효율적입니다.

하지만 아직 앱 개발 경험이 부족한 초보 개발자라면 단계별로 PRD를 작성할 수도 있습니다. 예를 들어 처음에는 프런트엔드 화면 중심으로만 PRD를 작성하고, 데이터베이스를 공부하면 그에 맞게 데이터베이스 설계 부분을 PRD에 추가하는 식으로 작성할 수 있습니다.

이 책에서 커피 주문 앱을 만들 때도 앱을 기획하고 설계해 나가는 과정을 따라가면서 단계별로 PRD를 작성할 것입니다.

> **♥ 알아 두면 좋아요! PRD는 어떤 방식으로 작성해야 할까?**
>
> PRD는 텍스트 파일(.txt)로 만들 수도 있고 마크다운(.md) 파일로 만들 수도 있습니다. 텍스트 파일은 서식을 사용할 수 없는 반면, 마크다운 문법을 사용하면 제목이나 목록, 표 등 서식을 적용할 수 있어서 개발에 사용하는 문서는 마크다운 문법을 사용해서 작성하는 경우가 많습니다.
> 마크다운으로 작성한 PRD의 예시는 다음과 같습니다.
>
> ```
> 커피 주문 앱 – PRD (Product Requirements Document)
> 1. 프로젝트 개요
>    • 앱 이름: 커피 주문 앱
>    • 목적: 고객이 커피를 손쉽게 주문할 수 있도록 하는 주문 앱 개발
>
> 2. 기능 목록
>
> 5. MVP (최소 기능 제품) 정의
>    • 커피 메뉴 선택 기능
>    • 옵션 선택 및 장바구니 기능
>    • 주문 완료 및 메시지 출력
>    ※ PRD는 개발 진행에 따라 언제든지 업데이트 가능
> ```
>
> 또한 PRD는 한 번에 완성하는 문서가 아닙니다. 개발 과정에서 바뀌는 내용이 생긴다면 언제든지 업데이트해도 됩니다. 팀 프로젝트라면 팀원들과 이야기하면서 조정할 수도 있고, 배포한 후에 사용자 피드백을 반영해서 수정할 수도 있습니다.

2단계: 프런트엔드 개발

기획 작업이 끝났다면 앱을 개발하는 단계로 넘어갑니다. 프런트엔드와 백엔드를 개발하는 순서는 정해져 있지 않습니다. 여기에서는 웹 브라우저에서 직접 확인할 수 있는 프런트엔드부터 개발해 보겠습니다. 프런트엔드 개발은 사용자가 보는 화면, 즉 사용자가 클릭하거나 입력할 수 있는 인터페이스(User Interface, UI)를 만드는 단계입니다. 웹 사이트의 겉모습을 만드는 단계라고 생각하면 됩니다.

구현할 기능 정의하기

앱 구상 단계에서 정리한 아이디어를 바탕으로 실제 구현할 기능을 정의합니다. 사용자가 앱을 이용하는 흐름을 그려 보면서 화면별로 필요한 기능을 구체적으로 정리하면 됩니다.

와이어프레임 그려 보기

화면을 어떻게 구성할지 결정하는 단계입니다. 이 단계에서는 버튼은 어디에 놓을지, 글자의 색상과 폰트는 어떤 스타일을 쓸지 등 눈에 보이는 요소도 함께 결정합니다. 이때 와이어프레임wireframe을 만들어 화면의 전체 구조와 흐름을 시각적으로 정리합니다.

와이어프레임은 실제 디자인을 시작하기 전에 화면의 구성과 흐름을 간단한 형태로 나타낸 그림입니다. 와이어프레임을 활용하면 앱 화면의 구성을 미리 조감해 볼 수 있으므로 개발자나 디자이너 모두 혼선 없이 작업을 진행할 수 있습니다.

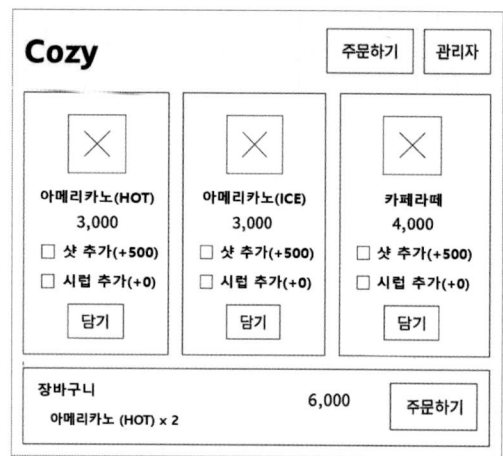

커피 주문 앱의 와이어프레임 예시

이러한 와이어프레임을 만들 때는 피그마Figma 같은 도구를 사용해도 되지만, 파워포인트나 그림판 등 그림을 그릴 수 있는 프로그램이라면 어떤 것을 사용해도 됩니다. 물론 종이에 직접 손으로 그려도 괜찮습니다. 정교하게 디자인하기 보다는 앱의 흐름과 화면의 구조를 명확히 이해하고 정리하는 것이 중요합니다.

프런트엔드 개발 환경 만들기

프런트엔드를 개발하려면 코드를 작성하고 실행할 수 있는 개발 환경을 준비해야 합니다. 사용하는 언어나 기술에 따라 필요한 환경이 달라집니다. HTML, CSS, 바닐라 자바스크립트만 사용한다면 코드 편집기만으로도 충분하지만 리액트 같은 라이브러리를 사용한다면 더 복잡한 개발 환경이 필요합니다. 이때 비트Vite라는 도구를 사용하면 개발 환경을 더욱 쉽게 구성할 수 있습니다.

✦ 비트는 6-4절에서 자세히 설명합니다.

화면 개발하기

개발 환경을 준비했다면 이제 본격적으로 화면을 개발합니다. 프런트엔드 화면에는 사용자가 눈으로 보고 마우스나 키보드로 조작하는 모든 요소가 포함되어 있습니다. 미리 준비해 둔 와이어프레임을 기준으로 각 요소를 적절하게 배치하는 코드를 작성해서 화면을 구성합니다.

테스트하고 개선하기

프런트엔드 화면을 다 만들었다고 해서 끝이 아닙니다. 제대로 작동하는지 테스트하고, 사용자의 입장에서 불편한 점은 없는지 점검한 후 개선하는 과정을 꼭 거쳐야 합니다. 테스트할 때는 버튼이나 입력 창이 제대로 작동하는지 확인하고, 또한 오타나 디자인 오류가 없는지도 꼼꼼하게 체크해야 합니다. 프런트엔드는 사용자와 가장 가까운 부분이므로 항상 사용자 입장에서 테스트하고 개선해야 합니다.

3단계: 백엔드 개발

백엔드 개발 단계에서는 프런트엔드 개발 단계에 비해 해야 할 일이 많습니다. 커서에게 이번 단계의 코드를 요청하려면 백엔드 개발이 어떤 순서로 진행되는지 이해해야 합니다.

데이터 모델 설계하기

데이터 모델은 앱에서 다루는 정보를 데이터베이스에 저장하기 위해 정의한 구조를 말합니다. 따라서 이 단계에서는 앱에서 사용할 정보를 저장하고 관리하는 방법을 미리 계획한다고 생각하면 됩니다. 예를 들어 커피 주문 앱에서 메뉴 정보를 저장할 데이터 모델을 설계한다면 메뉴의 이름과 이미지, 가격, 옵션 등의 정보를 어떤 형태로 저장할지 미리 정리해 둘 수 있습니다. 이러한 정보를 정리할 때는 마치 엑셀 표처럼 각 항목을 나열하고 어떤 정보를 함께 저장해야 할지도 생각해야 합니다.

개발 환경 만들기

백엔드를 개발하려면 우선 개발 환경을 만들어야 합니다. 프런트엔드 개발 환경과 구분해야 하므로 폴더를 따로 만들고, 그 폴더에 서버를 만드는 도구를 설치합니다. 이 책에서는 익스프레스Express.js를 사용합니다. ✦ 익스프레스는 6-4절에서 자세히 설명합니다.

서버 만들기

개발 환경이 준비되었다면 이제는 앱에서 주문을 받아서 처리할 서버를 만들어야 합니다. 익스프레스와 같은 서버 프레임워크를 사용하면 기본 서버를 간단하게 만들 수 있습니다.

데이터베이스 만들고 연결하기

우선 앱에서 사용하는 데이터를 저장할 공간인 데이터베이스를 만듭니다. 데이터베이스 관리 시스템을 설치하고 데이터베이스를 만든 후 백엔드에 연결합니다. 데이터베이스를 만들 때는 미리 설계해 둔 데이터 모델을 참고합니다. 예를 들어 커피 메뉴 하나에도 메뉴 이름, 가격, 옵션 등 여러 가지 정보가 필요하겠죠?

API 개발하기

클라이언트와 서버는 요청과 응답을 할 수 있도록 자료를 주고받습니다. 이때 API는 요청과 응답을 주고받을 수 있게 길을 만들어 주는 역할을 합니다. 예를 들어 커피 주문 앱에서는 '메뉴를 보여 줘', '아메리카노를 주문할게' 같은 요청을 할 것이므로, 서버는 그 요청을 처리하기 위해 메뉴 목록을 불러오는 API나 사용자가 선택한 커피를 장바구니에 담는 API를 만들게 됩니다.

테스트하고 개선하기

백엔드 개발 단계에서도 먼저 모든 기능이 제대로 작동하는지, 오류는 없는지 테스트해야 합니다. 특히 백엔드 개발에서 테스트는 API 요청을 정확하게 처리하는지, 데이터베이스와 안전하게 연결되는지 등 즉시 눈에 보이지 않는 부분을 다루어야 합니다. 그래서 사람이 직접 사용해 보는 수동 테스트 외에도 프로그램이 자동으로 검증하는 자동 테스트 도구를 사용하기도 합니다. 테스트 단계를 거쳐 사용자의 다양한 행동을 시뮬레이션하고, 문제가 발생하면 수정합니다.

> 💟 **알아 두면 좋아요!** 자동 테스트 도구
>
> 웹 개발 프로젝트의 규모가 크거나 여러 개발자들이 함께 개발할 경우, 또는 앱 사용자가 많아서 앱에 부하가 생길 수 있을 경우에는 직접 테스트하는 것만으로는 부족하고 자동 테스트 도구를 이용해 프로젝트를 테스트해야 합니다.
>
> 테스트의 종류로는 프로젝트에 구현된 기능을 함수 단위로 테스트하는 단위 테스트, 여러 모듈이 서로 잘 연결되어 작동하는지 확인하는 통합 테스트, 앱이 부하를 얼마나 견딜 수 있는지 확인하는 성능 테스트 등이 있습니다. 이때, 테스트 종류에 따라 사용하는 도구도 달라집니다. 또한 프런트엔드를 테스트하는지, 백엔드 API를 테스트하는지에 따라서도 서로 다른 테스트 도구를 사용합니다. 어느 정도 앱 개발에 익숙해지면 자동 테스트 도구도 공부해 보길 추천합니다.

4단계: 앱 배포

모든 개발과 테스트가 끝나면 웹 앱을 배포합니다. 정적인 웹 사이트와 달리 프런트엔드와 백엔드, 데이터베이스가 모두 함께 작동해야 하므로 배포 과정도 조금 더 복잡하지만, 각 단계를 차근차근 따라가면 어렵지 않습니다.

배포 플랫폼 선택하기

5-3절에서 공부한 대로 정적인 웹 사이트는 깃허브 페이지로 배포하면 편리하지만, 풀스택 웹 앱은 프런트엔드와 백엔드, 데이터베이스까지 모두 사용해야 하므로 모든 기능을 함께 배포할 수 있는 플랫폼이 필요합니다. 개발자가 되려면 직접 만든 앱이 정적 사이트인지, 백엔드까지 배포해야 하는 웹 앱인지에 따라 올바른 배포 플랫폼을 고르는 방법도 알아야 합니다. 이 책에서는 프런트엔드와 백엔드를 배포하고 데이터베이스까지 연결할 수 있는 Render 서비스를 사용할 것입니다.

데이터베이스 준비하기

배포한 웹 앱에서도 접근할 수 있는 데이터베이스를 준비해야 합니다. 서버를 구축하고 데이터베이스를 직접 설치할 수도 있지만 Render처럼 데이터베이스를 호스팅해 주는 서비스를 이용하면 데이터베이스를 더욱 간편하게 준비할 수 있습니다.

백엔드 배포하기

깃허브에 업로드한 코드를 이용해서 백엔드 코드를 배포합니다. 이때 환경 변수(.env)를 사용해서 데이터베이스 접속 정보를 알려 주어야 데이터베이스와 연결할 수 있습니다.

프런트엔드 배포하기

프런트엔드 역시 깃허브에 업로드한 코드를 이용해서 배포합니다. 이때 웹 브라우저는 리액트로 작성된 코드를 이해하지 못하므로 빌드^{build}라는 과정을 거친 후 배포합니다. 프런트엔드를 배포할 때는 미리 배포한 백엔드 API 주소를 사용해 연결합니다.

연동 확인하기

프런트엔드 화면에서 백엔드로 요청하고, 백엔드는 데이터베이스와 통신해서 응답을 돌려줍니다. 커피 주문 앱이라면 메뉴를 선택했을 때 장바구니에 잘 담기는지, 주문이 데이터베이스에 제대로 저장되는지 등을 직접 테스트해 봅니다.

6-4 ✦ 웹 앱을 개발할 때 사용할 기술

웹의 구조와 개발 단계를 살펴보았으니 이제 실제로 어떤 기술을 사용해서 개발할 수 있는지 알아보겠습니다. 이번 절에서는 7장에서 커피 주문 앱을 만들 때 프런트엔드와 백엔드에 적용할 기술과 그 특징을 설명합니다. 이러한 내용을 미리 이해하고 있으면 7장의 실습을 진행할 때 한층 수월하게 따라 할 수 있습니다.

프런트엔드에 사용하는 기술

먼저 프런트엔드에 사용할 기술을 살펴보겠습니다. 이 책에서는 리액트와 비트를 사용해 빠르고 효율적인 화면 개발 환경을 구성합니다. 리액트와 비트의 특징과 장점을 알아봅시다.

리액트

리액트^{React}는 페이스북(현재 메타)이 만든 자바스크립트 라이브러리로, 웹 페이지를 만들 때 화면을 빠르고 효율적으로 구성할 수 있게 도와주죠.
리액트에서는 JSX라는 특별한 문법을 사용합니다. 다음 코드에서 보는 것처럼 JSX는 자바스크립트와 HTML을 합쳐 놓은 듯한 문법이라서 코드를 읽기 쉽고, 어떤 화면을 나타내는지 쉽게 알아볼 수 있습니다. 하지만 JSX는 웹 브라우저가 직접 이해할 수 없으므로 개발할 때 변환 작업을 해야 합니다.

리액트 로고

```
const element = <h1>Hello, world!</h1>;
```

리액트의 또 다른 특징은 바로 컴포넌트^{component}입니다. 컴포넌트는 웹 페이지를 작은 조각들로 나누는 방법입니다. 예를 들어 버튼, 입력 창, 상품 카드 같은 화면 요소를 각각 따로 만들어 두고 나중에 필요한 화면에서 쉽게 가져다 조립할 수 있습니다. 마치 블록 장난감을 쌓듯이 화면을 구성하는 것이죠.
리액트의 각 컴포넌트는 독립적으로 관리되므로 필요한 부분만 수정하거나 교체할 수 있습니다. 예를 들어 특정 버튼 하나만 디자인을 바꾸고 싶을 때, 그 버튼 컴포넌트만 고치면 나머지는 건드릴 필요가 없습니다. 이러한 방식 덕분에 리액트는 재사용성과 유지보수 면에서 매우 효율적이며, 수정할 컴포넌트만 선택할 수 있어서 AI 코딩에도 적합한 프레임워크라고 할 수 있습니다.

비트

비트Vite는 리액트 앱을 더 빠르고 편하게 개발할 수 있도록 도와주는 도구입니다. 개발 중에는 자체 개발 서버를 제공해 JSX와 같은 코드를 해석하고 여러 개로 나누어진 컴포넌트 모듈을 연결해 실행할 수 있게 해줍니다. 이 책에서는 이 개발 서버를 활용해 리액트 앱을 실행합니다.

비트를 통한 리액트 코드의 실행 구조

> 💬 **알아 두면 좋아요!** 리액트와 비트를 사용하기 위한 준비물 — Node.js
>
> 리액트와 비트를 사용하려면 먼저 Node.js를 설치해야 합니다. Node.js를 설치할 때 함께 설치되는 npm이라는 도구를 사용해서 리액트와 비트를 쉽게 설치하고 필요한 프로그램들을 자동으로 내려받을 수 있습니다. 아직 Node.js를 설치한 적이 없거나 설치한 지 오래되었다면 https://nodejs.org에 접속해서 최신 버전을 설치해야 합니다.
>
>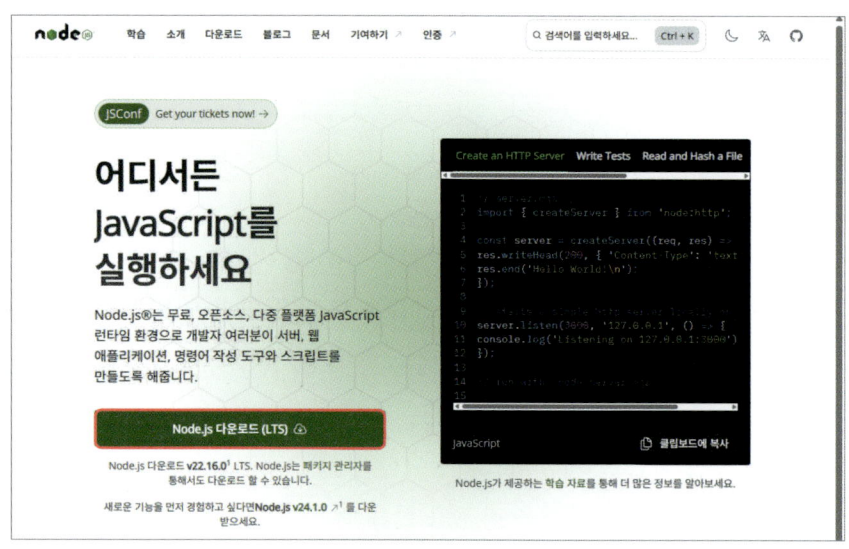
>
> Node.js 웹 사이트(https://nodejs.org)

백엔드에 사용하는 기술

이번에는 백엔드에 사용할 기술을 살펴보겠습니다. 이 책에서는 익스프레스로 API를 구현하고 PostgreSQL을 사용해 데이터를 관리합니다. 익스프레스와 PostgreSQL의 특징과 장점을 알아봅시다.

익스프레스

익스프레스Express는 Node.js를 기반으로 하는 서버 프레임워크로, 적은 코드로도 서버를 손쉽게 만들 수 있다는 점에서 개발자들에게 인기를 끌고 있습니다. 클라이언트-서버 구조에서 서버는 물리적인 컴퓨터 또는 그 컴퓨터에서 실행하는 프로그램이라는 두 가지 의미로 사용됩니다. 익스프레스로 만드는 서버는 컴퓨터에서 실행하는 프로그램 즉 앱의 기능을 담당하는 백엔드 프로그램을 의미합니다.

예를 들어 다음과 같이 짧은 코드만으로 'Hello World!'를 반환하는 서버를 실행할 수 있습니다.

```javascript
const express = require('express');  // express 가져오기
const app = express(); // app 객체 생성

// 루트 경로에 요청이 들어오면 'Hello World!' 응답
app.get('/', (req, res) => {
  res.send('Hello World!');
});

// 서버를 3000번 포트에서 실행
app.listen(3000, () => {
  console.log('서버가 3000번 포트에서 실행 중입니다.');
});
```

익스프레스는 전 세계에서 가장 많이 사용하는 프레임워크로, 학습 자료도 풍부하고 문제가 생겨도 해답을 찾기 쉽습니다. 이처럼 프레임워크의 구조가 단순하고 문서가 잘 정리되어 있다는 점에서 AI 코딩으로 백엔드를 개발할 때도 익스프레스를 많이 사용합니다.

PostgreSQL

PostgreSQL은 무료로 사용할 수 있는 관계형 데이터베이스 프로그램입니다. 데이터베이스는 앱에서 사용하는 데이터의 특성에 따라 관계형 데이터베이스와 비관계형 데이터베이스 중에서 선택할 수 있습니다. 커피 주문 앱에서 다루는 데이터

PostgreSQL 로고

는 메뉴 이름이나 주문 정보처럼 일정한 구조를 가지고 있으므로 관계형 데이터베이스로 관리합니다.

> ✦ 만약 게시판 댓글처럼 자유로운 형식의 데이터를 관리한다면 비관계형 데이터베이스를 쓰는 것이 좋습니다. 데이터베이스 유형별 차이점은 6-1절의 '알아 두면 좋아요'를 참고하세요.

PostgreSQL은 설치 비용이 들지 않고 누구나 자유롭게 내려받아 사용힐 수 있으면서도 강력한 기능이 포함되어 있습니다. 개인 프로젝트뿐만 아니라 실무 환경에서도 충분히 사용할 수 있다는 점에서 대기업이나 금융권에서 인기가 많습니다.

7장
커피 주문 앱 개발하기

이 장에서는 앞서 설명한 기본적인 웹 기술들을 이해하고 있다는 전제하에 온라인에서 사용하는 커피 주문 앱을 만들어 보겠습니다. 여기에서는 커피를 주문하고 재고를 확인하는 등의 기본 기능만 제작합니다. 커서를 사용해서 앱을 개발하는 순서에 주의해서 살펴보세요.

7-1 ✦ 앱 기획하기 — PRD
7-2 ✦ 앱 화면 만들기 — 프런트엔드
7-3 ✦ 주문 처리하기 — 데이터베이스와 API
7-4 ✦ 앱 배포하기

7-1 ✦ 앱 기획하기 — PRD

커피 주문 앱의 코드를 작성하기 전에 앱을 어떻게 구성할지, 어떤 기술 스택을 사용할지 생각해 보겠습니다. 이 생각을 정리해서 PRD를 작성하면 됩니다. 이렇게 PRD를 정리해 두면 개발 과정이 더욱 수월해집니다.

앱 구상하기

이번 실습에서는 커피 주문 앱을 만들어 볼 것입니다. 커피 주문 앱이라고 하면 유명 커피 매장의 온라인 주문 앱이 떠오를 것입니다. 실제 사용하는 앱에는 많은 화면이 있지만 이번 실습에서는 웹 개발의 전체 프로세스를 경험하는 데 집중하기 위해 '주문하기' 화면과 '관리자' 화면만 구현해 보겠습니다. 각 화면에서 어떤 기능이 필요할지 생각해 봅시다.

먼저 '주문하기' 화면에서는 메뉴를 선택하고, 장바구니에 담아 주문하는 기능이 필요할 것입니다. '관리자' 화면에서는 사용자의 주문을 관리하고 남은 메뉴 수량을 관리하는 기능이 필요하겠죠? 이런 식으로 웹 앱에 들어갈 기능을 간단하게 정리해 보세요.

사용할 기술 스택 정하기

실습에서 만들 커피 주문 앱은 웹 기반이므로 주문을 처리하거나 재고를 관리하려면 백엔드와 데이터베이스가 필요합니다. 또한 앞에서 구상한 대로 커피 주문 앱에 꼭 필요한 MVP^{Minimum Viable Product}만 구현할 것입니다. 그래서 커피 주문 앱을 만들 때 사용할 기술 스택을 다음과 같이 선택해 보았습니다.

커피 주문 앱의 기술 스택

영역	사용할 기술
프런트엔드	HTML, CSS, 리액트, 자바스크립트
백엔드	Node.js, 익스프레스
데이터베이스	PostgreSQL

> **♥ 알아 두면 좋아요!** 　프로젝트에서 사용할 기술 선택하기
>
> 이미 개발에 익숙하고 고급 기능까지 다룰 수 있다면 어떤 기술을 고르더라도 큰 문제가 없습니다. 하지만 아직 개발을 공부하는 초보자라면 너무 어렵거나 복잡한 기술을 선택했을 때 중간에 포기하는 경우도 생깁니다. 처음부터 욕심내지 말고 다음 팁을 참고해서 프로젝트에 사용할 기술을 선택해 보세요.
> - **문서가 풍부하고 커뮤니티가 활발한 기술을 고르세요.** 기술 문서가 많다면 오류가 생겼을 때 검색하기 쉽고 그만큼 AI가 오류를 잘 찾아냅니다. 커뮤니티가 활발하다면 해당 기술을 학습하기도 좋습니다.
> - **AI 서비스가 쉽게 다루는 기술을 쓰세요.** AI 코딩 서비스는 프로그래밍 언어를 대부분 다룰 수 있지만 웹 기술에 더 강합니다. 리액트나 익스프레스는 AI 코딩 서비스가 코드를 생성하고 수정하기 좋은 언어입니다.

Do it! 실습   PRD 작성하기 — 앱 개요

웹 앱에 들어갈 내용을 구상하고 기술 스택까지 결정했다면 이 내용을 기반으로 PRD를 작성해 봅시다. 이번 프로젝트에서는 웹 개발의 단계마다 PRD를 보충할 예정이므로 여기에서는 앱의 개요만 작성합니다. PRD는 프로젝트 폴더의 다른 코드와 섞이지 않도록 docs 폴더를 따로 만들어서 저장하겠습니다.

1 커서에서 프로젝트를 시작하려면 우선 프로젝트 폴더를 추가해야 합니다. 이번 예제에서는 알아보기 쉽게 내 컴퓨터의 바탕 화면에 order-app이라는 폴더를 만들었습니다. 커서의 시작 화면에서 [Open project]를 선택해 파일 탐색기가 열리면 프로젝트 폴더인 order-app을 선택합니다.

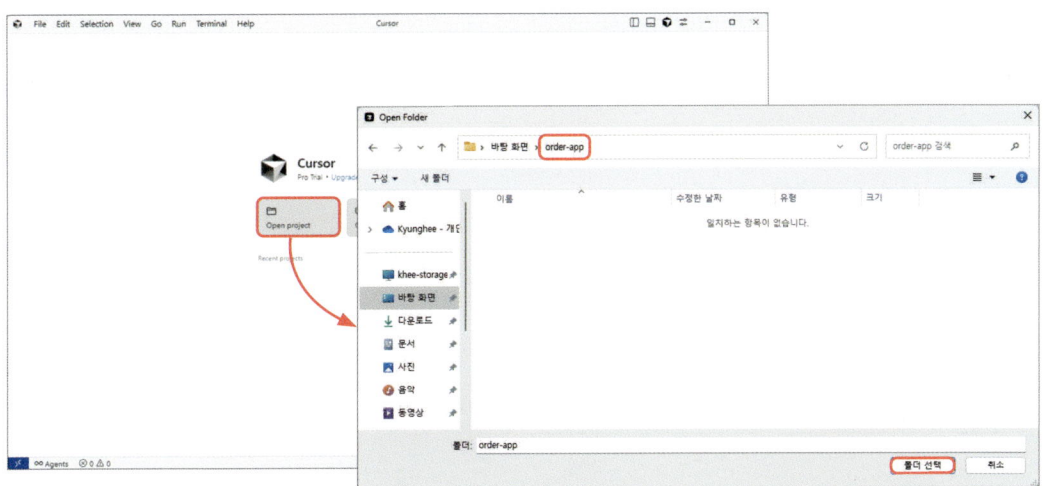

2 커서의 메인 사이드바에 ORDER-APP 폴더가 보일 것입니다. 파일 탐색 창의 빈 공간을 마우스 오른쪽 버튼으로 클릭한 후 [New Folder...]를 선택해서 docs 폴더를 만듭니다.

3 docs 폴더를 마우스 오른쪽 버튼으로 누른 후 [New File...]을 선택합니다. 새 파일의 이름은 PRD.md라고 지정합니다.

✦ .md 확장자는 마크다운 문법을 사용한 파일이란 뜻입니다.

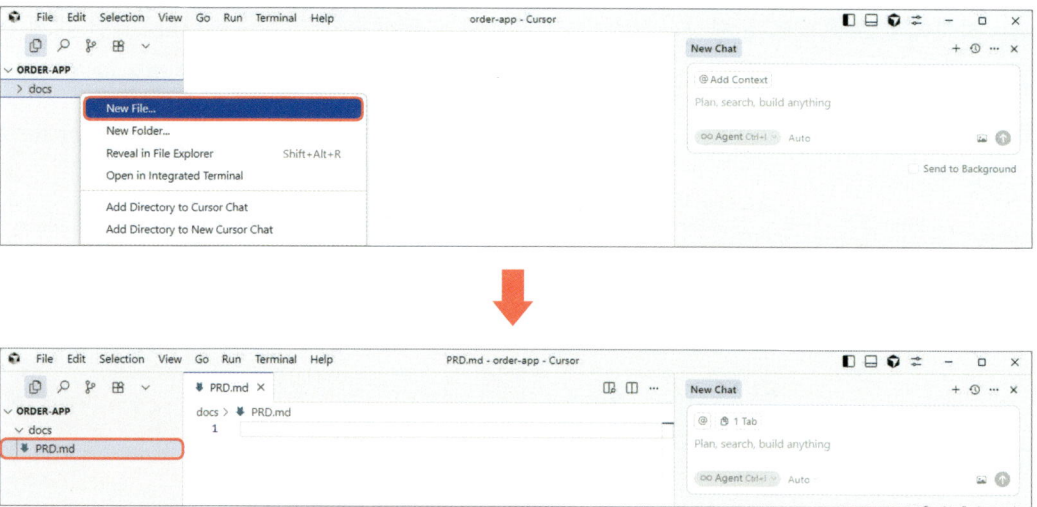

4 PRD.md 파일에 다음과 같이 커피 주문 앱의 개요를 입력하고 Ctrl + S 를 눌러 저장합니다.

커피 주문 앱

1. 프로젝트 개요

1.1 프로젝트명
커피 주문 앱

1.2 프로젝트 목적
사용자가 커피 메뉴를 주문하고, 관리자가 주문을 관리할 수 있는 간단한 풀스택 웹 앱

1.3 개발 범위
- 주문하기 화면(메뉴 선택 및 장바구니 기능)
- 관리자 화면(재고 관리 및 주문 상태 관리)
- 데이터를 생성/조회/수정/삭제할 수 있는 기능

2. 기술 스택
- 프런트엔드: HTML, CSS, 리액트, 자바스크립트
- 백엔드: `Node.js`, `Express`
- 데이터베이스: `PostgreSQL`

3. 기본 사항
- 프런트엔드와 백엔드를 따로 개발
- 기본적인 웹 기술만 사용
- 학습 목적이므로 사용자 인증이나 결제 기능은 제외
- 메뉴는 커피 메뉴만 있음

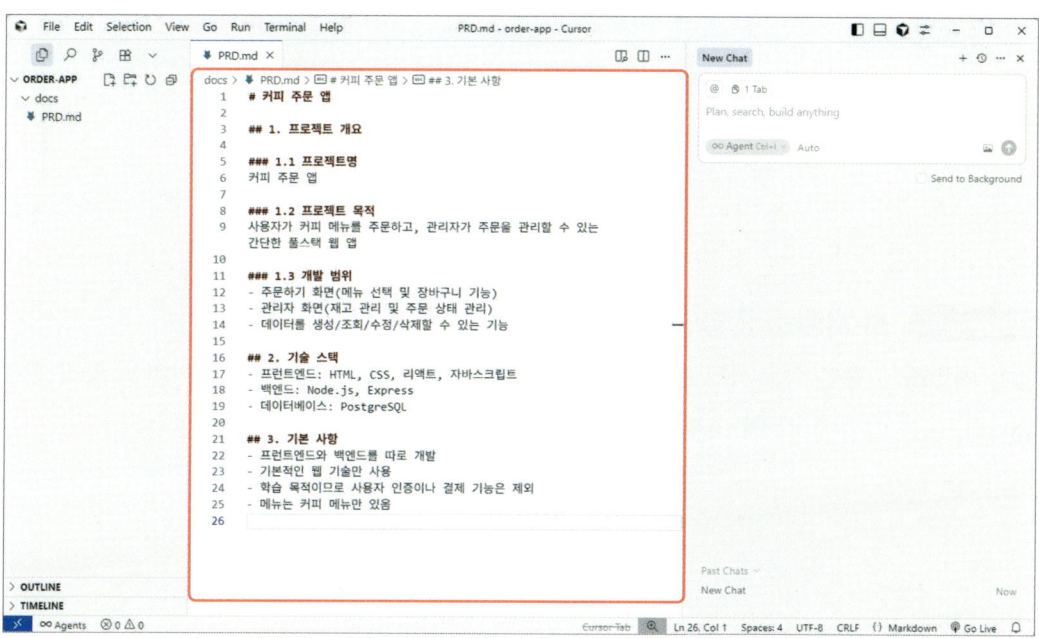

> 💚 **알아 두면 좋아요!**　마크다운 결과 화면 보기
>
> PRD.md 문서를 작성할 때 사용한 #나 ##는 마크다운 문법입니다. 이렇게 마크다운 문법을 사용한 문서는 웹 브라우저나 커서에서 결과 화면을 확인할 수 없습니다. 과거에는 마크다운 뷰어 앱을 사용해야 결과 화면을 볼 수 있었지만 이제는 윈도우의 파일 탐색기에서도 볼 수 있습니다. 파일 탐색기에서 order-app 폴더로 이동한 후, PRD.md 파일을 선택하고 파일 탐색기 오른쪽 위에 있는 [미리 보기]를 클릭합니다.
>
>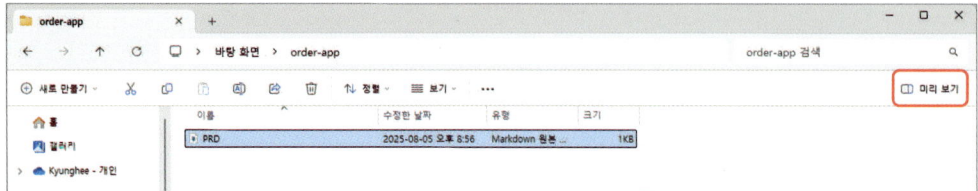
>
> 파일 탐색기 오른쪽에 미리 보기 창이 열리면서 PRD 내용을 확인할 수 있습니다. [미리 보기]를 한 번 더 클릭하면 미리 보기 창을 닫을 수 있습니다.
>
>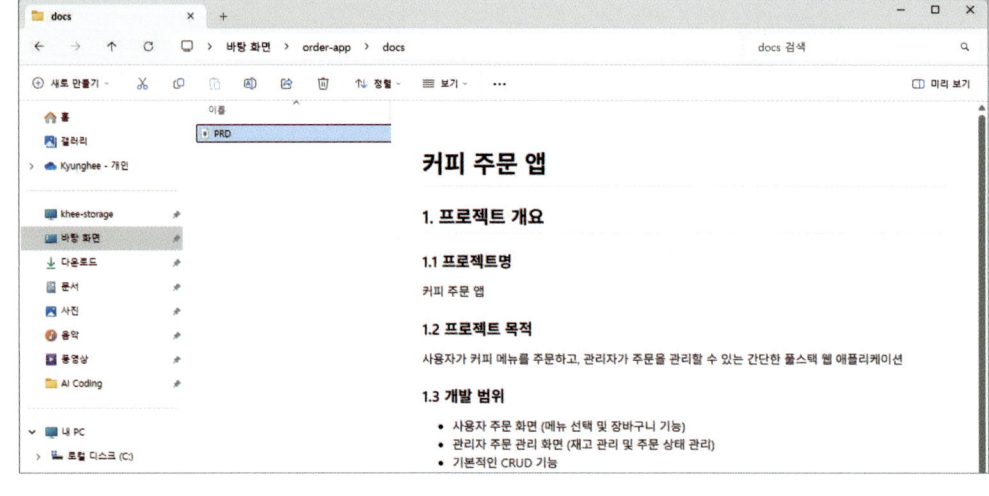

Do it! 실습　깃 저장소 만들기

앱을 개발하는 동안 프로젝트 폴더에 생기는 변경 사항을 기록하기 위해 버전을 관리해야 합니다. 이번 실습에서는 4-4절에서 배운 깃^{Git}을 이용해 버전을 관리하겠습니다.

1 커서 화면의 메인 사이드바에서 [아이콘]를 클릭해 소스 제어 창으로 전환하고 [CHANGES] 영역의 [Initialize Repository]를 클릭합니다.

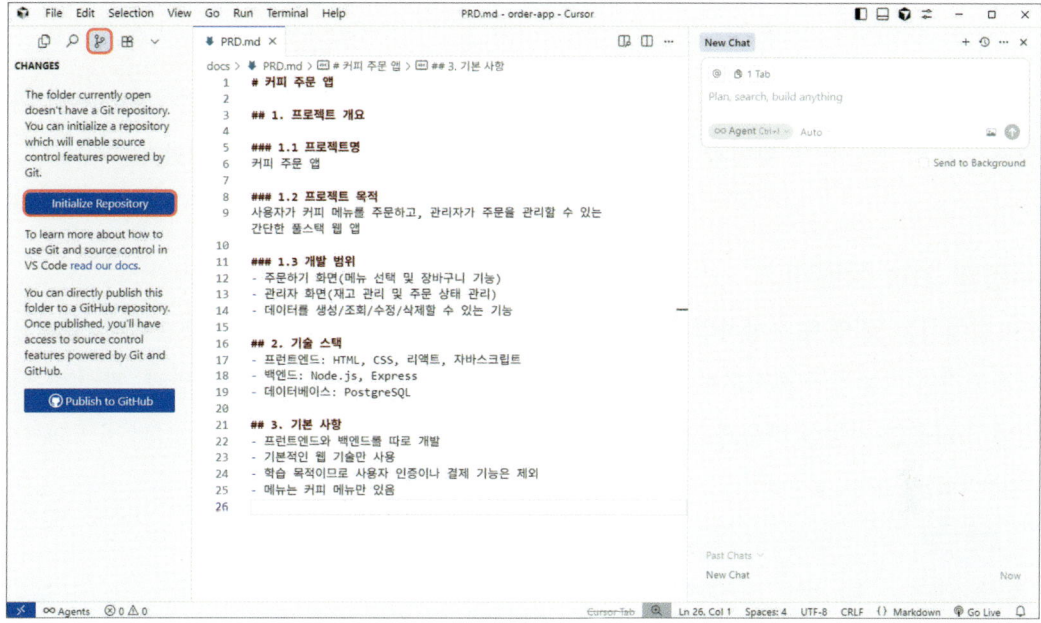

2 소스 제어 창의 PRD.md 파일 옆에 U 라고 표시되어 있다면 이제부터 깃을 사용해 버전을 관리할 수 있다는 뜻입니다.

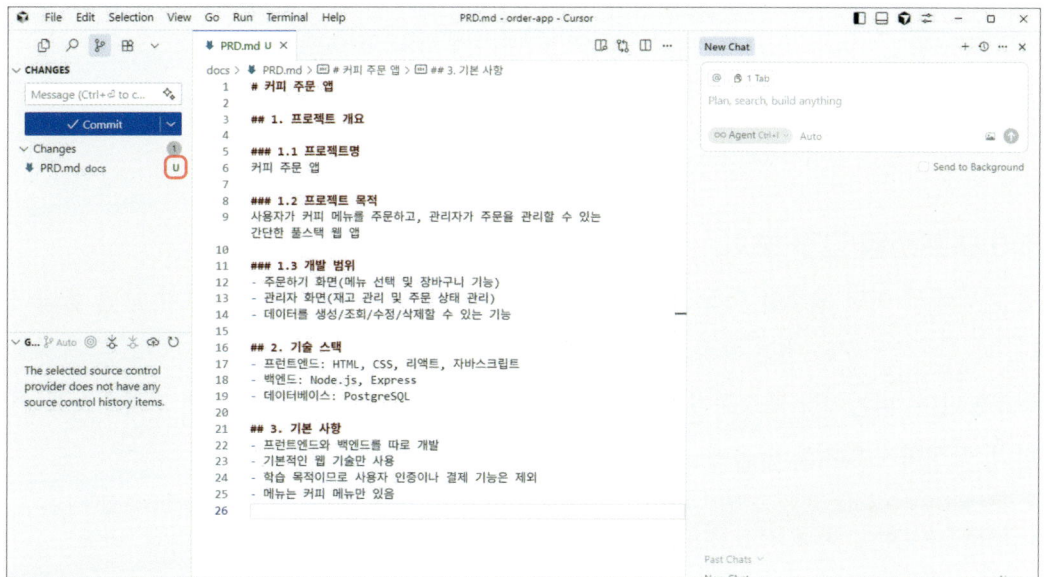

7장 ◆ 커피 주문 앱 개발하기   **171**

7-2 ✦ 앱 화면 만들기 — 프런트엔드

이제 커피 주문 앱의 화면을 만들어 보겠습니다. 앱의 화면을 설계한 후, 프런트엔드 개발 환경을 만들고 '주문하기' 화면과 '관리자' 화면에 필요한 기능을 개발하는 과정을 알아봅시다.

구현할 기능 정의하기

7-1절에서는 웹 앱을 구상하면서 각 화면에 들어갈 기능을 간단하게 정리했습니다. 화면을 설계하려면 기능을 구체적으로 정의해야 합니다. 여기에서는 '주문하기' 화면과 '관리자' 화면에서 사용할 기능을 다음과 같이 정의해 보았습니다.

주문하기 화면과 관리자 화면의 기능 정의

화면 구분	기능	정의
주문하기 화면	메뉴 선택	• 커피 메뉴에는 커피의 이름, 가격, 사진, 설명을 표시 • 세부 옵션도 선택할 수 있게 설정 • 옵션과 수량을 선택하고 [담기]를 누르면 장바구니로 이동
	장바구니	• 사용자가 담은 메뉴를 확인할 수 있는 장바구니 표시 • 별도의 화면이 아닌 커피 메뉴 아래쪽에 표시 • 장바구니를 확인한 후 [주문하기] 버튼을 클릭하면 주문 진행
관리자 화면	재고 관리	• 각 메뉴의 재고를 확인하고 수량을 직접 조절 • 재고가 0이 되면 메뉴 화면에 '품절'이라고 표시
	주문 관리	• 주문 목록을 시간 순으로 표시 • '주문 접수'부터 '완료'까지 주문 처리 과정을 제어

와이어프레임 그려 보기

앱 화면에서 어떤 요소를 어느 위치에 넣을지 생각하며 와이어프레임을 그려 보면 좋습니다. 피그마Figma 같은 전문 프로그램을 사용하지 않고 종이 위에 사각형을 그려보는 정도로 충분합니다. 버튼이나 텍스트를 어디에 놓을지 커서에게 그림으로 제공하면 프롬프트를 여러 번 작성하지 않아도 마음에 드는 레이아웃을 만들 수 있습니다.

✦ 이번 실습에서 사용하는 와이어프레임은 실습 파일 중에서 wf-1.png와 wf-2.png로 제공합니다. 특정 웹 사이트의 레이아웃과 비슷하게 만들고 싶다면 화면을 캡처한 후, 같은 레이아웃으로 만들어 달라고 해도 됩니다.

여기에서 만들어 볼 앱 화면을 다음과 같이 그림으로 그려 보았습니다.

주문하기 화면 와이어프레임(wf-1.png)   관리자 화면 와이어프레임(wf-2.png)

Do it! 실습 프런트엔드 개발을 위한 PRD 작성하기

프런트엔드 개발을 위해 지금까지 정리한 내용을 기반으로 '주문하기' 화면과 '관리자' 화면의 PRD를 작성하겠습니다. 여기에서는 와이어프레임을 사용해 두 화면의 PRD를 각각 작성해 달라고 커서에게 요청해 보겠습니다.

1 먼저 커서에게 '주문하기' 화면의 와이어프레임을 제공하고 PRD를 작성해 보겠습니다. 커서 화면의 오른쪽에 있는 AI 패널의 프롬프트 입력 창에 다음과 같이 작성한 후, 바로 아래에 있는 이미지 버튼()을 클릭합니다.

> 이제 프런트엔드 UI와 관련한 PRD를 작성할 거야.
>
> 현재 앱에는 '주문하기'와 '관리자', 이렇게 2개의 화면이 있어. 우선 '주문하기' 화면의 와이어프레임을 첨부할 테니 '주문하기' 화면에 대한 PRD를 작성해 줘.

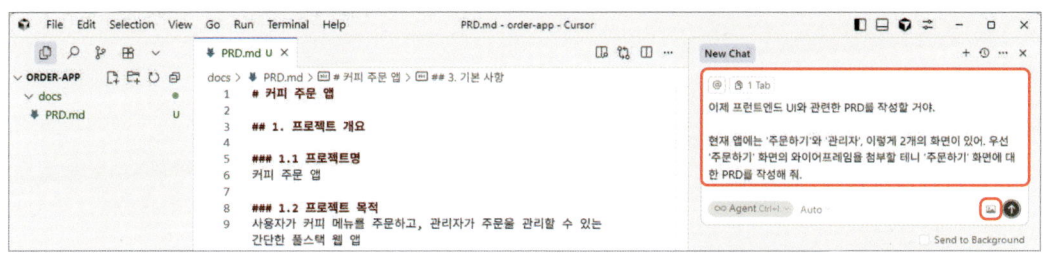

7장 ✦ 커피 주문 앱 개발하기

2 파일 탐색기에서 '주문하기' 화면의 와이어프레임 이미지를 선택한 후 [열기]를 클릭합니다. 여기에서는 wf-1.png를 선택합니다.

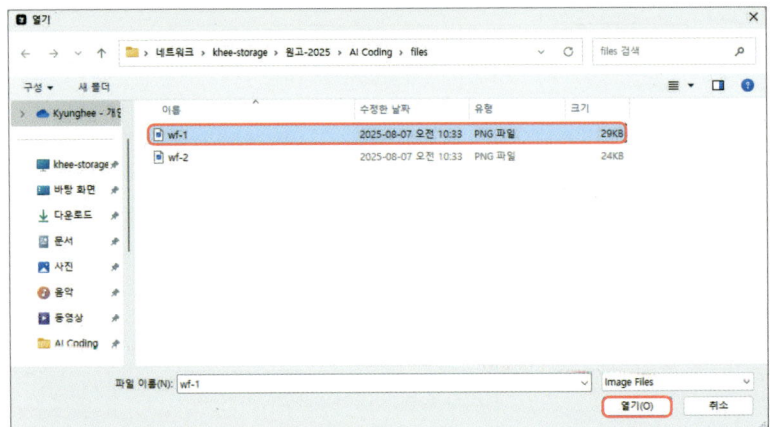

3 프롬프트 입력 창 위에 [Image]가 나타나는지 확인했다면 Enter 를 누르거나 ⬆ 를 클릭합니다.

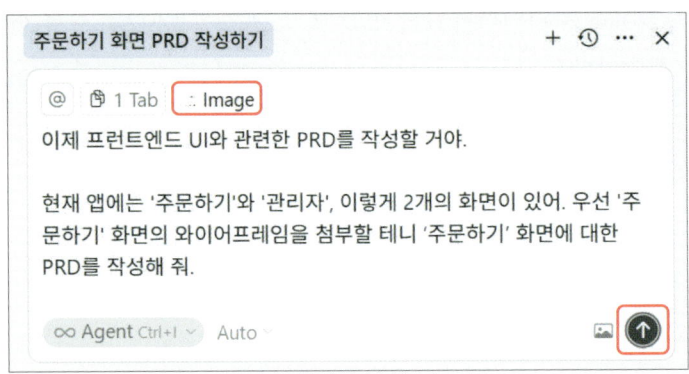

4 잠시 기다리면 커서가 '주문하기' 화면과 관련된 내용을 작성해 줍니다. 와이어프레임의 내용을 텍스트 형태로 풀어서 작성한 것을 볼 수 있죠.

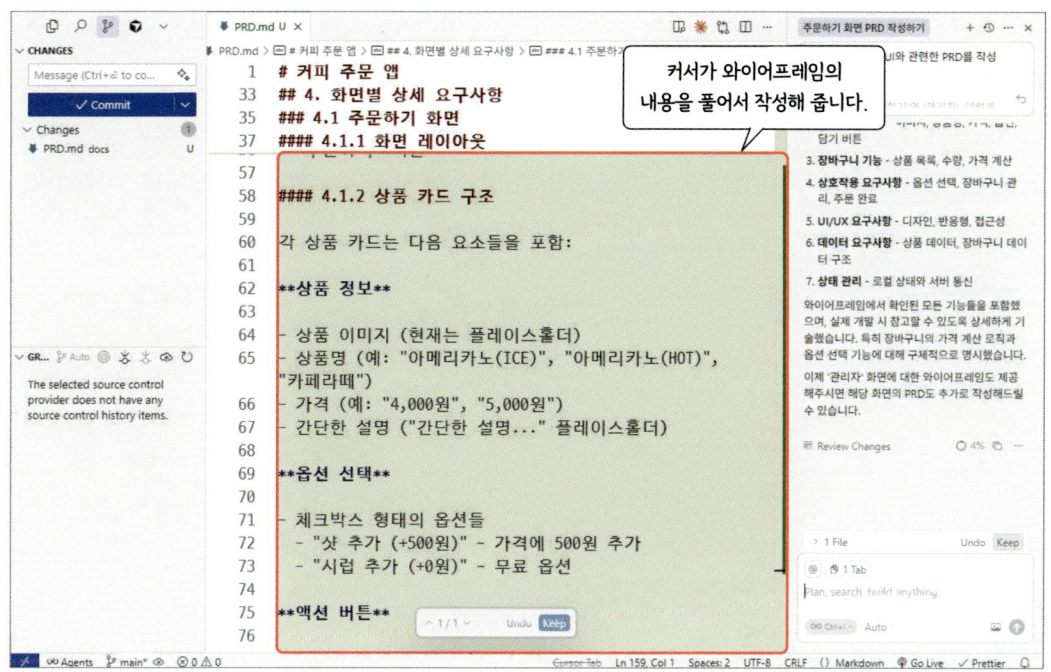

5 같은 방법으로 '관리자' 화면의 PRD도 작성하겠습니다. 마찬가지로 AI 패널의 프롬프트 입력 창에 다음과 같이 작성한 후, '관리자' 화면의 와이어프레임 이미지를 첨부하고 Enter 를 누릅니다. 여기에서는 wf-2.png를 첨부하겠습니다.

 '관리자' 화면의 와이어프레임을 추가할 테니 '관리자' 화면에 대한 PRD도 작성해 줘.

6 '관리자' 화면의 PRD도 완성했습니다. 완성된 PRD를 살펴보면서 잘못 작성되었거나 이해되지 않는 부분이 있는지 확인하세요. PRD를 올바르게 작성해야 개발자의 의도에 맞는 앱을 개발할 수 있습니다. 혹시 수정하거나 추가할 내용이 있다면 프롬프트로 요청하면 됩니다. PRD를 모두 완성했다면 프롬프트 입력 창 위에서 [Keep]을 클릭합니다. 이제 PRD 문서는 잠시 닫아 놓고 개발 환경을 만들어 보겠습니다.

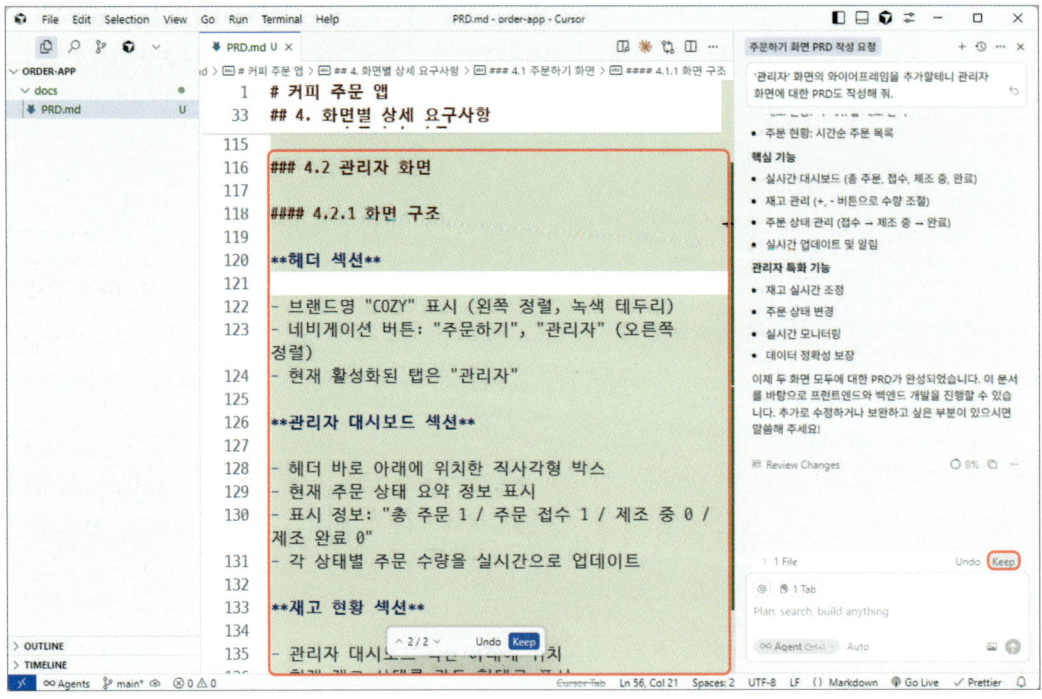

Do it! 실습 　프런트엔드 개발 환경 만들기

이 프로젝트에서는 프런트엔드와 백엔드를 별도의 폴더로 나누어서 관리할 것입니다. 우선 프런트엔드 개발을 위한 폴더를 생성한 후, 그 안에 리액트와 비트를 사용하는 개발 환경을 만들어 보겠습니다.

✦ 리액트와 비트를 사용하려면 Node.js가 설치되어 있어야 합니다. Node.js를 설치한 적이 없거나 설치한 지 오래되었다면 https://nodejs.org에 접속해서 최신 버전을 설치하고 나서 실습을 진행하세요.

1 앞으로 AI 패널을 자주 사용할 것이므로 패널의 크기를 넓게 조절하겠습니다. 편집 창과 AI 패널 사이의 수직 막대를 클릭한 채 왼쪽으로 드래그하면 AI 패널의 영역을 넓힐 수 있습니다.　　　　　　　　　　✦ 화면 왼쪽의 메인 사이드바를 감추면 AI 패널을 더 확장할 수 있습니다.

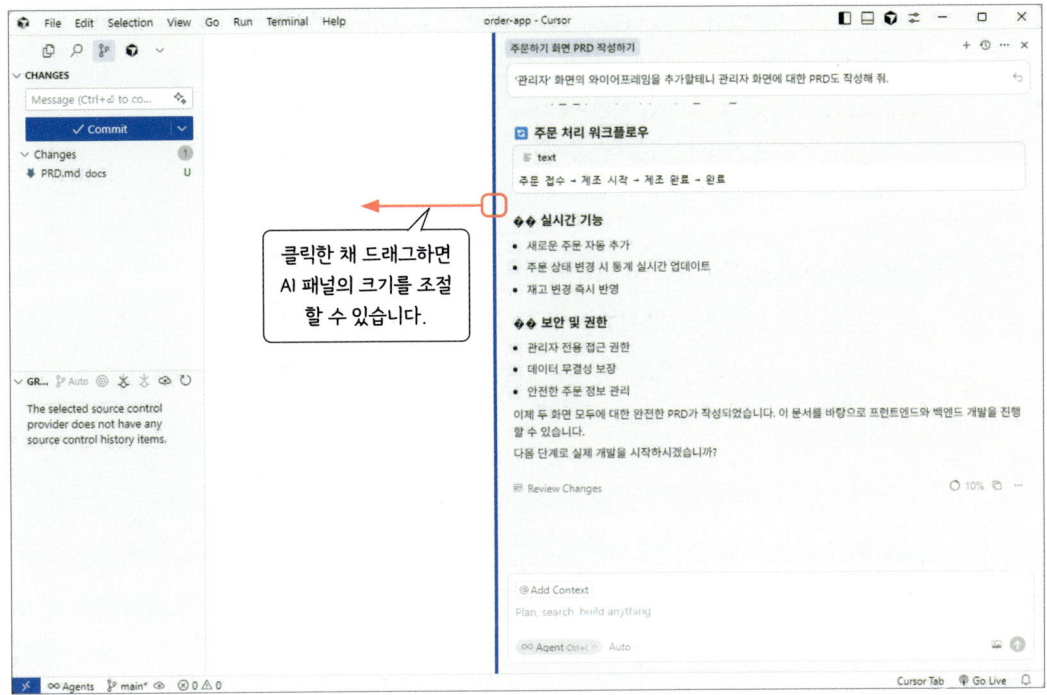

2 AI 패널의 프롬프트 입력 창에 다음과 같이 작성해서 개발 환경을 만듭니다.

> 이제 프런트엔드 개발부터 시작할 거야.
> - 최상위 폴더에 ui 폴더를 만들고 그곳에 프런트엔드 개발 환경을 만들어 줘.
> - 리액트와 바닐라 자바스크립트를 사용할 거야.
> - CRA 대신 Vite를 사용할 거야.
> - 리액트 앱 개발 환경을 만들어 줘.

✦ 비트(Vite)를 사용한다고 명시하지 않으면 CRA를 사용하는 경우가 있습니다. CRA는 Create React App의 줄임말로, 2025년부터 리액트에서 공식적으로 지원을 중단한 개발 환경 생성 도구입니다.

3 커서가 현재 프로젝트 폴더의 구조를 확인하고 무엇을 해야 할지 스스로 결정한 후, ui 폴더를 만들고 비트를 사용해서 리액트 프로젝트를 만듭니다. 그리고 필요한 패키지를 모두 설치하고 개발 서버도 실행합니다.

메인 사이드바에서 📄를 클릭하면 현재 프로젝트 폴더에 ui 폴더가 만들어진 것과 그 안에 node_modules를 비롯해 개발할 때 필요한 여러 가지 환경이 준비된 것을 확인할 수 있습니다. AI 패널을 살펴보면 개발 서버가 실행 중이고 http://localhost:5173에서 확인할 수 있다는 메시지가 보일 것입니다. 서버 주소 링크를 클릭해 보세요.

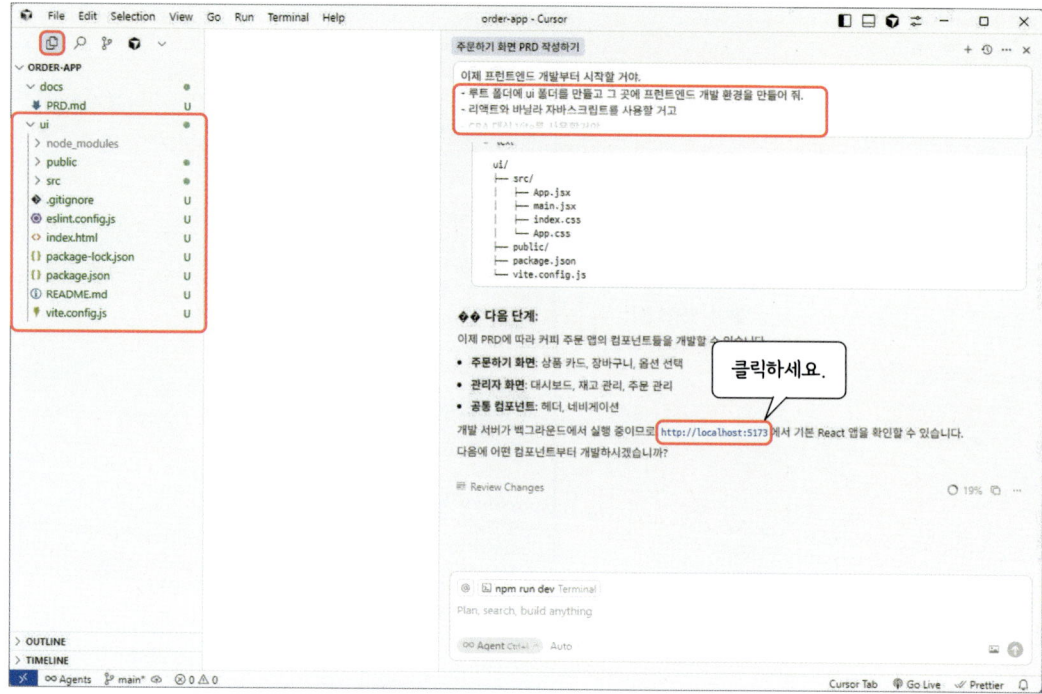

4 웹 브라우저가 실행되면서 기본 앱 화면이 보일 것입니다. 이 화면은 리액트와 비트를 사용해서 만든 기본 웹 페이지인데, 앞으로 이 화면을 커피 주문 화면으로 변경할 것입니다. 웹 브라우저 창은 닫지 마세요.

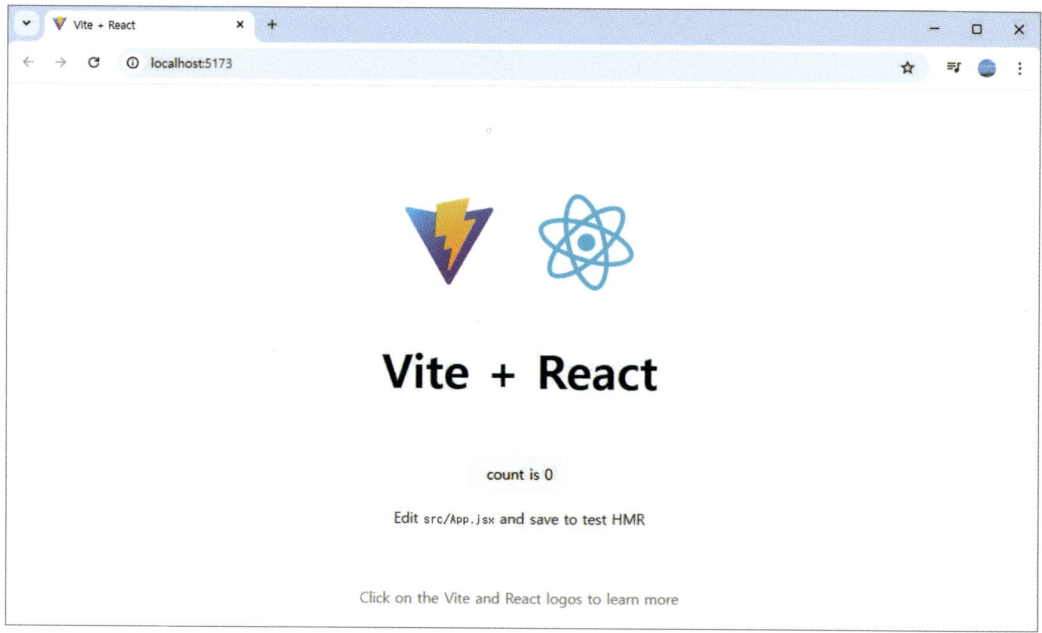

> **♥ 알아 두면 좋아요!** 　웹 브라우저 창에 오류가 나타날 경우
>
> 개발 서버를 한 번에 문제 없이 실행하면 다행이지만, 기본 앱 화면이 나타나지 않고 오류 메시지가 보이더라도 걱정하지 마세요. 웹 브라우저 창에 표시된 오류 내용을 복사한 후, 커서에서 AI 패널의 프롬프트 입력 창에 붙여 넣고 (Enter)를 눌러 보세요.
>
> 커서가 스스로 문제를 찾아서 해결한 후 다시 서버를 실행할 것입니다. 서버 주소 링크 위로 마우스 포인터를 올리면 (Ctrl)과 함께 클릭하라는 내용이 표시되는군요. (Ctrl)을 누른 상태로 서버 주소 링크를 클릭하면 웹 브라우저에서 기본 앱 화면을 확인할 수 있습니다.
>
>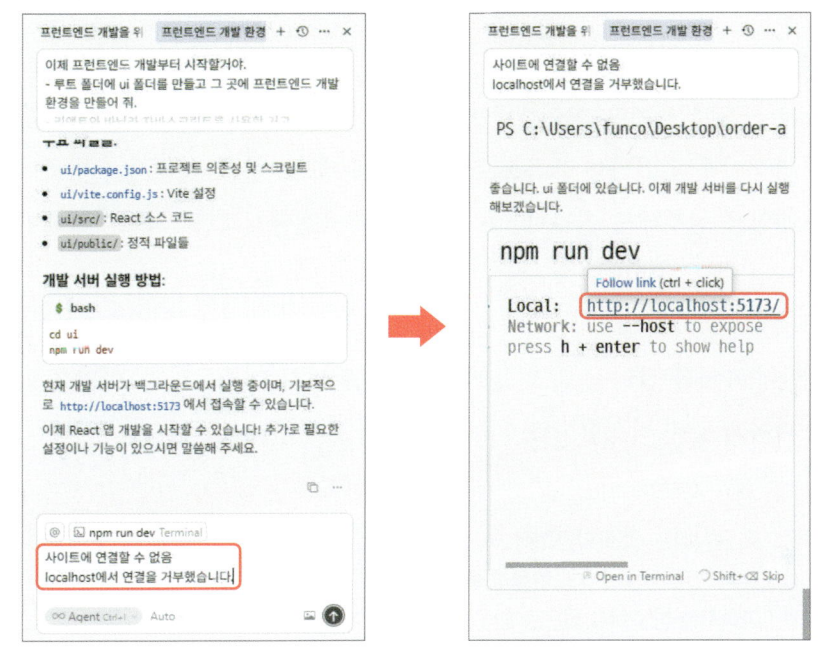

커서에서 UI를 만들 때 주의할 점

커피 주문 앱의 화면을 만들기 전에 알아 두어야 할 점이 있습니다. 이 책을 쓰고 있는 지금도 커서에서 UI를 만드는 기능은 그다지 뛰어난 편이 아닙니다. 대부분 와이어프레임 이미지나 다른 웹 사이트 화면을 캡처한 이미지를 첨부해서 커서에게 그 디자인대로 만들어 달라고 요청하는 방법을 많이 사용하는데, 아직까지는 생각한 대로 UI가 한 번에 만들어지지 않을 수도 있습니다.

요청한 프롬프트와 완전히 다르게 만들어진 화면을 원하는 형태로 수정하기는 쉽지 않습니다. 이러한 경우에는 기존 화면을 계속 고치기보다 처음부터 새로 디자인하는 편이 낫습니다. 이미 생성된 화면을 계속 수정하다 보면 이전 구성이 얽혀 오히려 더 복잡해지는 일이 많습니다. 화면이 생각한 대로 만들어지지 않는다면 처음부터 프롬프트를 다시 작성하거나, 와이어프레임을 조금 더 구체적으로 만들어 커서에게 새 화면을 요청해 보세요. 이 점에 유의해서 화면을 개발해 봅시다.

Do it! 실습 '주문하기' 화면 개발하기

개발 서버가 정상으로 작동하는 것을 확인했다면 이제부터 커피 주문 앱의 화면을 만들어 보겠습니다. 준비한 레이아웃이 있다면 프롬프트 입력 창에 텍스트를 작성해서 설명하거나 직접 그린 와이어프레임을 첨부해도 됩니다. 여기에서는 7-1절에서 그린 와이어프레임을 사용해 보겠습니다.

1 웹 브라우저 화면에 표시할 앱의 UI를 만들어 보겠습니다. 우선 '주문하기' 화면을 만들기 위해 프롬프트를 다음과 같이 작성합니다.

> 개발 서버가 정상적으로 동작하는 것을 확인했어.
> 이제 PRD.md를 참고해서 커피 주문하기 화면을 만들어 줘.
> 첨부한 와이어프레임 이미지를 참고해서 화면을 만들어 줘.
> 내비게이션과 버튼의 색상을 파란색으로 맞춰 줘.
> 커피 메뉴는 임의로 넣어 줘.

2 프롬프트 입력 창의 오른쪽 아래에 있는 이미지 버튼()을 클릭한 후, 파일 탐색기에서 wf-1.png를 선택하고 [열기]를 클릭합니다.

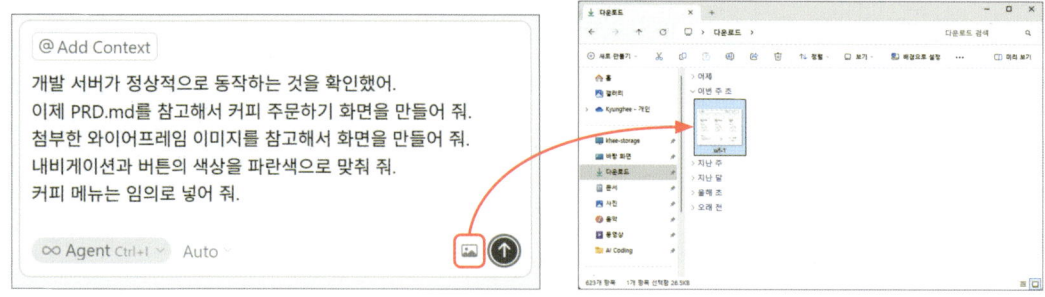

3 이미지가 올바르게 선택되었다면 AI 패널의 프롬프트 입력 창 위에 [Image]라고 표시되어 있을 것입니다. 프롬프트 입력 창에서 Enter 를 누르거나 ⬆ 를 클릭합니다.

✦ 와이어프레임에 대한 모든 설명이 PRD에 반영되어 있지는 않으므로, 이 단계에서 와이어프레임 이미지를 한 번 더 제공했습니다.

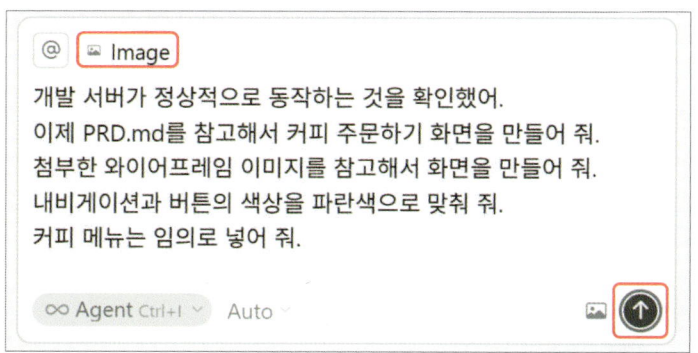

4 커서가 필요한 코드를 추가하거나 수정하기 시작합니다. 커서가 코드를 작성하더라도 상황에 따라 필요한 정보를 물어볼 수 있으므로 AI 패널에 표시되는 내용은 차근차근 읽어 보아야 합니다. 이 내용을 이해하기만 해도 많은 공부가 될 것입니다.

5 오류가 없다면 웹 브라우저에서 프런트엔드 화면을 확인할 수 있습니다. 처음부터 완벽하게 만들어지지 않으므로 디자인이나 기능 면에서 수정해야 할 부분이 있는지 잘 확인하세요. 커피 메뉴를 고르고 [담기] 버튼을 눌러 장바구니에 담거나 옵션과 수량을 조절하면서 제대로 동작하는지 확인합니다. 웹 브라우저의 너비를 조절하면서 반응형으로 동작하는지도 살펴보세요.

✦ 만약 오류가 발생한다면 오류 메시지를 복사해서 커서에게 해결해 달라고 하면 됩니다. 2-4절의 '문제를 해결할 때'를 참고해서 프롬프트를 작성해 보세요.

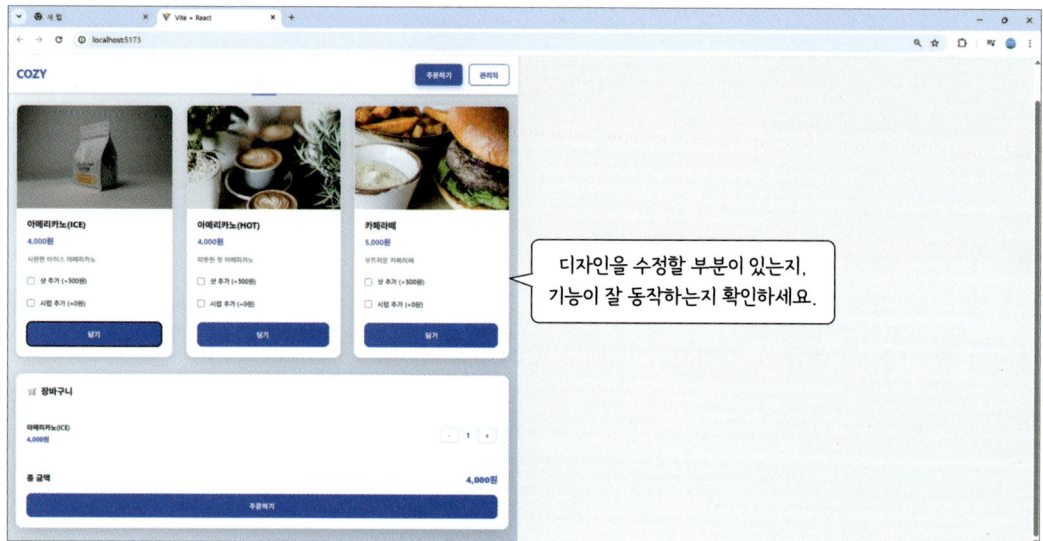

6 커서로 돌아와 현재 디자인에서 수정을 요청해 보겠습니다. 다음 프롬프트는 앞의 결과 화면을 보고 수정할 내용을 적은 것입니다. 여러분도 각자 자신의 결과 화면을 보고 수정할 부분이 있으면 그에 맞게 프롬프트를 작성하세요.

수정해야 할 부분은 다음과 같아.
- 제목 표시줄의 'Vite + React'를 'COZY — 커피 주문 앱'으로 수정해 줘.
- 전체 내용을 웹 브라우저 화면 중앙에 오도록 배치해 줘.
- 내비게이션의 배경색은 버튼과 같은 색을 사용하고, 글자색은 배경에 맞게 수정해 줘.
- 장바구니 영역을 2개로 나누어서 왼쪽에는 주문 내역을 표시하고, 오른쪽에는 총 금액과 '주문하기' 버튼을 넣어 줘.
- 장바구니 영역의 메뉴별 금액을 보기 좋게 정렬해 줘.
- 같은 메뉴를 여러 번 주문했을 때 장바구니에 반복해서 표시하지 말고 개수를 늘려 줘.

7 다시 웹 브라우저 창으로 돌아와 결과 화면을 확인합니다. 혹시 수정할 부분이 있다면 커서에게 다시 요청합니다. 원하는 결과를 얻으려면 디자인을 반복해서 수정해야 하는데, HTML과 CSS 지식이 있다면 훨씬 자세하게 요청할 수 있고 결과물을 얻기도 쉽습니다.

다음은 지금까지 작업해서 완성한 '주문하기' 화면입니다.

✦ 지금은 프런트엔드 화면만 개발했으므로 [주문하기] 버튼은 아직 동작하지 않습니다.

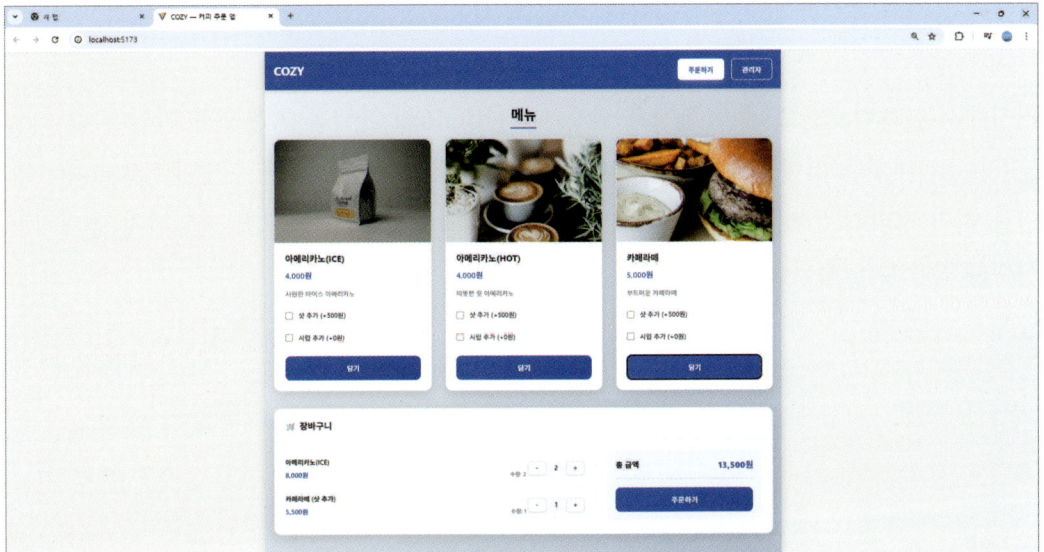

8 지금까지 작성한 '주문하기' 화면을 사용하려면 프롬프트 입력 창 위에 있는 [Keep All]을 클릭해서 코드를 저장합니다.

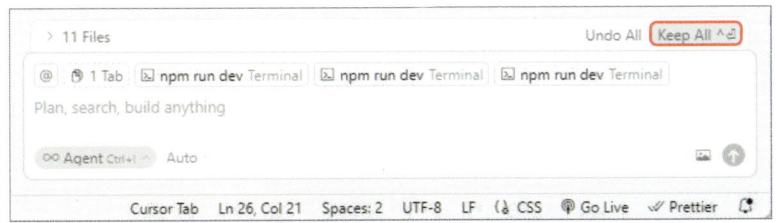

.gitignore 파일

.gitignore는 파일 이름에서 알 수 있듯 깃이 무시해야 할(ignore) 파일을 정리한 목록입니다. 코드를 작성하고 깃으로 버전 관리를 하다 보면 깃에 커밋하지 않아야 할 파일들이 있습니다. 예를 들어 중요한 정보를 담은 설정 파일이나 프로젝트를 실행할 때 자동으로 생기는 임시 파일, node_modules 같은 외부 라이브러리 폴더나 빌드 파일은 버전을 관리하거나 깃허브에 올려서 공개할 필요가 없습니다. 이럴 때 사용하는 파일이 .gitignore입니다.

커서에서는 프런트엔드 개발 환경을 만들 때 .gitignore 파일을 기본으로 만들어 줍니다. .gitignore 파일을 열어 보면 여러 폴더와 파일이 기록되어 있습니다. 이렇게 .gitignore 파일을 미리 정리해 두면 앞으로 깃허브에 파일을 업로드할 때 불필요한 파일까지 공개되는 실수를 막을 수 있습니다.

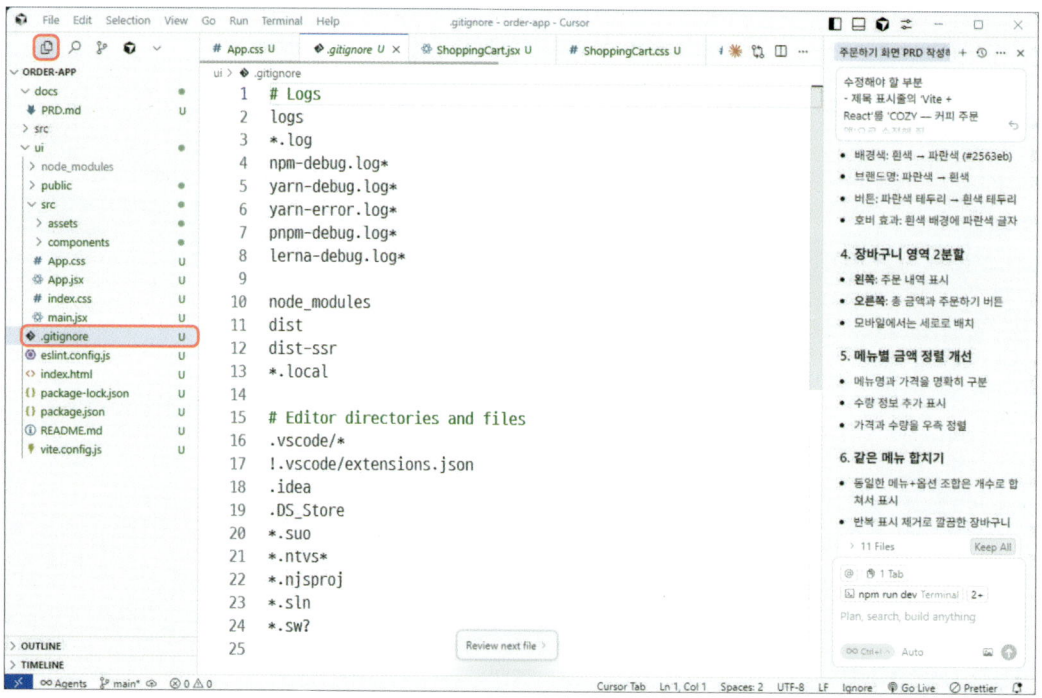

혹시 커서가 .gitignore를 자동으로 만들지 않는다면 AI 패널의 프롬프트 입력 창에 다음과 같이 작성해서 .gitignore 파일을 만들어 달라고 요청합니다.

 .gitignore 파일을 만들고, 필요한 파일이나 폴더를 추가해 줘.

Do it! 실습 프로젝트 폴더의 변경 사항 커밋하기

'주문하기' 화면을 만들었으므로 지금까지 작업한 코드 수정 사항을 깃에 기록해 두겠습니다. 커밋하는 방법은 앞으로 자세히 설명하지 않고 넘어갈 것이므로 여기에서 다시 한번 정확하게 기억해 두세요.

1 파일 탐색 창 위에 있는 아이콘을 클릭해서 소스 제어 창으로 전환합니다. U로 표시된 파일들을 커밋할 것입니다. 커밋할 때는 변경된 내용이 잘 드러나도록 커밋 메시지를 작성해야 합니다. 여기에서는 '주문 화면 코드 작성'이라고 입력했습니다. 만약 커밋 메시지를 작성하기 어렵다면 아이콘을 클릭해 메시지를 자동으로 생성할 수도 있습니다. 커밋 메시지를 입력한 후 [Commit]을 클릭하거나 Ctrl + Enter를 누릅니다.

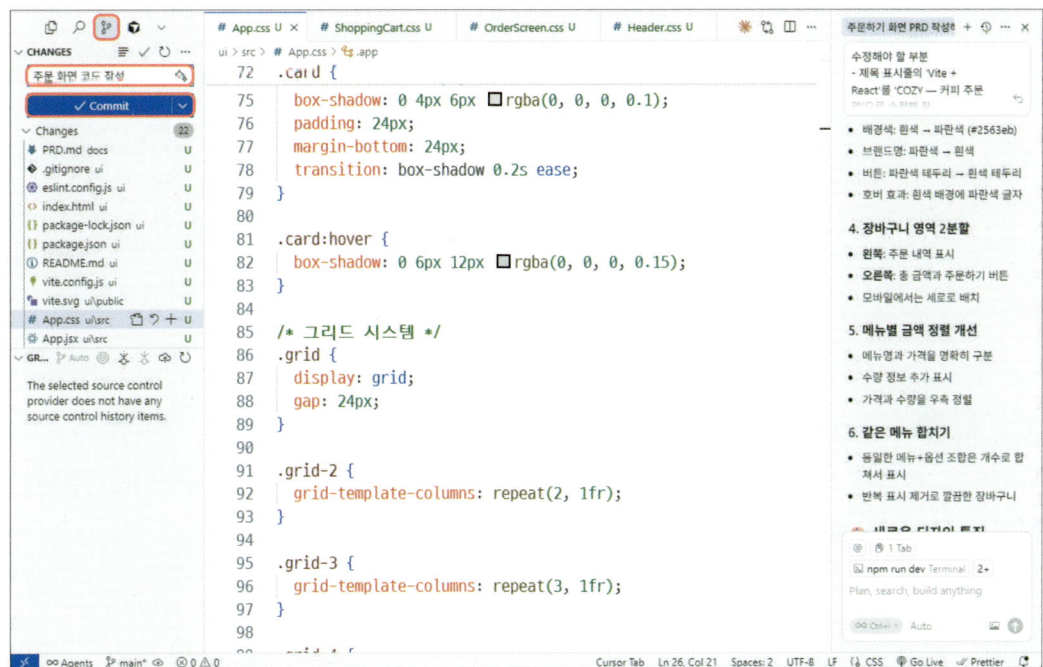

이때 스테이징 없이 커밋했기 때문에 알림 창이 나타날 수 있습니다. 알림 창에서 [Always]를 클릭하면 커밋할 때 더 이상 나타나지 않습니다.

✦ 스테이징이나 커밋 등 깃의 주요 개념이 기억나지 않는다면 4-4절을 참고하세요.

2 소스 제어 창에 있던 파일들이 모두 안 보이죠? 더 이상 커밋해야 할 파일들이 없다는 뜻입니다. 그리고 소스 제어 창의 [GRAPH] 영역에 방금 작성한 커밋 메시지가 보일 것입니다. 앞으로 커밋할 때마다 [GRAPH] 영역에 하나씩 순서대로 추가됩니다.

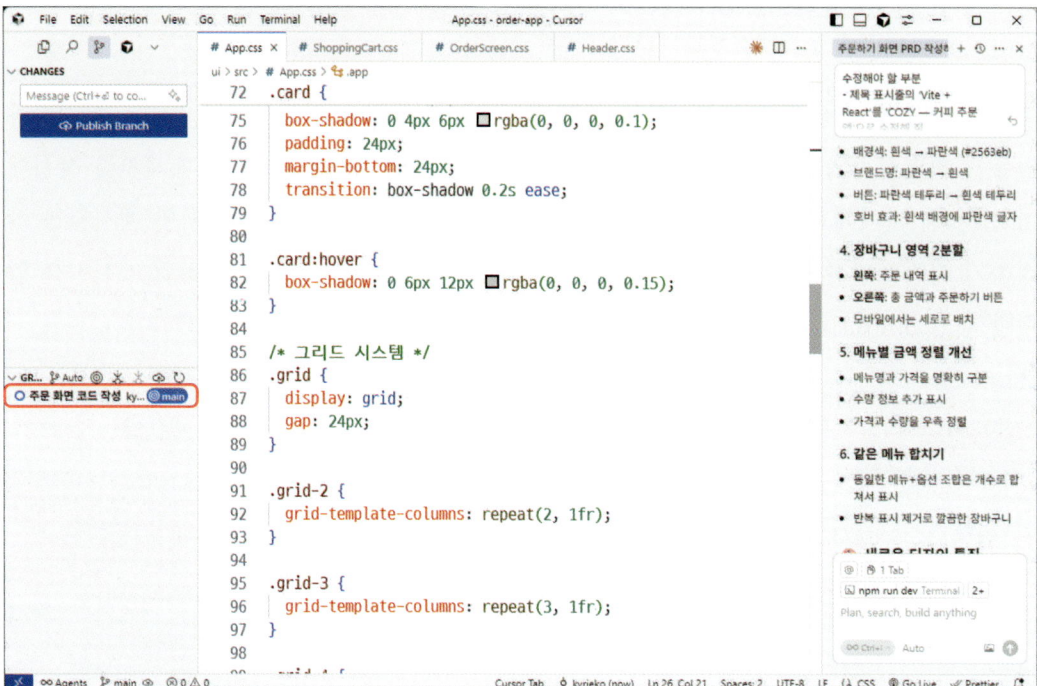

Do it! 실습 ▸ '관리자' 화면 만들기

이번에는 '관리자' 화면을 만들어 보겠습니다. '관리자' 화면에서는 재고를 관리하고 주문을 처리합니다. 사용자 주문에 따라 재고량이 바뀌고 주문 처리 상태를 확인할 수 있는 기능까지 구현해 봅시다.

1 AI 패널의 프롬프트 입력 창에 다음과 같이 작성한 후, 7-1절에서 그린 '관리자' 화면의 와이어프레임 이미지를 첨부합니다.

✦ 원하는 화면과 조금이라도 가까운 결과를 얻으려면 다음처럼 자세히 설명해야 합니다.

이번에는 관리자 화면을 만들어 볼 거야.
docs/PRD.md 문서와 첨부한 그림을 참고해서 레이아웃을 만들어 줘.
1) '관리자 대시보드'에는 4개의 항목이 있고, 각 항목마다 몇 개가 있는지 표시할 거야.
2) '재고 현황'에는 메뉴 3개에 대한 재고 개수를 표시할 거야. 5개 미만이면 '주의', 0개면 '품절', 그 외에는 '정상'이라고 함께 표시해 줘.
3) '재고 현황'에는 관리자가 재고 개수를 늘리거나 줄일 수 있는 버튼을 함께 만들어 줘.
4) '주문 현황'에는 접수된 주문 정보가 표시될 거야. 주문 접수 일자와 시간, 주문 메뉴, 금액 등을 함께 표시할 거야.
5) 주문이 들어오면 처음에는 '주문 접수' 상태이고, 관리자가 '제조 시작' 버튼을 누르면 제조 과정으로 넘어가도록 할 거야.

2 커서가 코드를 모두 작성하면 웹 브라우저에서 '관리자' 화면을 검토합니다. '주문하기' 화면에서 주문한 내용이 '관리자' 화면의 [주문 현황]에 실시간으로 반영되는지 확인해 보세요. 그리고 [제소 시작] 버튼을 클릭했을 때 [관리자 대시보드]의 상황이 바뀌는지도 살펴보세요. '관리자' 화면의 디자인과 기능을 살펴본 후 수정할 부분이 있다면 커서에게 요청합니다.

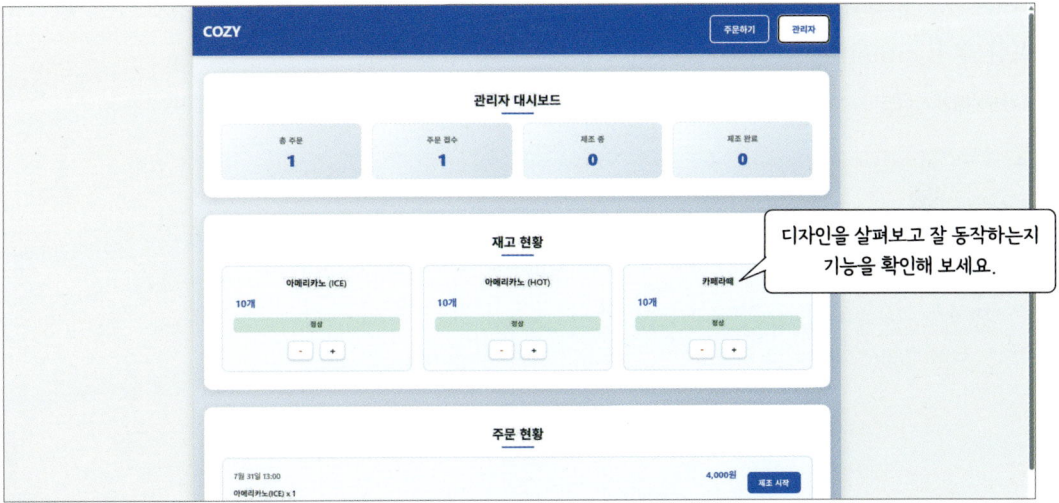

3 재고 수량이 왼쪽으로 치우쳐져 있어서 다음과 같이 재고 수량과 재고 상태를 나란히 배치해 달라고 요청했습니다.

'재고 현황'에서 재고 수량과 재고 상태(정상, 주의, 품절) 텍스트를 가로로 나란히 배치해 줘.

4 몇 가지 수정 작업을 거쳐서 '관리자' 화면을 완성했습니다.

✦ 이 책에는 수정한 내용을 일일이 담지 않았습니다. 자신이 원하는 스타일로 완성할 때까지 커서에게 수정을 요청해 보세요.

5 앞에서 작성한 코드를 사용하겠다면 프롬프트 입력 창 위에 있는 [Keep All]을 클릭해서 코드를 승인합니다. 이어서 지금까지 수정한 내용을 커밋하겠습니다. 커밋 메시지를 입력한 후 [Commit]을 클릭하거나 Ctrl + Enter 를 누릅니다.

✦ 현재 메인 사이드바에 파일 탐색 창이 표시되어 있다면 소스 제어 창으로 전환하고 진행하세요.

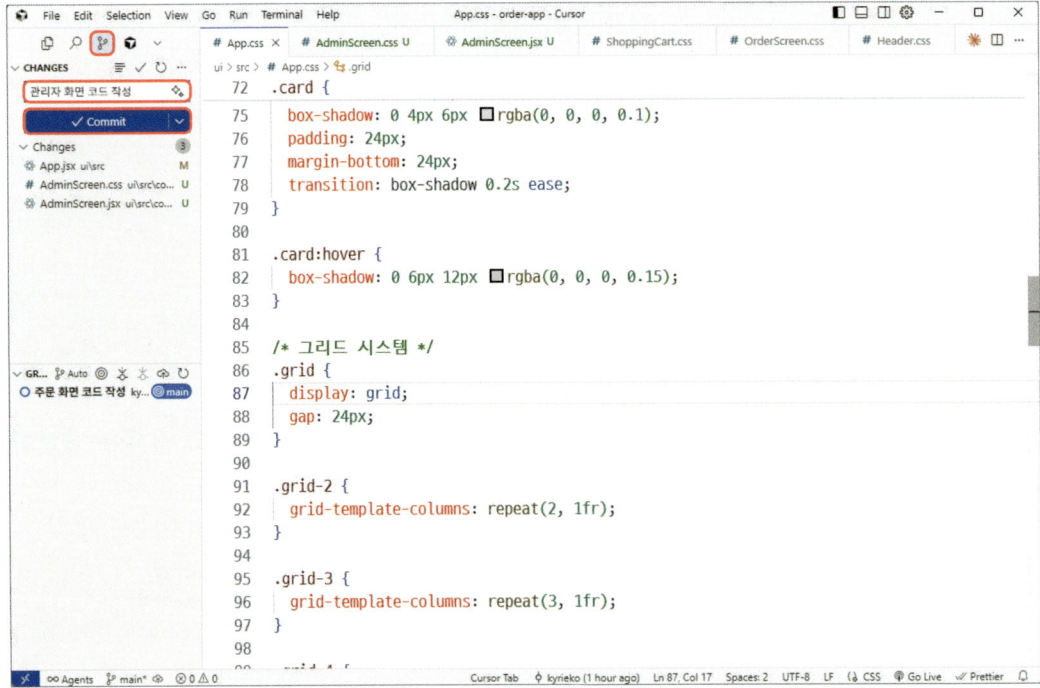

6 소스 제어 창의 [GRAPH] 영역에 커밋이 하나 더 추가되었습니다.

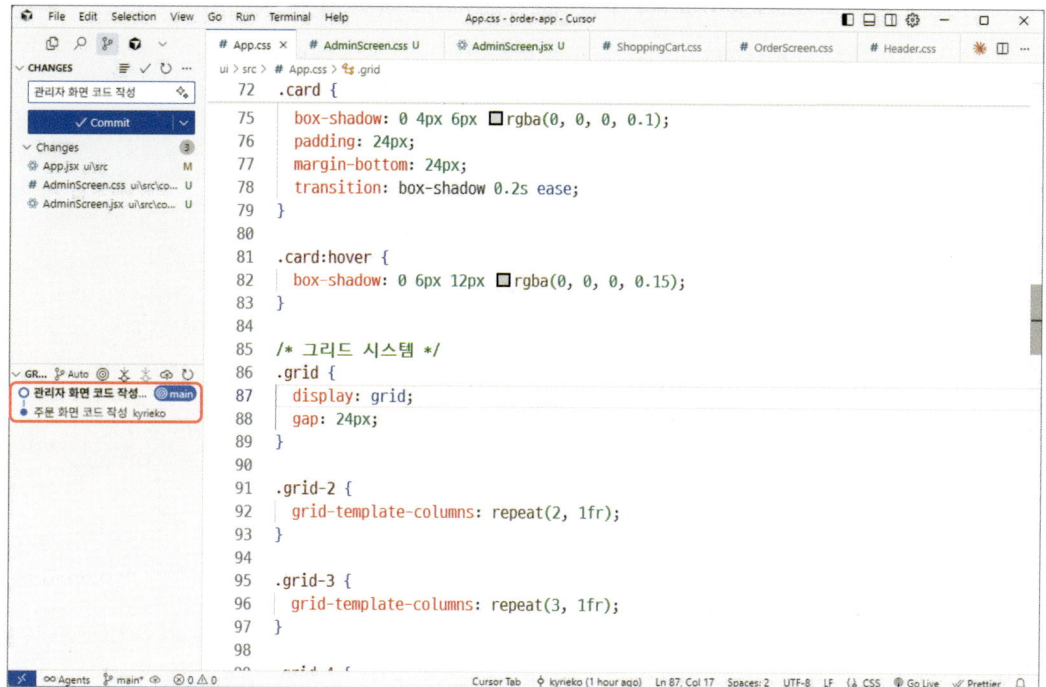

Do it! 실습 프런트엔드 테스트 및 개선

앱이 웹 브라우저에서 제대로 동작하는지 확인했다 하더라도 혹시 개발자가 놓친 부분이 있는지 확인해야 합니다. 만약 오류를 미리 발견하지 못해 앱을 사용할 때 문제가 생긴다면 개발자에 대한 신뢰도가 떨어집니다. 그래서 프런트엔드 개발이 끝나고 나면 반드시 테스트를 거쳐서 UI 요소들이 제대로 동작하는지, 코드를 수정하는 동안 기능에 영향을 준 부분이 있는지 살펴야 합니다.

1 AI 패널의 프롬프트 입력 창에 다음과 같이 작성해서 커서에게 요청합니다.

 지금까지 작성한 프런트엔드 코드를 테스트하고, 개선할 부분이 있으면 알려 줘.

2 커서는 여러 기능을 테스트한 후 개선할 부분이 있으면 스스로 코드를 추가하기도 하고, 제안하는 내용을 보여 주기도 합니다. AI 패널에 표시된 내용을 확인하고, 즉시 적용해 보고 싶은 내용이 있다면 프롬프트로 작성해 보세요.

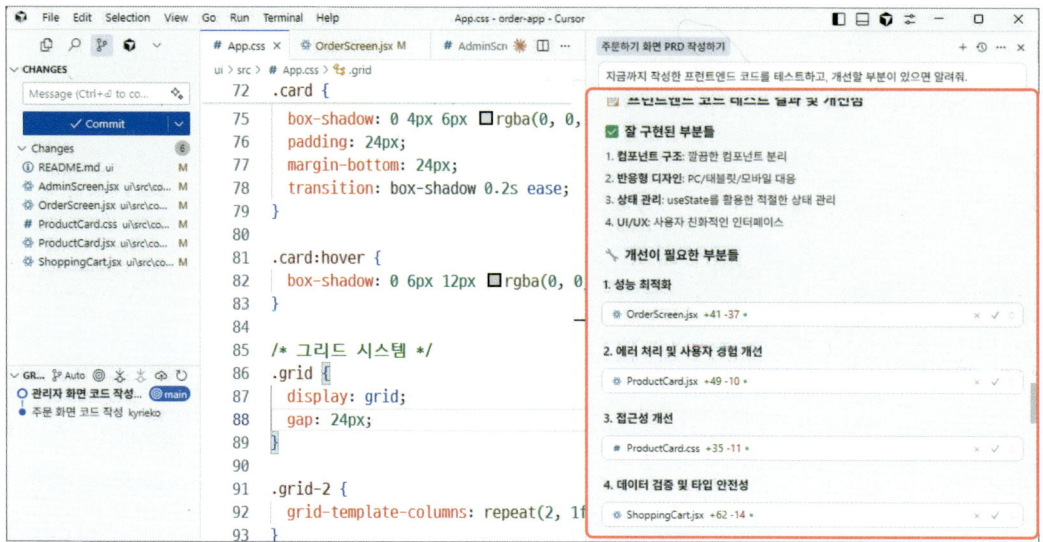

3 파일을 수정했다면 커밋을 추가합니다. 여기에서는 '프런트엔드 개선'이라는 메시지와 함께 커밋했습니다.

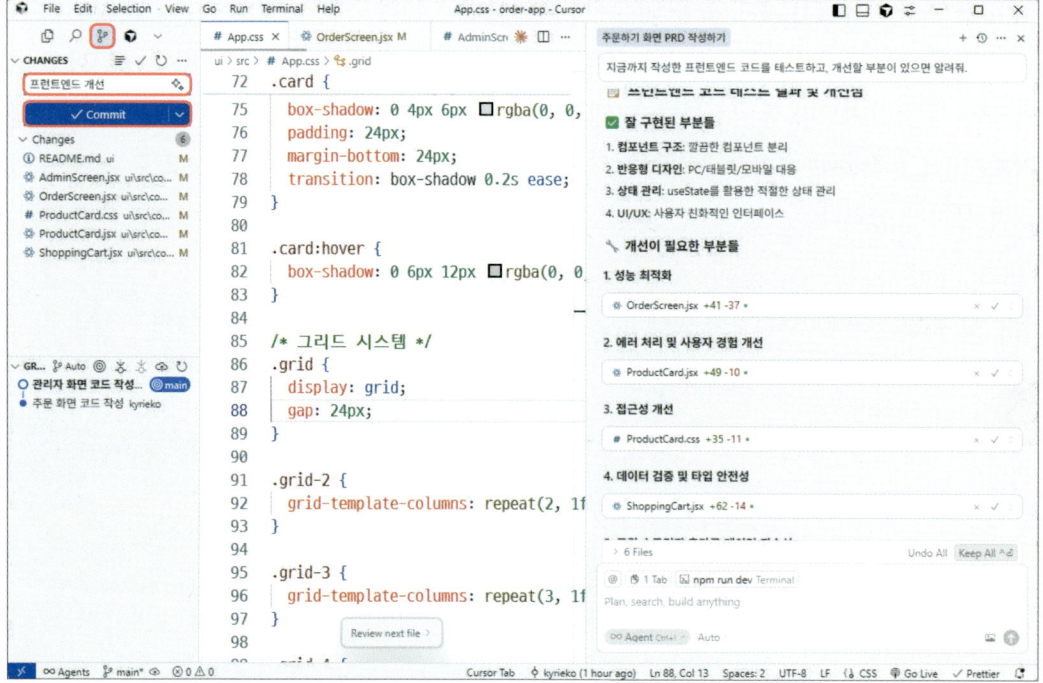

7-3 ✦ 주문 처리하기 — 데이터베이스와 API

프런트엔드 화면을 모두 만들었지만 아직 메뉴를 주문하거나 주문 내역을 관리할 수는 없습니다. 앞서 공부한 것처럼 이러한 기능은 백엔드에서 처리해야 합니다. 이번 절에서는 앱의 커피 메뉴나 주문 정보를 데이터베이스에 저장하고 사용하는 방법과 API로 프런트엔드와 백엔드를 연결하는 과정을 살펴보겠습니다.

데이터 모델 설계하기

커피 주문 앱에서 메뉴의 이름과 가격, 재고량, 사용자가 주문한 내역 등을 관리할 때 데이터베이스를 사용합니다. 데이터베이스에 어떤 정보를 저장하고 서로 어떻게 연결되는지 구조를 미리 생각하는 것을 '데이터 모델 설계'라고 합니다. 쉽게 말해 어떤 정보를 저장할지 정한 후 표table처럼 정리하는 과정입니다. 커피 메뉴의 '이름', '가격', '주문 수량' 같은 항목을 엑셀에 정리한다고 생각하면 이해하기 쉽습니다. 앱에서도 비슷한 방식으로 데이터를 다뤄야 하므로 처음부터 데이터 모델을 잘 설계해야 합니다.

실습에서 만들 커피 주문 앱에는 다음과 같은 정보가 필요합니다. 그래서 각 정보별로 Menus, Options, Orders라는 테이블 이름을 사용할 것입니다. 커피 옵션은 메뉴마다 달라질 수 있으므로 별도 테이블로 관리하는 게 좋습니다.

커피 주문 앱의 데이터 모델

구분	내용
Menus(메뉴 정보)	커피 이름, 설명, 가격, 이미지, 재고 수량
Options(옵션 정보)	옵션 이름, 옵션 가격, 연결할 메뉴
Orders(주문 정보)	주문 일시, 주문 내용(메뉴, 수량, 옵션, 금액)

커피 주문 앱의 사용 흐름을 예상하면서 데이터를 어떻게 구조화할지 생각해 보겠습니다.

❶ Menus에 있는 내용을 가져와 웹 브라우저 화면에 표시합니다. 이때 Menus에 있는 정보 중 재고 수량은 '관리자' 화면에 표시합니다.

❷ 사용자가 앱 화면에서 커피 메뉴를 선택해 담고, 선택 정보는 장바구니에 표시됩니다.

❸ 장바구니에서 '주문하기' 버튼을 클릭하면 주문 정보를 Orders에 저장합니다. Orders에는 주문 시간과 주문 내용(메뉴, 수량, 옵션, 금액)을 담습니다.

❹ Orders에 있는 정보를 관리자 화면의 '주문 현황'에 표시합니다. 주문의 기본 상태는 '주문 접수'이고, '주문 접수'를 클릭하면 '제조 중' → '제조 완료'로 상태가 변경됩니다.

이렇게 설계한 데이터 모델을 바탕으로 실제 데이터베이스에서 어떻게 구현할 것인지 결정하는 것을 '데이터 스키마를 정의한다'라고 합니다. 데이터베이스를 공부했다면 데이터 스키마를 직접 정의할 수도 있지만 여기에서는 커서의 도움을 받아 데이터 스키마를 정의하겠습니다.

프롬프트로 API를 만들 때 주의할 점

프런트엔드와 데이터베이스를 모두 준비한 상태에서 '프런트엔드와 백엔드를 연결하는 API를 작성해 줘.'라는 프롬프트만 작성해도 커서는 코드를 작성합니다. 하지만 이렇게 만든 API에는 기본 기능만 포함되어 있어서 실제로 앱을 사용할 때 필요한 기능은 다시 추가해야 합니다.

✦ 프롬프트를 구체적으로 작성하지 않으면 커서가 'Hello World'만 반환하는 코드를 생성하는 경우도 있습니다.

API를 수정하거나 추가하기 위해 프롬프트를 작성할 때는 6-2절에서 배운 엔드포인트나 HTTP 메서드처럼 어려운 용어를 다 이해하지 못해도 괜찮습니다. 프런트엔드에서 어떤 행동을 했을 때 백엔드에서 어떤 일을 해야 하는지 구체적으로 설명하면 됩니다.

아직 이런 프롬프트를 작성하는 데 익숙하지 않다면 다음과 같이 기능 중심으로 표현하는 습관을 들여 보세요.

사용자가 [어떤 행동]을 하면
→ [어떤 데이터]를 서버로 전송해서
→ [서버에서 해야 할 일]을 실행(처리)해 줘.

Do it! 실습 　주문 처리를 위한 PRD 작성 및 개발 환경 만들기

데이터 모델과 API의 정보를 정리하는 PRD부터 작성한 후 백엔드 개발을 위한 개발 환경을 만들겠습니다.

1 앞에서 정리한 데이터 모델과 API의 정보를 프롬프트 입력 창에 작성한 후, 커서에게 PRD를 작성해 달라고 요청합니다.

 docs/PRD.md 파일을 살펴보고, 백엔드 개발을 위한 PRD를 기존 docs/PRD.md 파일에 추가해 줘.
1) 데이터 모델
- Menus: 커피 이름, 설명, 가격, 이미지, 재고 수량
- Options: 옵션 이름, 옵션 가격, 연결할 메뉴
- Orders: 주문 일시, 주문 내용(메뉴, 수량, 옵션, 금액)

2) 데이터 스키마를 위한 사용자 흐름
① Menus에 있는 내용을 가져와 브라우저 화면에 표시합니다. 이때 Menus에 있는 정보 중 재고 수량은 관리자 화면에 표시합니다.
② 사용자가 앱 화면에서 커피 메뉴를 선택해 담고, 선택 정보는 장바구니에 표시됩니다.
③ 장바구니에서 '주문하기' 버튼을 클릭하면 주문 정보를 Orders에 저장합니다. Orders에는 주문 시간과 주문 내용(메뉴, 수량, 옵션, 금액)을 담습니다.
④ Orders에 있는 정보를 관리자 화면의 '주문 현황'에 표시합니다. 주문의 기본 상태는 '주문 접수'이고, '주문 접수'를 클릭하면 '제조 중' → '완료'로 상태가 변경됩니다.

3) API 설계
- '주문하기' 메뉴를 클릭하면 데이터베이스에서 커피 메뉴 목록을 불러와서 보여 줘.
- 사용자가 커피를 선택하고 주문하기 버튼을 누르면, 주문 정보를 데이터베이스에 저장해 줘.
- 주문 정보에 따라 메뉴 목록의 재고도 수정해.
- 주문 ID를 전달하면 해당 주문 정보를 보여 줘.

2 잠시 기다리면 커서가 PRD를 작성해 줍니다. docs 폴더에서 PRD.md 파일을 열어 백엔드와 관련된 내용이 추가되었는지 확인한 후, 프롬프트 입력 창 위에서 [Keep]을 클릭해 변경 내용을 승인합니다.

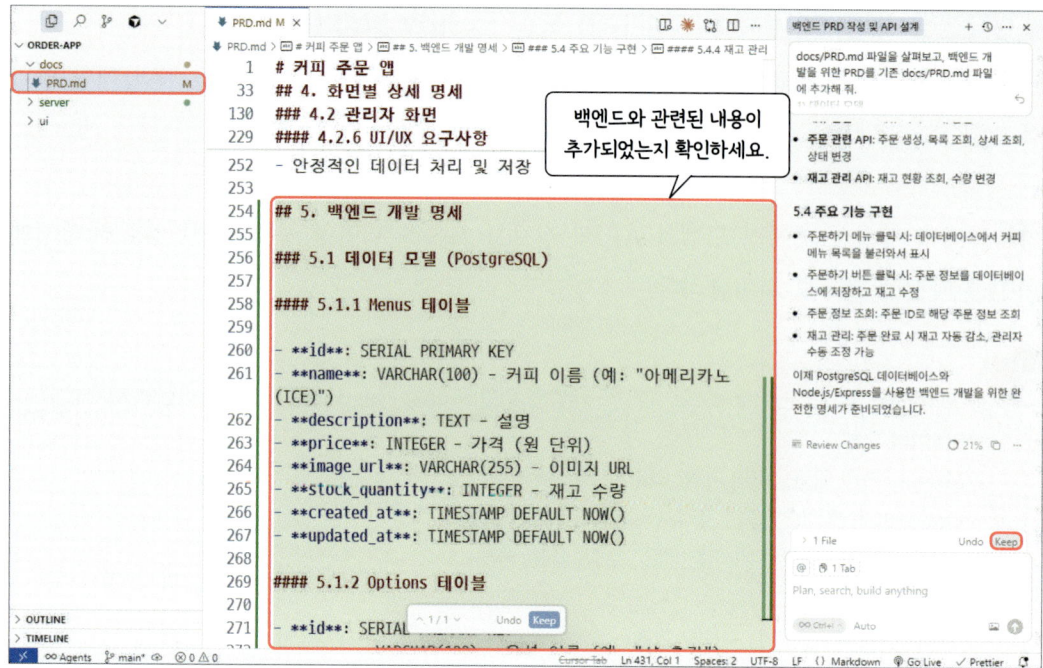

3 server라는 폴더를 만들고 백엔드 개발을 위한 기본 환경을 만들겠습니다. AI 패널의 프롬프트 입력 창에 다음과 같이 작성합니다.

> 이제 백엔드 개발을 시작해 보자. 프런트엔드와 구별하기 위해 최상위 폴더에 server 폴더를 만들고 익스프레스(Express.js)를 사용해서 서버를 구성하기 위한 개발 환경을 만들어 줘.

4 커서가 익스프레스를 비롯해 필요한 패키지들을 모두 설치하고 기본 환경도 만들어 줍니다. 그리고 파일 탐색 창을 보면 server 폴더가 생성되어 있고, 그 안에는 백엔드 개발을 위한 파일이 들어 있을 것입니다.

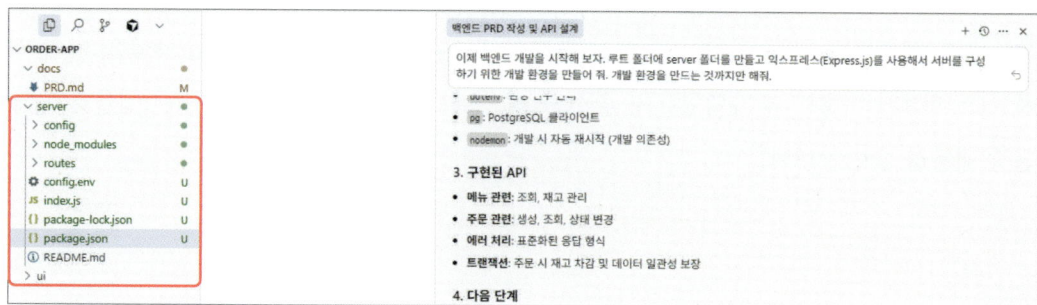

> **Do it! 실습** **데이터베이스 설치하기**

개발 환경을 갖추었다면 데이터베이스를 설치하고 데이터베이스 테이블을 만들어야 합니다. 우선 사용자 컴퓨터에 PostgreSQL 데이터베이스를 설치하겠습니다.

1 https://www.postgresql.org/download/에 접속한 후 자신이 사용하는 컴퓨터 환경에 맞는 설치 프로그램을 내려받습니다. 여기에서는 [Windows]를 선택했습니다.

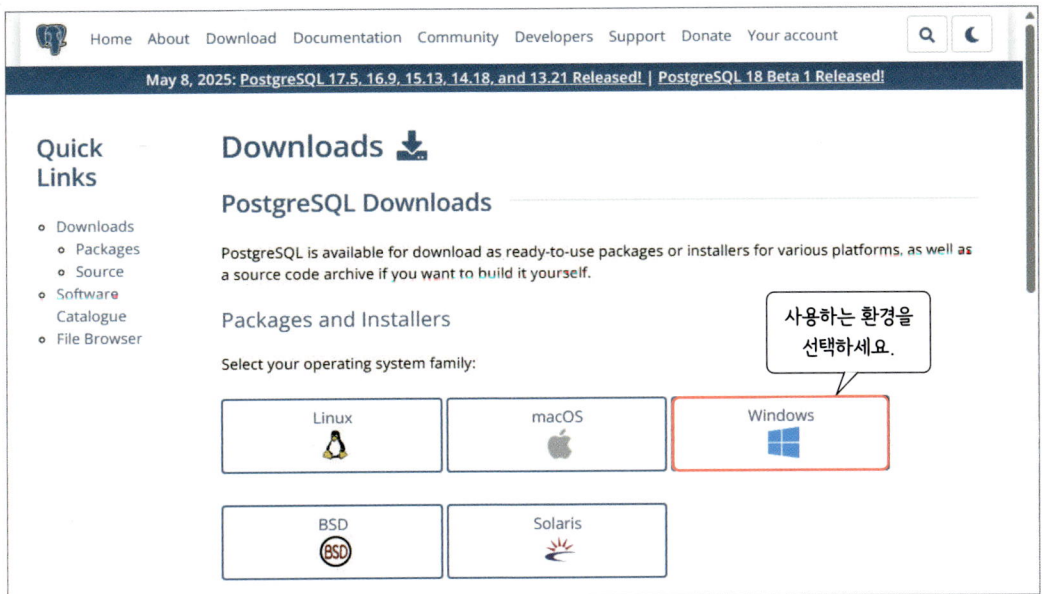

2 화면 위쪽에서 [Download the installer] 링크를 클릭한 후, 최신 버전의 PostgreSQL 설치 프로그램을 선택해서 내려받습니다.

✦ 윈도우의 경우 [Windows x86-64] 열에 있는 최신 버전의 다운로드 링크를 클릭합니다.

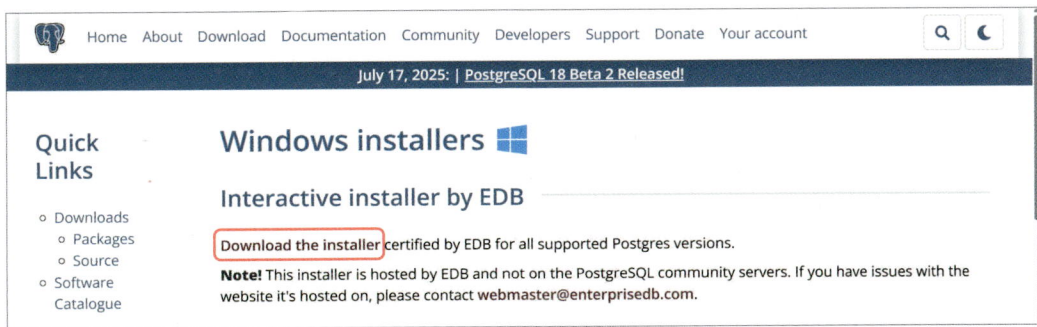

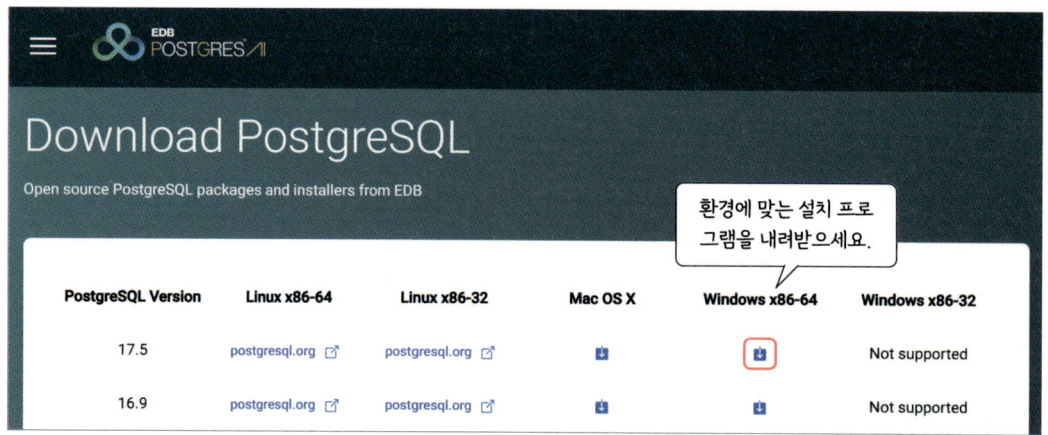

3 설치 프로그램을 실행하고 [Next]를 클릭하면서 기본 설정 그대로 두고 설치합니다. 중간에 비밀번호를 입력하는 Password 창이 나타나면 데이터베이스에 접속할 때 사용할 비밀번호를 입력합니다. 입력한 비밀번호는 잊지 않도록 주의하세요.

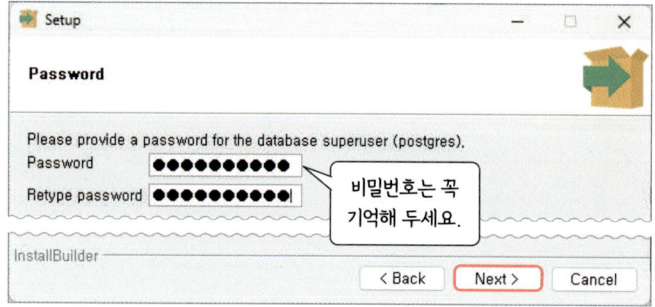

4 PostgreSQL을 모두 설치하고 나면 스택 빌더^{Stack Builder}를 자동으로 설치하도록 체크 표시되어 있는데, 여기에서는 필요하지 않은 도구입니다. [Stack Builder may be ... installation] 항목 앞의 체크 박스를 클릭해서 해제한 후, [Finish]를 클릭해 설치를 마칩니다.

✦ 스택 빌더는 PostgreSQL에 확장 기능이나 특정 드라이버를 설치해야 할 때 필요한 도구입니다.

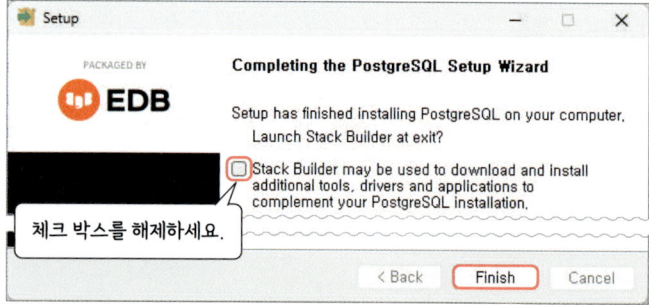

Do it! 실습 데이터베이스 연결하기

데이터베이스를 설치했으니 백엔드에서 데이터베이스를 가져다 사용할 수 있도록 코드를 수정해야 합니다. 커서에게 데이터베이스 연결을 요청하면 PostgreSQL에 데이터베이스를 만들고 필요한 테이블도 만듭니다. 그리고 기존 코드에 데이터베이스를 연결해 주죠.

1 백엔드에서 데이터베이스와 연결하려면 .env 파일이 필요합니다. .env 파일은 환경변수 파일이라고 하는데, 여기에는 데이터베이스 이름뿐만 아니라 데이터베이스에 접속할 때 사용하는 비밀번호까지 중요한 정보가 담겨 있습니다. 커서는 .env 파일에 직접 접근할 수 없으므로 .env.example 또는 configure.env라는 파일 이름으로 만들어 놓습니다. 이번 실습에서는 커서가 configure.env 파일로 만들어 놓았네요. 이렇듯 configure.env는 커서에서 임시로 만든 파일 이름이므로 다음과 같이 파일 이름을 .env로 바꿔 달라고 요청합니다. 코드에서 configure.env를 사용한 부분도 .env로 고쳐 달라고 해야겠죠?

 configure.env 파일 이름을 .env로 수정하고, 코드에서 configure.env를 사용한 부분도 .env로 수정해 줘.

2 파일 탐색 창의 server 폴더에 있는 .env 파일을 선택해서 오른쪽 편집 창에 열어 보세요. 데이터베이스 설정 아래에 있는 항목들은 PostgreSQL에서 기본으로 사용하는 값인데, 이 중에서 DB_PASSWORD를 자신이 지정한 비밀번호로 수정해야 합니다. 데이터베이스 이름을 지정하는 DB_NAME은 커서에서 지정한 이름 그대로 사용해도 되고, 다른 이름으로 바꿔서 사용해도 됩니다. 이번 실습에서는 커서에서 지정한 이름 그대로 coffee_order_db를 사용하겠습니다. Ctrl + S를 눌러 수정 사항을 저장합니다.

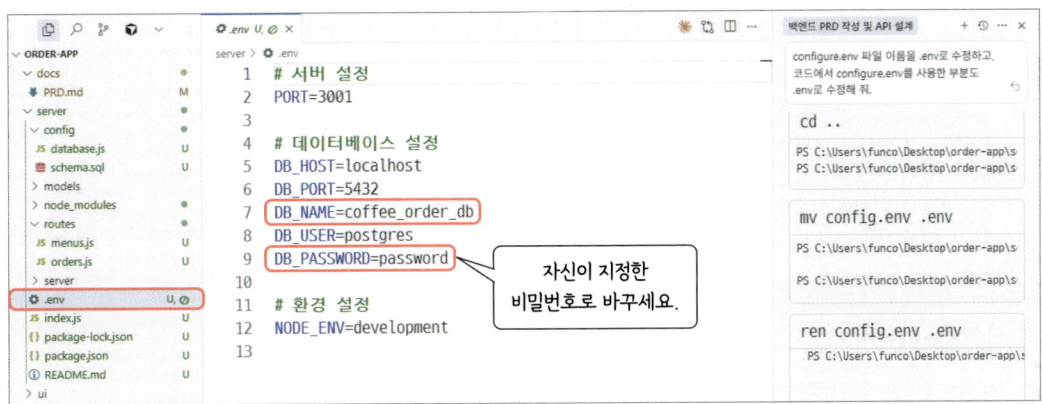

> 💚 **알아 두면 좋아요!** server 폴더에 .env와 관련된 파일이 없어요!
>
> 간혹 커서에서 configure.env나 .env.example 같은 파일을 만들지 않을 수도 있습니다. 이 경우에는 사용자가 server 폴더에 .env 파일을 직접 만들어야 합니다. 그리고 커서에게 다음과 같이 요청해서 .env 파일의 내용을 작성해 달라고 요청한 후 비밀번호를 수정합니다. 데이터베이스 이름도 자유롭게 수정할 수 있습니다.
>
> .env 파일을 만들었어. 데이터베이스에 연결하기 위해 .env 파일에 넣어야 할 내용을 알려 줘.

3 이제 프로젝트에 데이터베이스를 연결하겠습니다. AI 패널의 프롬프트 입력 창에 다음과 같이 작성합니다.

 컴퓨터에 PostgreSQL을 설치했어. 현재 프로젝트에 필요한 패키지를 설치하고 데이터베이스를 연결해 줘.

4 커서가 .env에 있는 정보를 참고해서 PostgreSQL 데이터베이스에 접속합니다. .env에 있는 비밀 정보가 맞지 않을 경우 비밀번호를 직접 입력하라고 알려 줄 수도 있습니다. 그럴 경우에는 비밀번호 입력 부분을 클릭해 앞에서 자신이 지정한 비밀번호를 입력합니다. 이때 입력하는 비밀번호는 AI 패널에 보이지 않으므로 주의해서 입력해야 합니다.

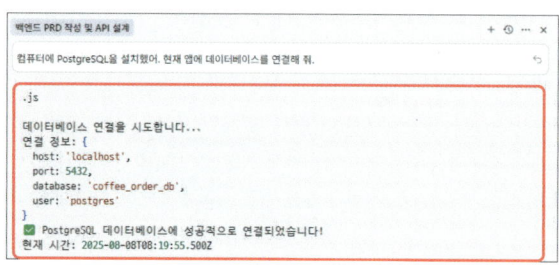

5 데이터베이스에 정상으로 연결되었다면 커서가 새로운 데이터베이스를 만들고 데이터 스키마까지 자동으로 만들어 줍니다. 그리고 제대로 동작하는지 확인하기 위해 개발 서버까지 실행합니다.

✦ 만약 커서가 자동으로 개발 서버를 실행하지 않는다면 AI 패널을 참고해서 명령어를 직접 실행하세요.

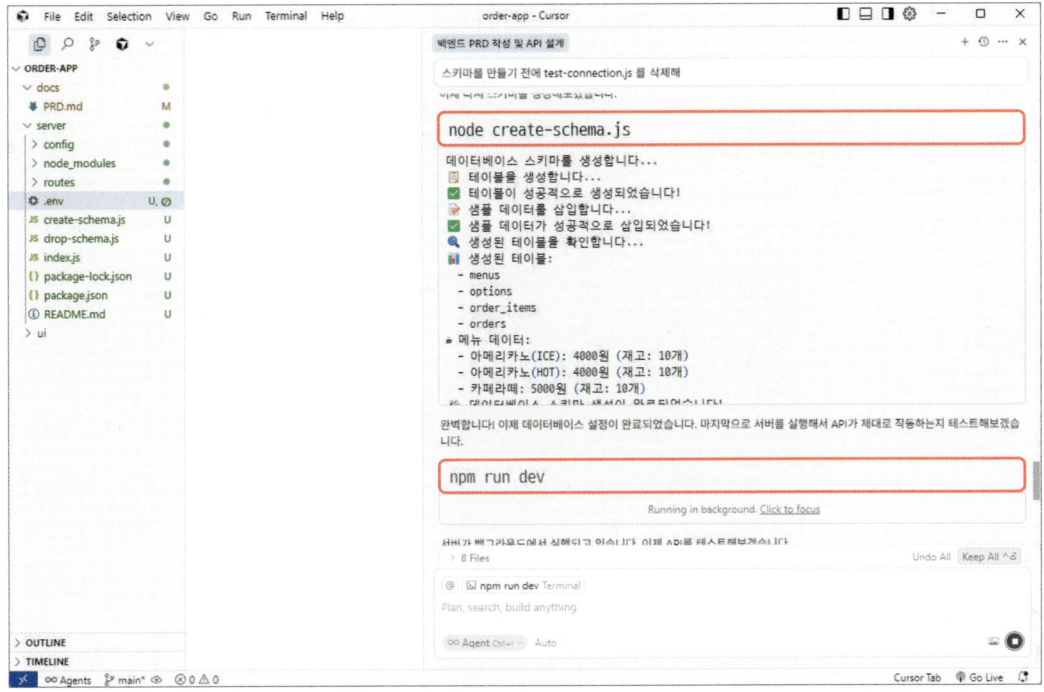

6 개발 서버 주소(http://localhost:3001)로 접속했을 때 다음처럼 성공 메시지가 나타나면 데이터베이스에 성공적으로 연결된 것입니다.

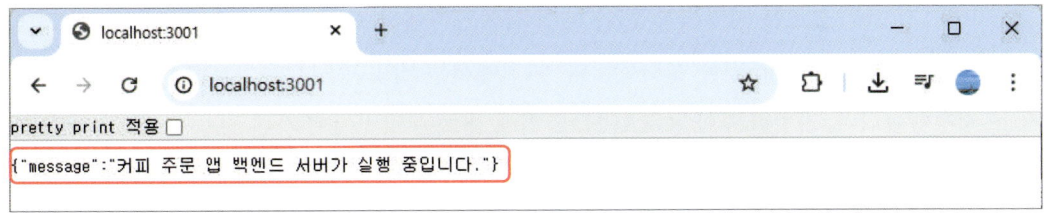

7 데이터베이스를 연결할 때 사용한 .env 파일은 외부에 공개하면 안 되므로 .gitignore 파일에 추가해야 합니다. 다음과 같이 입력해서 server 폴더에 .gitignore를 만듭니다.

 server 폴더에 .gitignore 파일을 만들고, .env 파일을 비롯해서 깃허브에 올리지 않아도 되는 파일들을 정리해 줘.

7장 ✦ 커피 주문 앱 개발하기 199

8 server 폴더에 .gitignore 파일이 만들어집니다. 이 파일을 열어 오른쪽 편집 창을 보면 외부에 공개하면 안 되는 파일들이 나열되어 있습니다.

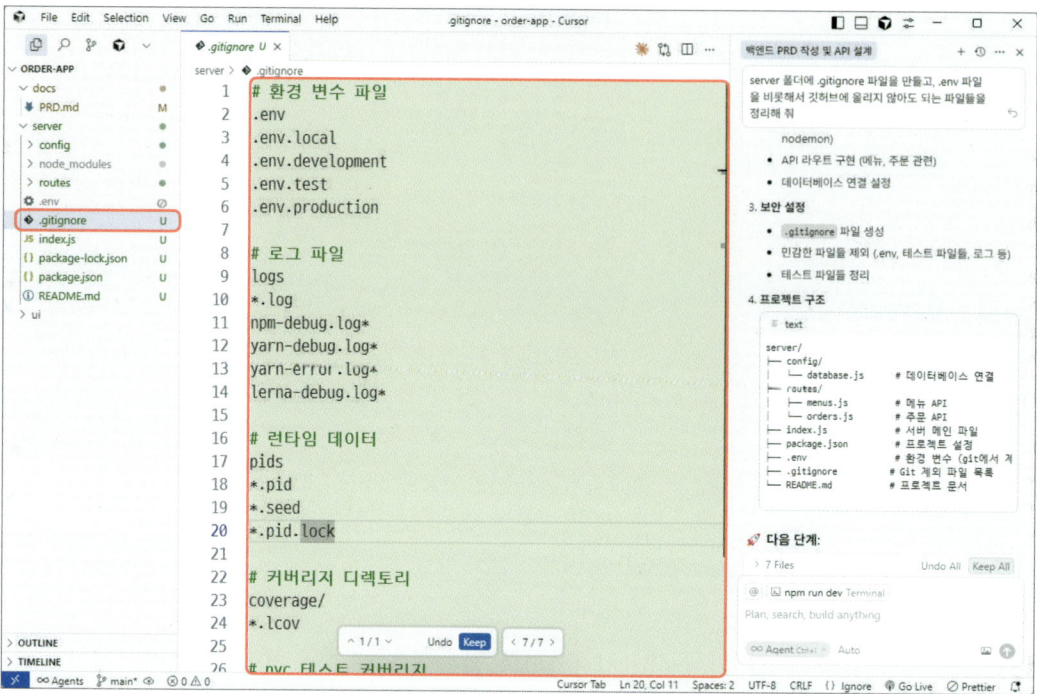

9 지금까지 만든 코드를 커밋해야겠죠? 메인 사이드바에서 소스 제어 창으로 전환한 후 커밋 메시지를 입력하고 [Commit]을 클릭합니다. 여기에서는 커밋 메시지를 '데이터베이스 연결하기'로 지정했습니다. 커밋한 후에 [GRAPH] 영역에 새로운 커밋이 추가된 것을 볼 수 있습니다.

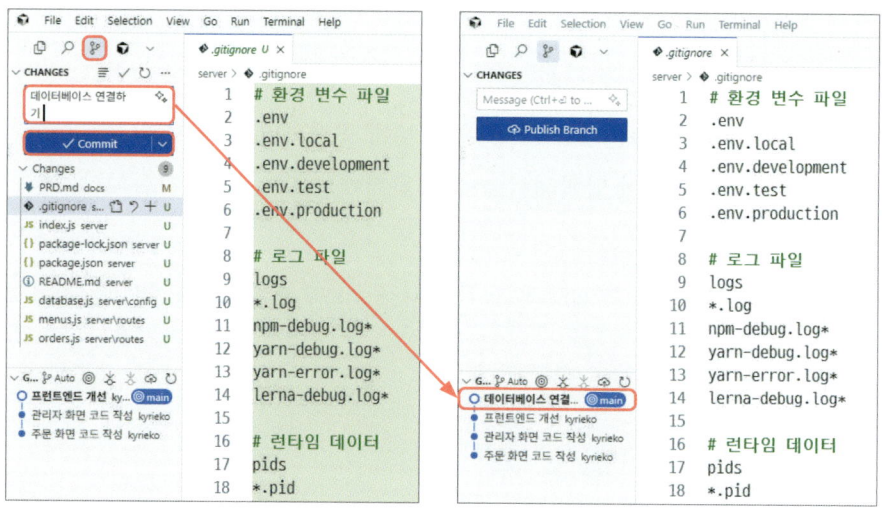

Do it! 실습 프런트엔드와 백엔드 연동하기

프런트엔드 코드와 데이터베이스를 준비했으니 실제 커피 주문 앱을 사용할 수 있도록 API를 만들어 보겠습니다.

1 AI 패널의 프롬프트 입력 창에 다음과 같이 작성해서 커서에 요청합니다.

 docs/PRD.md 문서를 참고해서 API를 만들고 프런트엔드와 연동해 줘.

2 커서가 코드를 모두 작성한 후 프런트엔드 서버와 백엔드 서버를 실행합니다. 앱의 화면을 확인할 수 있는 것은 프런트엔드 서버였죠? AI 패널에 있는 프런트엔드 서버 주소의 링크를 클릭합니다.

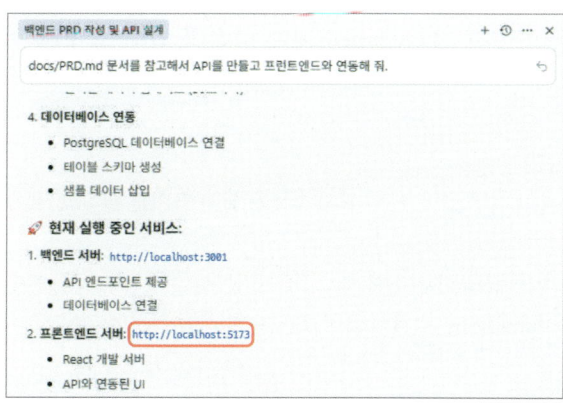

3 '주문하기' 화면이 나타나면서 데이터베이스에서 자료를 가져와서 보여 줍니다. 메뉴 이미지는 데이터베이스에 넣지 않았으므로 아직 나타나지 않습니다. 재고 수량도 보이지 않습니다. 이렇게 제대로 동작하지 않는 UI나 기능이 있다면 메모해 두었다가 커서에게 수정해 달라고 요청합니다.

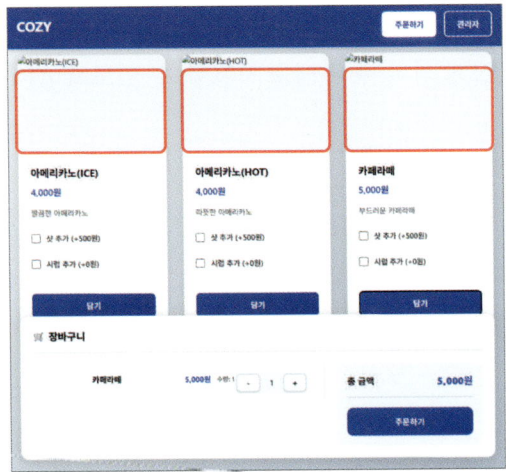

'주문하기' 화면   '관리자' 화면

4 여기에서는 '주문하기' 화면의 디자인을 수정해야 하고, '관리자' 화면에서 재고 수량이 나타나지 않는 문제가 있습니다. 이 2가지를 수정해 달라고 커서에게 다음과 같이 요청하겠습니다.

- 주문하기 화면에서 커피 메뉴 옵션 2개의 간격이 너무 넓어. 옵션 표시 부분은 글자 크기를 줄이고 세로 간격을 줄여 줘.
- 주문하기 화면의 장바구니에서 '수량 1' 텍스트는 필요 없으니 빼 줘.
- 장바구니에서 커피 이름과 가격이 수량 조절 버튼과 너무 가깝게 붙어있고, 수량 조절 부분이 너무 크게 보여. 수정해 줘.
- 관리자 화면의 재고 현황에 숫자가 표시되지 않았어. 데이터베이스에 있는 재고량을 가져와서 보여 줘.
- 관리자 화면의 주문 현황에 있는 '제조 시작' 버튼을 버튼 형태로 표시해 줘.

5 커서가 요청받은 대로 수정했다면 웹 브라우저 창에서 다시 한번 확인해 보세요. 요청한 부분이 제대로 수정되었나요? 예를 들어 예제에서는 '주문하기' 화면에서 커피 메뉴를 선택해서 장바구니에 담고 [주문하기]를 클릭하면 주문이 완료되었다는 알림 창이 나타납니다.

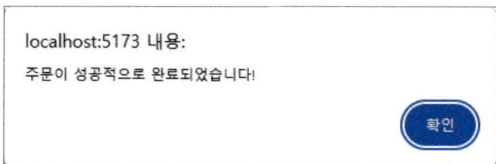

6 내비게이션 바에서 [관리자]를 클릭해 '관리자' 화면으로 이동해 보세요. 주문 현황을 보면 가장 최근에 주문한 내용이 가장 위에 있을 것입니다. [제조 시작]을 클릭해 보세요.

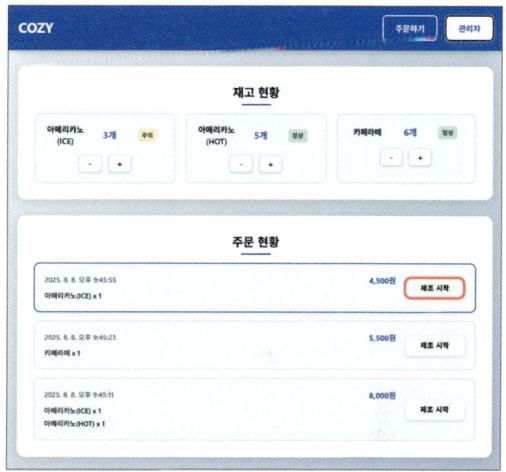

7 '주문하기' 화면의 [관리자 대시보드]를 보면 [제조 중]인 주문이 1개로 늘어났습니다. [제조 완료]를 클릭하면 주문 처리가 끝납니다.

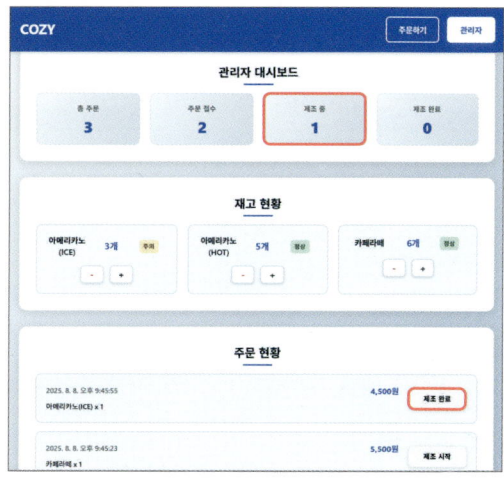

8 이 외에도 수정할 부분이 보일 것입니다. 디자인이든 기능이든 수정할 부분이 있다면 프롬프트를 작성해서 커서에 요청합니다. 그리고 코드가 정상으로 작동한다면 프롬프트 입력 창 위에 있는 [Keep All]을 클릭해서 코드를 승인합니다.

✦ 예제에서는 금액 표시 부분이 잘못 나타나서 몇 번 더 수정했습니다.

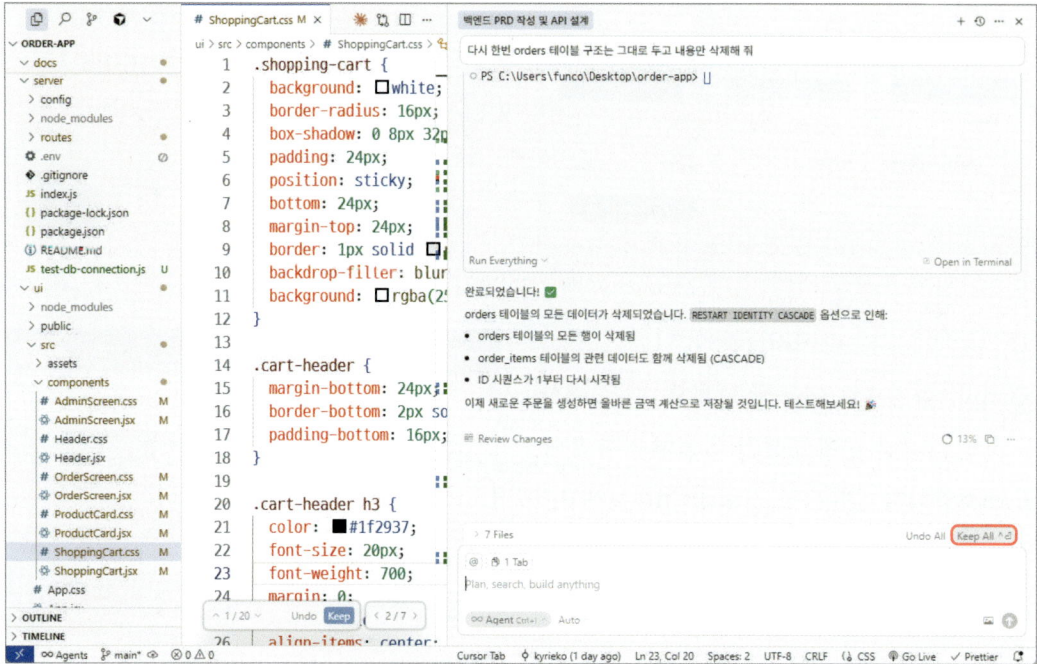

9 지금까지 작성한 코드를 커밋해야겠죠? 소스 제어 창에서 커밋 메시지를 작성하고 [Commit]을 클릭합니다. 여기에서는 '백엔드 API 작성'이라는 메시지와 함께 커밋했습니다.

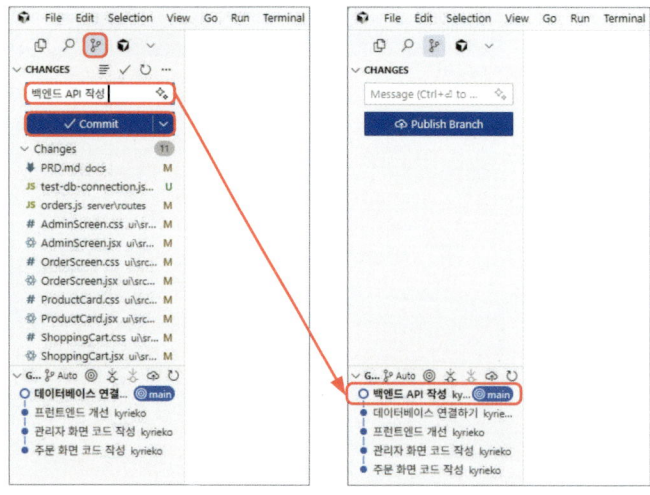

Do it! 실습 메뉴 이미지 지정하기

프런트엔드와 백엔드, 데이터베이스까지 모두 만들고 웹 앱의 동작까지 정상으로 확인했습니다. 마지막으로 커서가 임의로 지정한 커피 메뉴 이미지를 미리 준비한 이미지로 표시해 보겠습니다.

1 데이터베이스의 Menus 테이블에 메뉴 이미지도 함께 포함되어 있던 것을 기억하나요? Menus 테이블의 메뉴 이미지 자리에 미리 준비한 이미지를 넣으려면 어떻게 해야 하는지 커서에게 물어보겠습니다.

'주문하기' 화면에서 커피 메뉴에 이미지를 넣으려고 해. 이미지를 3개 준비했는데 어디에 넣어야 할까?

2 커서는 다음과 같이 ui/public 폴더에 넣으라고 하는군요. 우선 이미지 파일을 ui/public 폴더로 옮기겠습니다.

✦ 이미지를 넣을 폴더는 매번 달라질 수 있으므로 AI 패널의 내용을 잘 확인하세요.

3 커피 메뉴 이미지는 직접 준비해도 되고 실습 파일에서 내려받아 사용해도 됩니다. 여기에서는 실습 파일에서 제공하는 이미지 3개를 복사해서 ui/public 폴더에 넣겠습니다.

✦ 예제와 다른 이미지를 사용하고 싶다면 픽사베이(Pixabay)나 언스플래시(Unsplash) 등에서 무료 이미지를 내려받으세요.

americano-hot.jpg

americano-ice.jpg

caffe-latte.jpg

4 이미지 파일을 지정한 위치로 옮겼으니 다시 커서로 돌아와 데이터베이스에 경로를 입력하라고 요청하겠습니다.

 이미지 3개를 ui/public 폴더로 옮겼어. 데이터베이스에서 아메리카노(ICE)는 americano-ice.jpg, 아메리카노(HOT)은 americano-hot.jpg, 카페라떼는 caffe-latte.jpg를 넣어 줘.

5 데이터베이스에 커피 메뉴 이미지가 업데이트되었습니다.

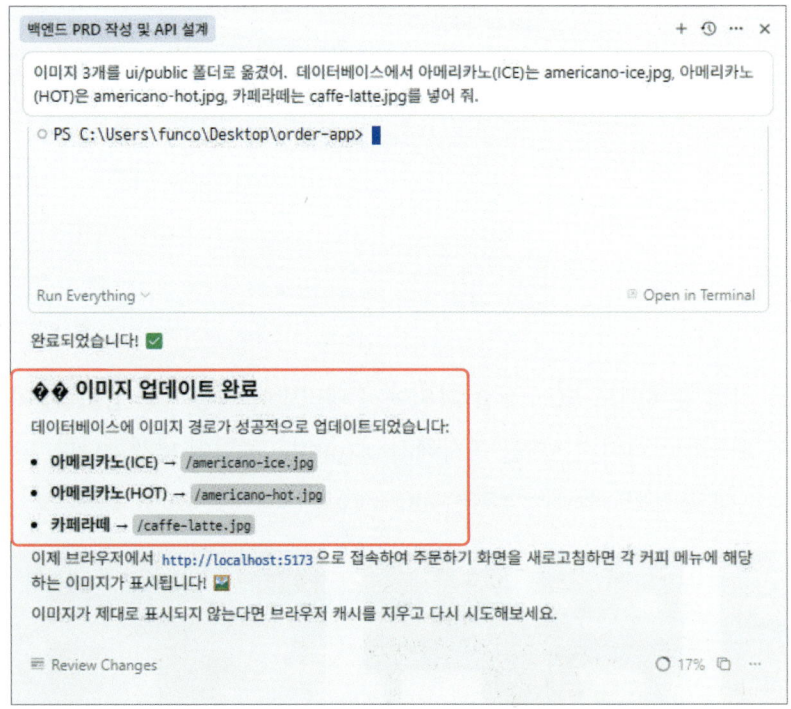

6 웹 브라우저 화면으로 돌아와서 메뉴 이미지가 제대로 표시되는지 확인해 보세요.

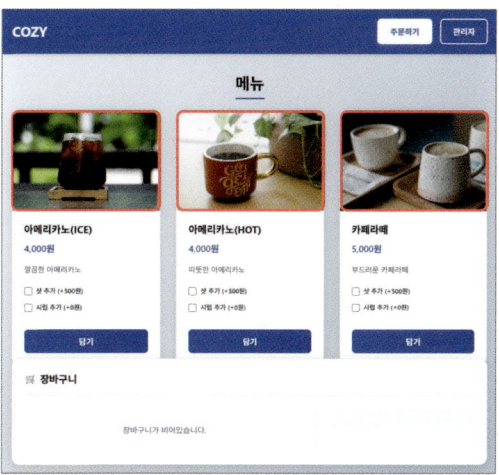

7 메뉴 이미지가 제대로 표시되는 것을 확인했다면 커서의 AI 패널에서 프롬프트 입력 창 위에 있는 [Keep]을 클릭해 코드를 승인한 후, '메뉴 이미지 교체'라는 메시지와 함께 커밋합니다. 이제 개발 과정을 모두 마쳤으므로 마지막 단계인 배포로 넘어가 볼까요?

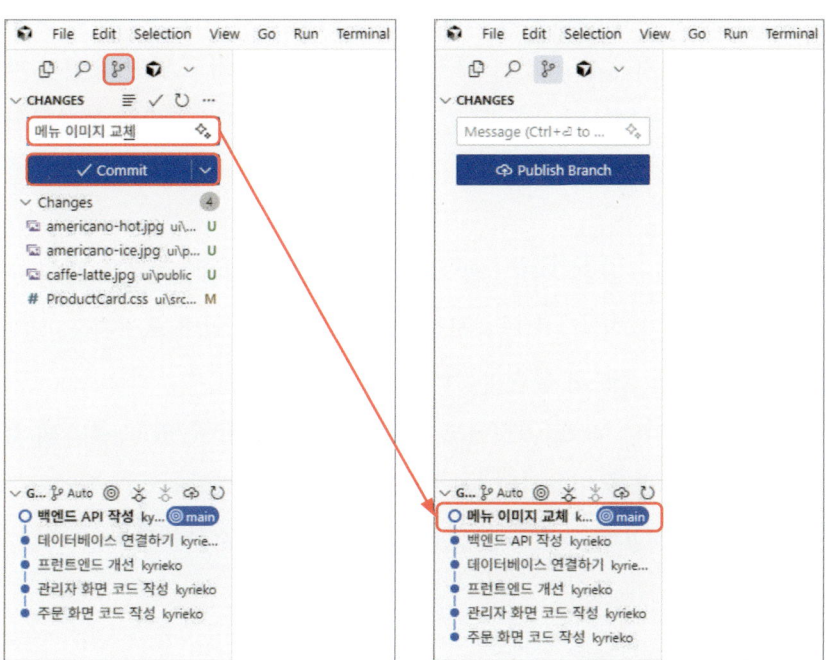

7-4 ✦ 앱 배포하기

사용자 컴퓨터에서 앱이 제대로 동작하는 것을 확인했다면 이제 다른 사람이 사용할 수 있도록 배포해야겠죠? 커피 주문 앱은 5-3절에서 정적인 웹 사이트를 배포할 때와 다르게 프런트엔드와 백엔드를 모두 배포해야 합니다.

배포 플랫폼 선택하기

웹 사이트나 앱을 인터넷에 배포하려면 여러 가지 플랫폼을 선택할 수 있습니다. 대표적으로 AWS(Amazon Web Services)나 애저(Azure) 같은 대형 클라우드 서비스와 Vercel, Netlify, Render, Railway처럼 간단하게 설정할 수 있는 클라우드 서비스가 있습니다.

AWS나 애저는 매우 강력하고 유연한 클라우드 플랫폼으로, 기업에서 실제 서비스를 운영할 때 많이 사용하죠. 하지만 초보자에게 AWS나 애저는 설정하기도 어렵고 낯선 용어와 개념이 많습니다. 그리고 대부분의 기능이 유료이고 요금 구조도 복잡해서 자칫하면 예상하지 못한 금액을 결제하는 경우도 있습니다.

반면에 Vercel이나 Netlify, Render 같은 서비스를 사용하면 클릭 몇 번만으로 깃허브와 연동해서 앱을 배포할 수 있습니다. 또한 UI가 단순하고 설명이 잘 되어 있어 초보자도 쉽게 사용할 수 있으며 무료 요금제로도 충분히 실습할 수 있죠.
프런트엔드만 배포한다면 Vercel이나 Netlify, 깃허브 페이지 등을 사용할 수 있고, 풀스택 앱을 배포한다면 Render나 Railway 등을 이용하면 됩니다. 여기에서는 프런트엔드와 백엔드를 모두 배포할 수 있으면서 PostgreSQL도 사용할 수 있는 Render 서비스를 사용하겠습니다.

영역별 배포 플랫폼 서비스 선택하기

플랫폼	서비스
Vercel, Netlify, 깃허브 페이지	프런트엔드만 배포할 때
Render, Railway	풀스택 앱을 배포할 때

Render 시작하기

앱을 배포하는 과정을 실습하기 전에 먼저 Render(https://render.com/)에 접속합니다. Render 시작 화면이 나타나면 [Get Started for Free]를 선택합니다.

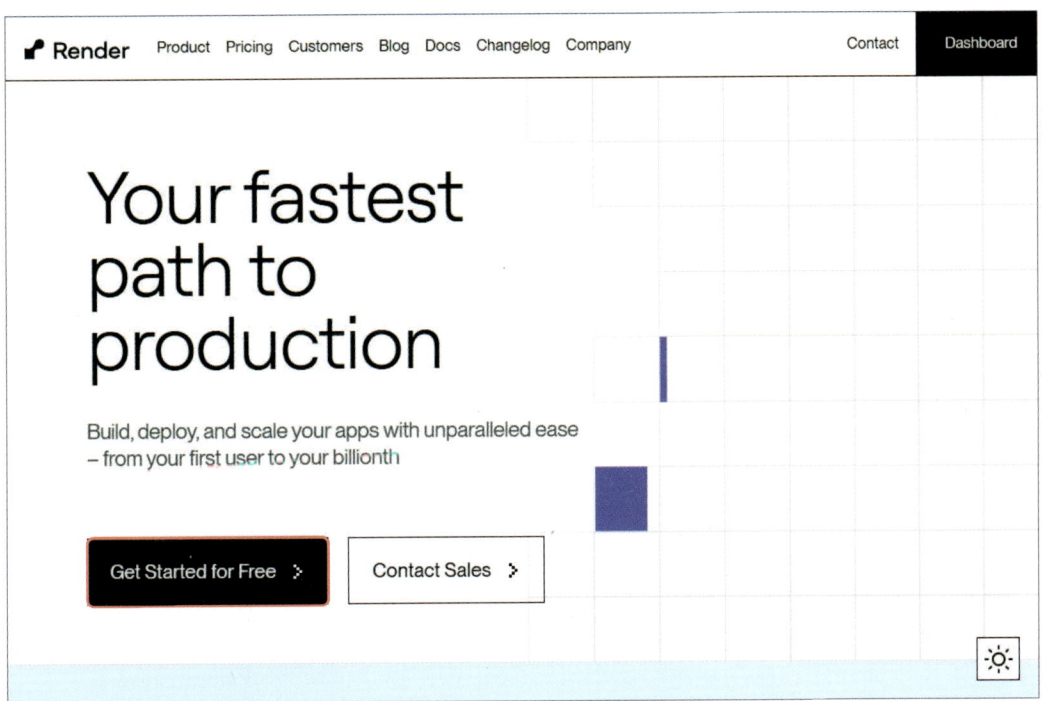

Render 창에서 [GitHub]를 클릭하면 깃허브 계정으로 Render 회원 가입을 쉽게 할 수 있습니다. 회원 가입 과정은 생략합니다.

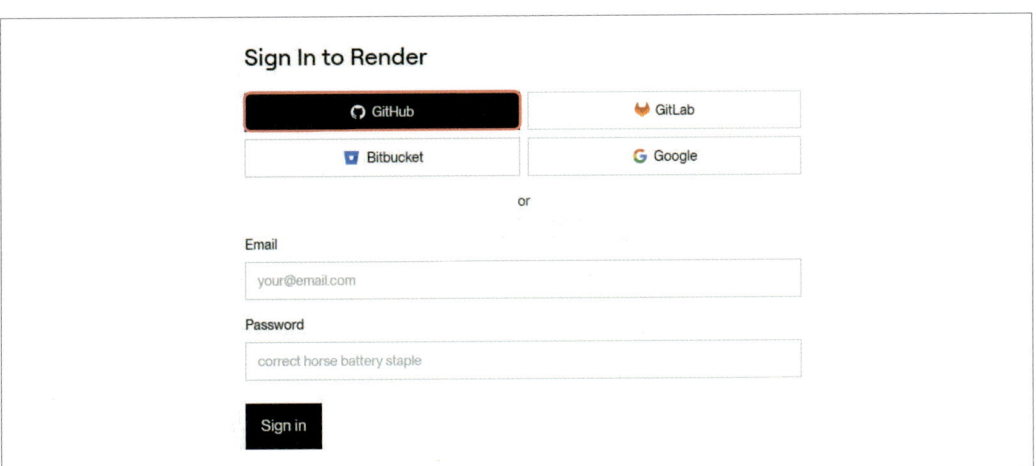

Render에 처음 로그인하면 서비스를 선택하는 화면이 나타납니다. 여기에서 당장 서비스를 선택하지는 않을 것이므로 서비스 목록 오른쪽 위에 있는 [Skip]을 클릭합니다.

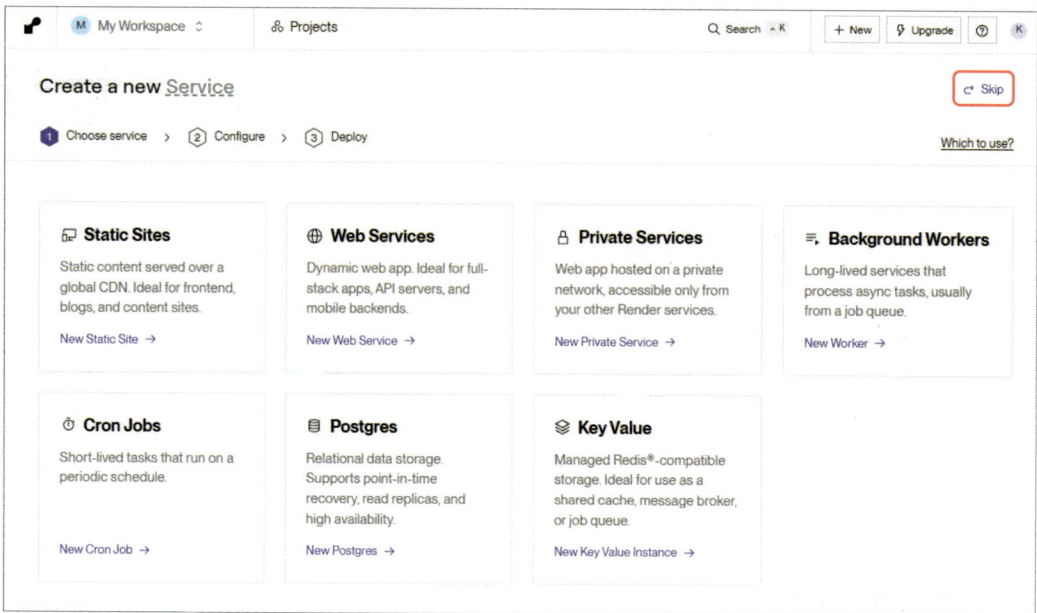

Render 대시보드가 나타납니다. 앞으로 이 화면에서 앱을 배포할 것입니다.

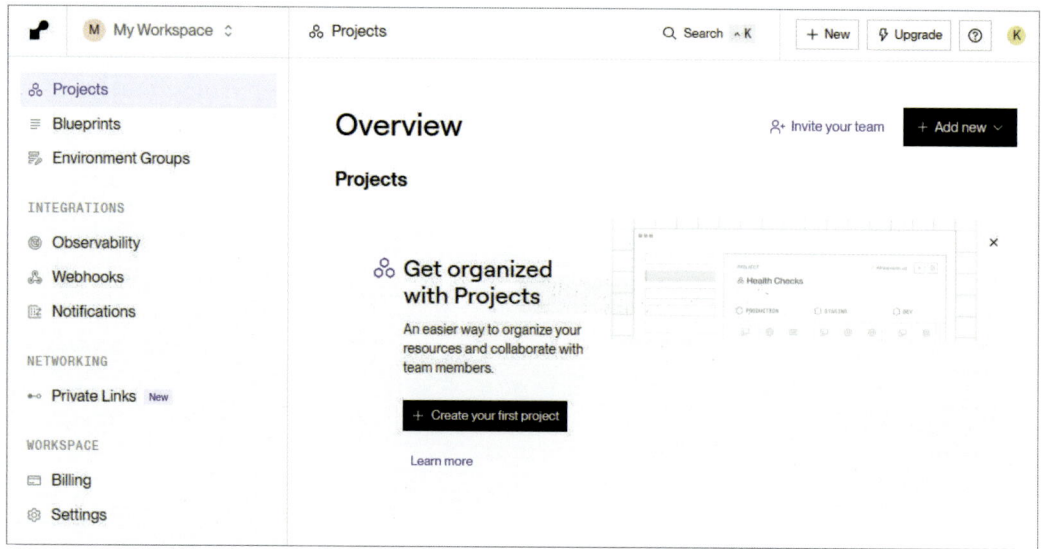

커서에게 배포 순서 물어보기

앱을 처음 배포한다면 AI에게 어떤 순서로 진행하는지 물어볼 수 있습니다. 다음과 같이 앱을 배포할 분야와 플랫폼 서비스를 커서에게 알려 주고 배포하는 순서를 물어보세요.

 프런트엔드와 백엔드, 데이터베이스를 모두 준비했어. 이제 배포하려고 하는데, 배포 순서를 알려 줘. render.com에 배포할 거야.

✦ 만일 확장자가 yaml인 설정 파일을 따로 만든 후에 진행하라고 한다면 여러분은 아직 yaml을 알지 못하니 다른 방법을 알려 달라고 다시 요청해야 합니다. yaml은 사람이 읽기 쉬운 설정 파일 형식인데, 개발자들 사이에서는 보통 '야멀'이라고 읽습니다.

커서가 Render에게 앱을 배포하는 방법을 순서대로 알려 줍니다. 이 순서대로 앞에서 만든 커피 주문 앱을 배포해 보겠습니다.

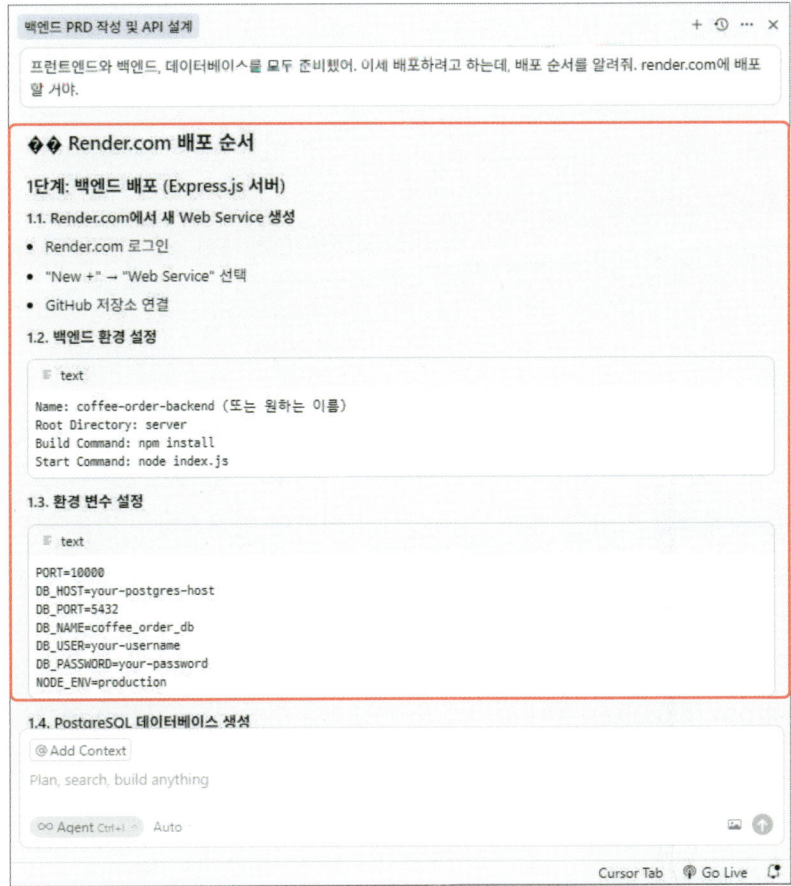

7장 ✦ 커피 주문 앱 개발하기 **211**

 **알아 두면 좋아요!** 　다른 생성형 AI 서비스에 물어볼 수도 있습니다!

챗GPT나 클로드^{Claude}, 제미나이^{Gemini} 등 다른 AI 서비스에서 배포할 플랫폼을 커서에게 알려 준 후, 배포 과정을 자세히 설명해 달라고 요청해도 됩니다. 다음 화면은 제미나이(https://gemini.google.com/)가 설명해 주는 배포 단계별 가이드입니다.

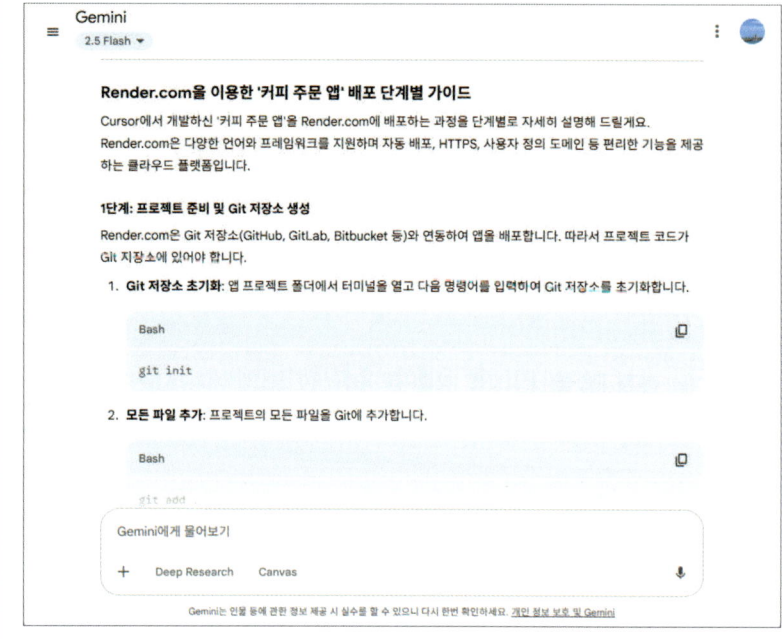

Do it! 실습 　깃허브에 업로드하기

앱을 Render에 배포할 때는 깃허브나 깃랩^{GitLab}, 비트버킷^{Bitbucket} 같은 원격 저장소와 연동해야 합니다. 여기에서는 깃허브를 사용할 텐데, 커서에서 깃허브에 업로드하는 것도 어렵지 않아 몇 번 클릭만 해도 끝낼 수 있습니다.

✦ 깃허브에 업로드하는 과정은 5-3절에서 자세히 살펴보았으므로 여기에서는 주요 단계만 짚어 보겠습니다.

1 깃허브 웹 사이트(https://github.com)에서 새로운 저장소를 만듭니다. 저장소 이름은 프로젝트 폴더와 같은 'order-app'으로 지정한 후, 나머지 항목은 기본값 그대로 두고 [Create repository]를 클릭합니다.

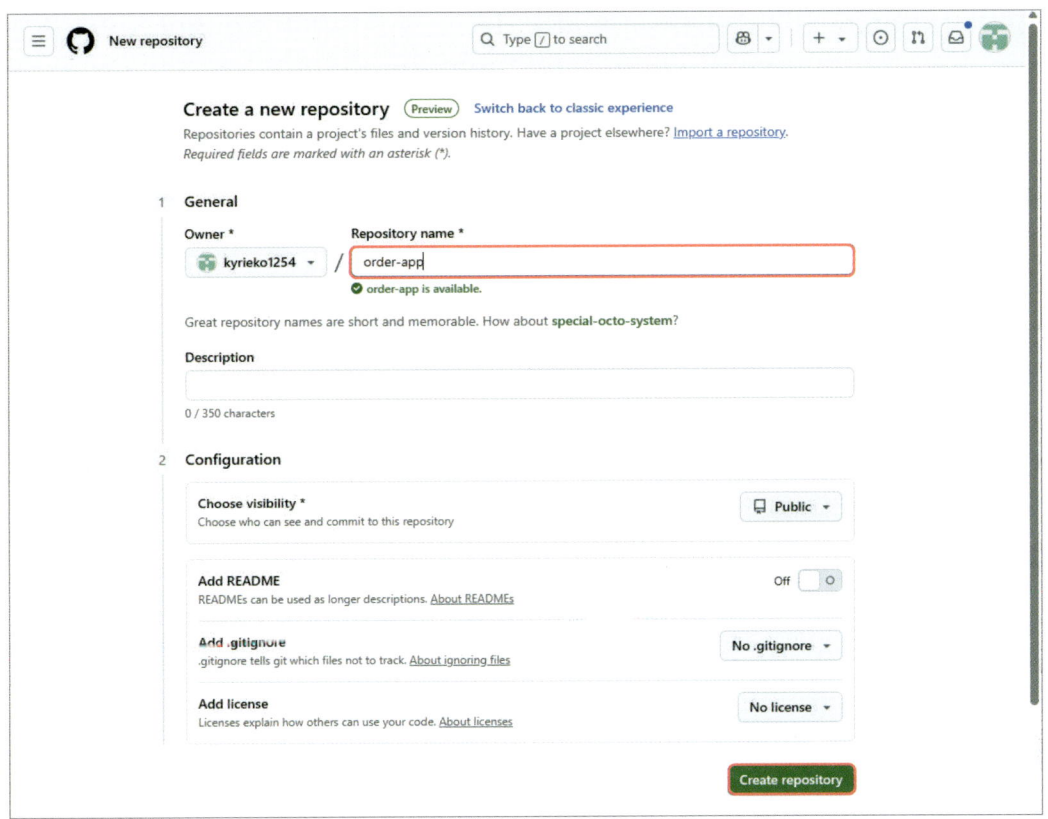

2 웹 브라우저의 주소 표시줄에 표시된 order-app 저장소의 주소를 복사합니다.

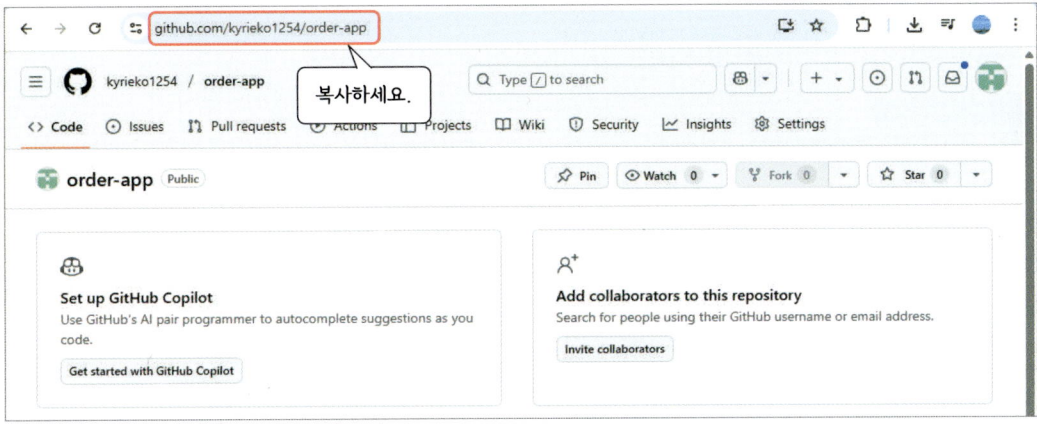

3 커서로 돌아와 왼쪽 메인 사이드바 위에 있는 아이콘을 클릭해서 소스 제어 창으로 전환합니다. [CHANGES] 영역의 제목 위로 마우스 포인터를 올리면 오른쪽에 더보기 아이콘(⋯)이 나타납니다. ⋯를 클릭한 후 [Remote → Add Remote...]를 선택합니다.

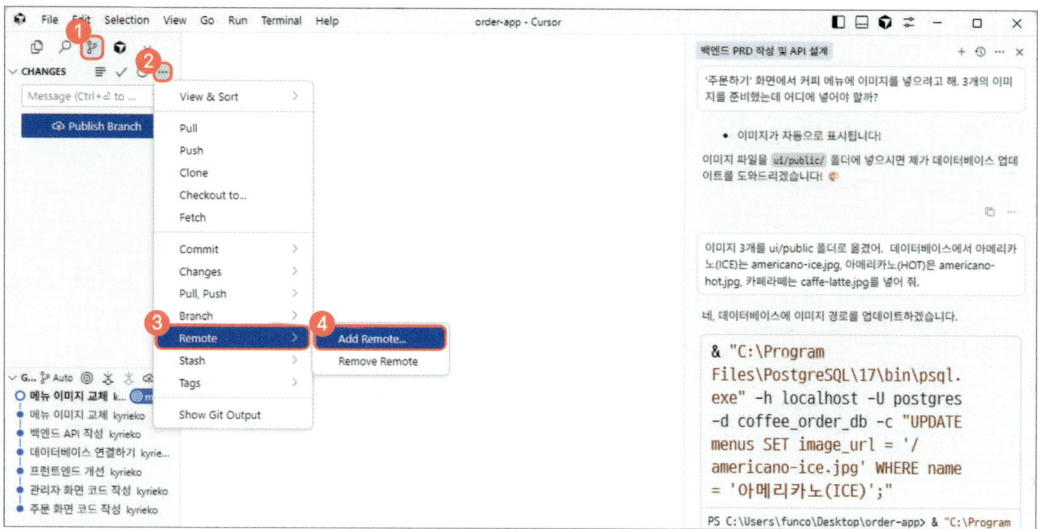

4 복사해 둔 깃허브 저장소 주소를 커서 화면 위쪽의 입력 창에 붙여 넣고 Enter 를 누릅니다. 그리고 다른 저장소와 구별하기 쉽도록 이름을 붙입니다. 여기에서는 'order-app'으로 정했습니다.

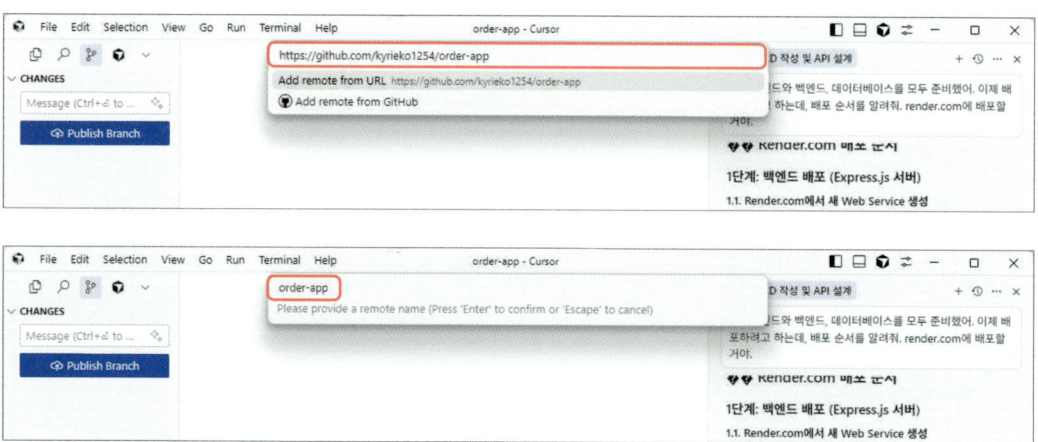

5 원격 저장소가 연결되었다면 지금까지 만든 커밋을 깃허브로 업로드하기 위해 [Publish Branch]를 클릭합니다.

6 깃허브 저장소에 제대로 푸시했다면 [GRAPH] 영역에 아이콘이 나타나고, [Publish Branch] 버튼이 희미한 [Commit] 버튼으로 바뀝니다.

7 웹 브라우저에서 깃허브 저장소를 새로 고침 하면 방금 업로드한 코드들이 보일 것입니다.

✦ 파일 목록 위에 있는 커밋 개수 부분을 클릭하면 개발하면서 만든 커밋을 모두 살펴볼 수 있습니다.

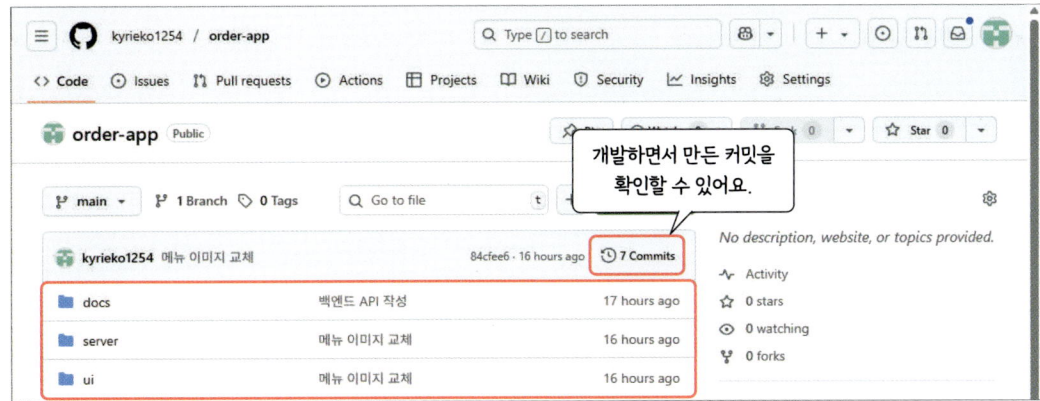

7장 ✦ 커피 주문 앱 개발하기 **215**

Do it! 실습 PostgreSQL 데이터베이스 만들고 연결하기

앱의 소스 코드는 깃허브에 올려 두었으니 이번에는 앱에서 사용할 데이터베이스를 만들겠습니다. 커피 주문 앱에서 사용하는 PostgreSQL 데이터베이스를 Render에서 선택해 만들면 됩니다.

1 Render 웹 사이트에 로그인하면 가장 먼저 대시보드가 나타납니다. 화면 오른쪽 위에 있는 [Add new]를 클릭한 후 [Postgres]를 선택합니다.

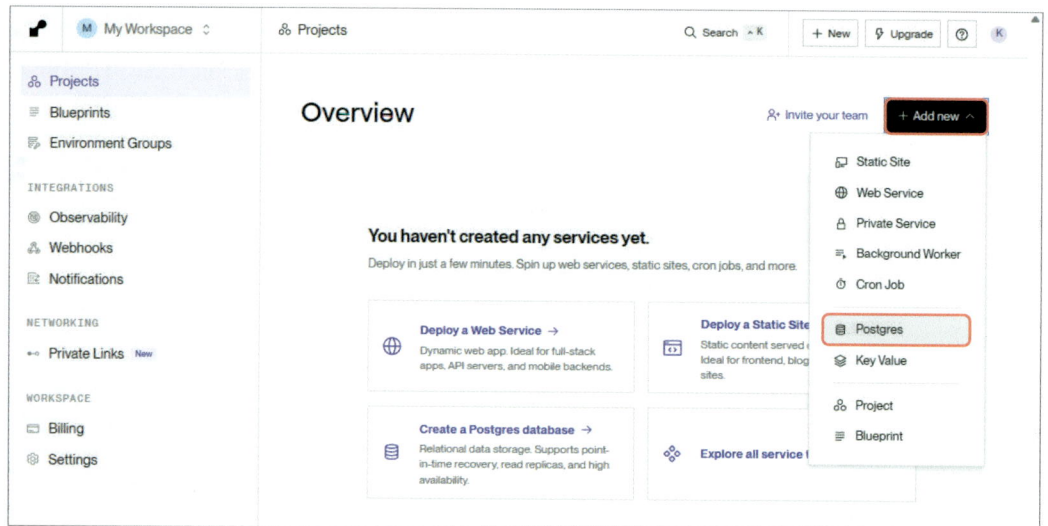

2 지정할 항목이 많지만 다음과 같이 필수 항목만 입력하고 [Create Database]를 클릭합니다.

✦ [Optional]이 함께 표시된 항목은 선택 항목이므로 따로 지정하지 않고 기본값을 사용하겠습니다.

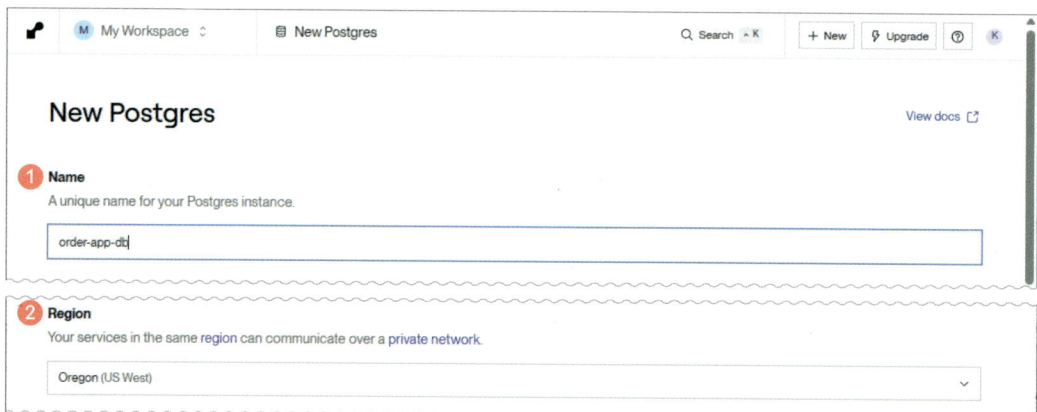

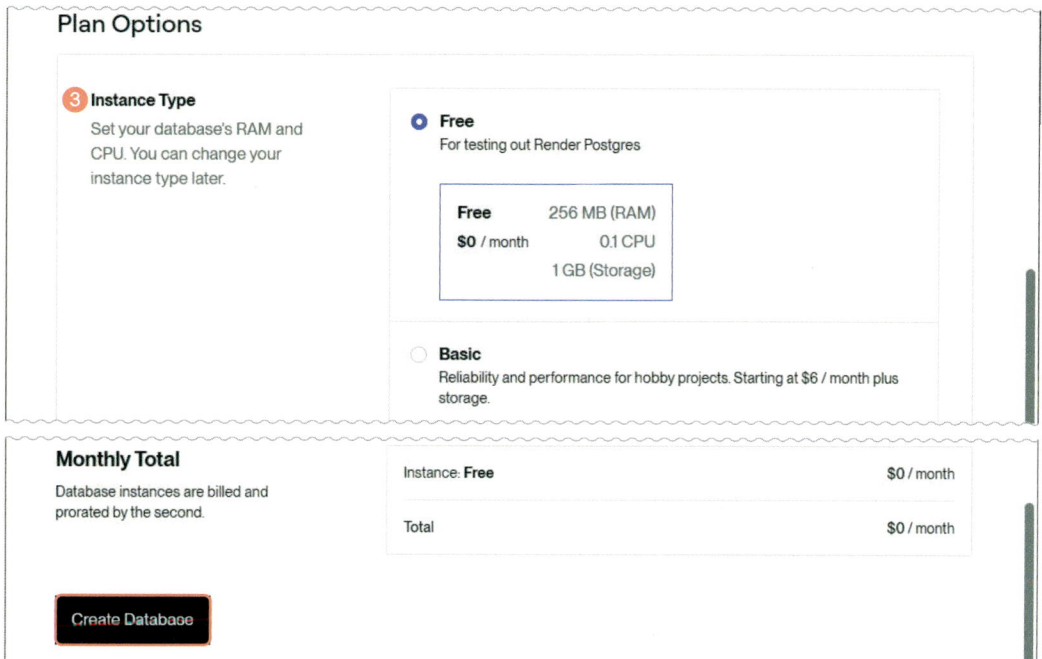

① **Name**: Render에서 서로 다른 데이터베이스를 구별하기 위해 사용하는 이름입니다. 여기에서는 'order-app-db'라는 이름을 사용했습니다.

② **Region**: 실제로 데이터베이스가 위치한 지역을 선택하는 항목입니다. 우리나라에는 Render의 데이터 센터가 없어서 가까운 지역이나 기본으로 설정된 지역을 선택합니다.

③ **Instance Type**: 데이터베이스의 사양에 해당합니다. 여기에서는 무료로 연습해 볼 것이므로 가장 낮은 사양인 [Free]를 선택합니다. 참고로 무료로 만든 데이터베이스는 30일 후에 만료되는데, 그 후 14일 내에 유료로 전환하지 않으면 데이터가 삭제되므로 주의하세요.

3 잠시 기다리면 order-app-db 데이터베이스가 만들어집니다. 데이터베이스 화면에서 [Connect]를 클릭하면 2가지 데이터베이스 주소가 표시됩니다. [Internal]은 Render 플랫폼 안에 있는 앱에서 사용할 때, [External]은 Render 플랫폼 외부에 있는 앱에서 데이터베이스에 접근할 때 사용합니다.

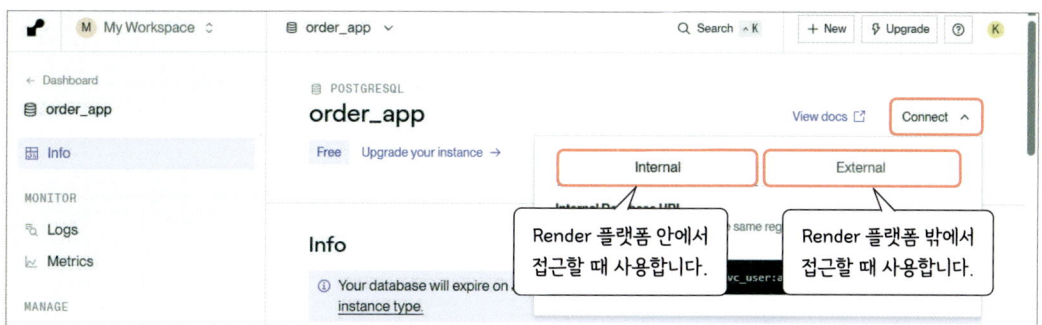

7장 ✦ 커피 주문 앱 개발하기　**217**

4 화면을 조금 내리면 [Connections] 항목에 데이터베이스에 연결할 때 사용할 정보가 나타납니다. 이 정보를 프로젝트 폴더의 server/.env 파일에 기록해 두어야 Render에 만든 데이터베이스에 연결할 수 있습니다.

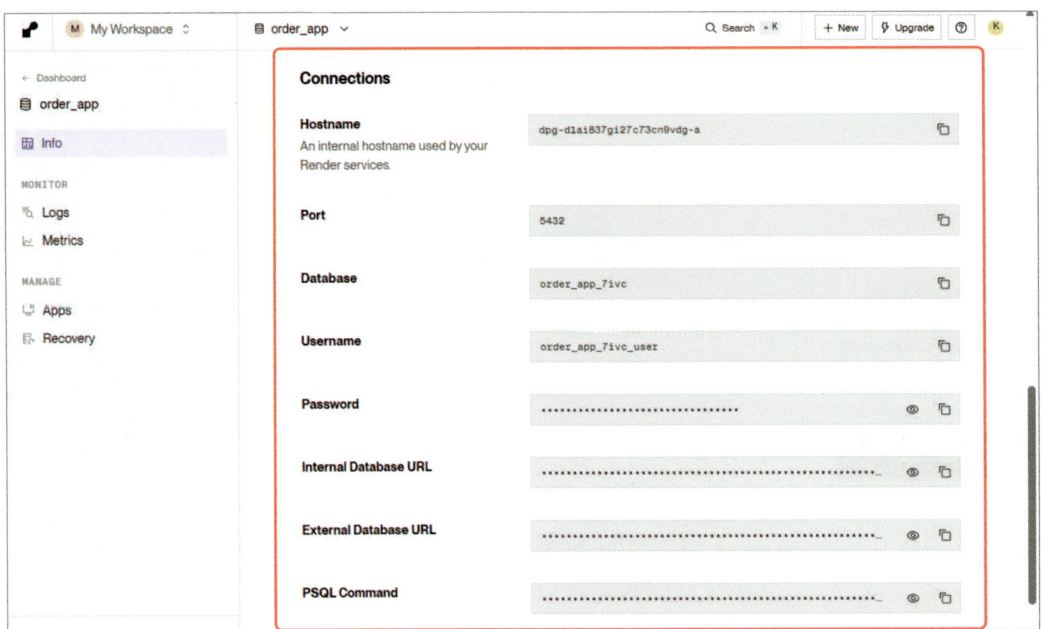

5 커서에서 server 폴더에 있는 .env 파일을 열어 놓고 Render 웹 사이트의 데이터베이스 접속 정보를 참고해서 수정해 보겠습니다. 가장 먼저 .env 파일에서 HOST 부분을 입력해야 하는데, Render에서는 외부 호스트 주소를 제공하지 않습니다. 우선 Render 웹 사이트에서 External Database URL 오른쪽에서 📋를 클릭해 복사합니다.

6 커서의 .env 파일로 돌아와 DB_HOST에 있는 기존 값 'localhost'를 삭제하고, 그 자리에 붙여 넣습니다. 붙여 넣은 External Database URL은 다음과 같은 구조입니다. 여기에서 우리가 필요한 호스트 주소는 @ 이후부터 / 앞까지입니다. 호스트에 해당하는 부분만 남기고 앞뒤 부분은 삭제합니다.

```
postgresql://DB명_user:....@dpg-d1ai837gi27c73cn9vdg-a.oregon-postgres.render.com/DB명
```

7 .env 파일의 나머지 항목은 Render 웹 사이트에서 해당 항목을 복사해 붙여 넣으면 됩니다.

.env 항목	Render 데이터베이스 [Connections] 항목
DB_PORT	Port(주로 5432 사용)
DB_NAME	Database
DB_USER	Username
DB_PASSWORD	Password

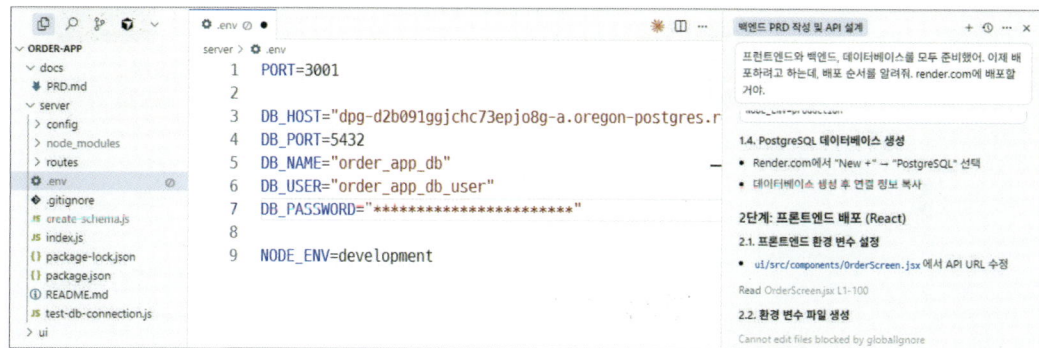

8 이제 커서에게 데이터베이스 연결을 테스트하고, 연결되면 데이터 스키마를 만들어 달라고 요청합니다.

 .env 파일을 수정했어. render의 데이터베이스에 데이터 스키마를 만들어 줘.

9 데이터베이스에 연결하고 스키마까지 만들었다면 일단 데이터베이스 준비는 끝났습니다.

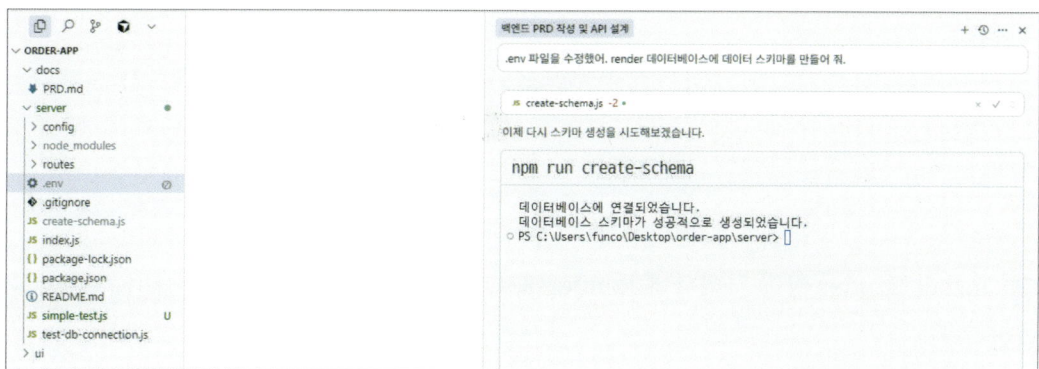

Do it! 실습   백엔드 서비스 배포하기

이제 백엔드와 프런트엔드 서비스를 배포할 차례입니다. 프런트엔드에 앞서 백엔드부터 배포해 봅시다.

1 Render 대시보드 화면의 오른쪽 위에서 [Add new → Web Service]를 선택합니다.

✦ Render 웹 사이트의 왼쪽 위에 있는 아이콘을 클릭하면 언제든지 대시보드로 이동할 수 있습니다.

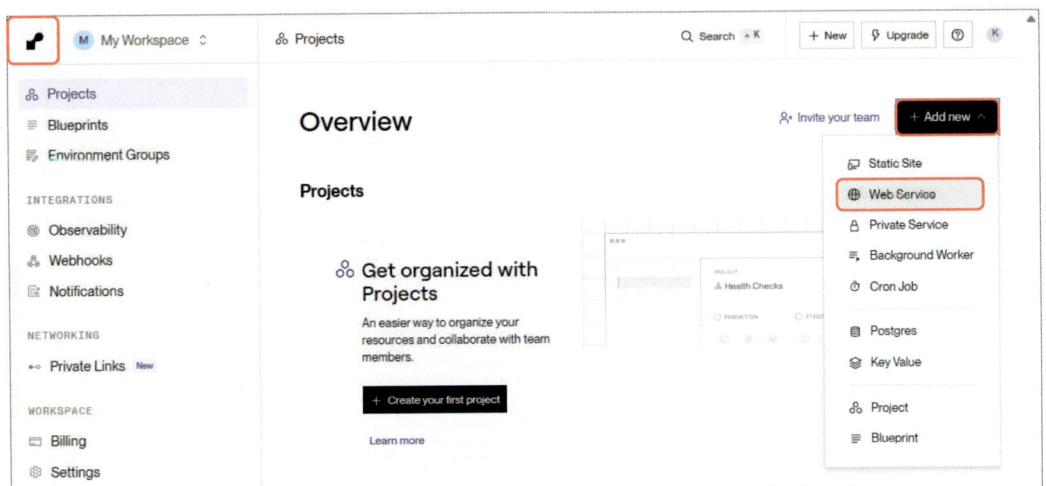

2 이미 깃허브에 소스 코드를 저장했으므로 [Git Provider]를 선택한 후 [GitHub]를 클릭합니다.

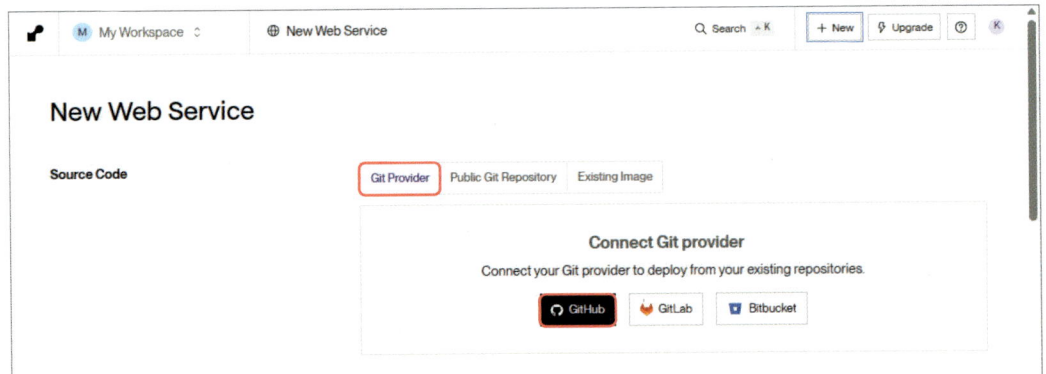

3 Install Render 창이 나타나면 Render에서 깃허브에 접근할 수 있도록 [Install]을 클릭합니다.

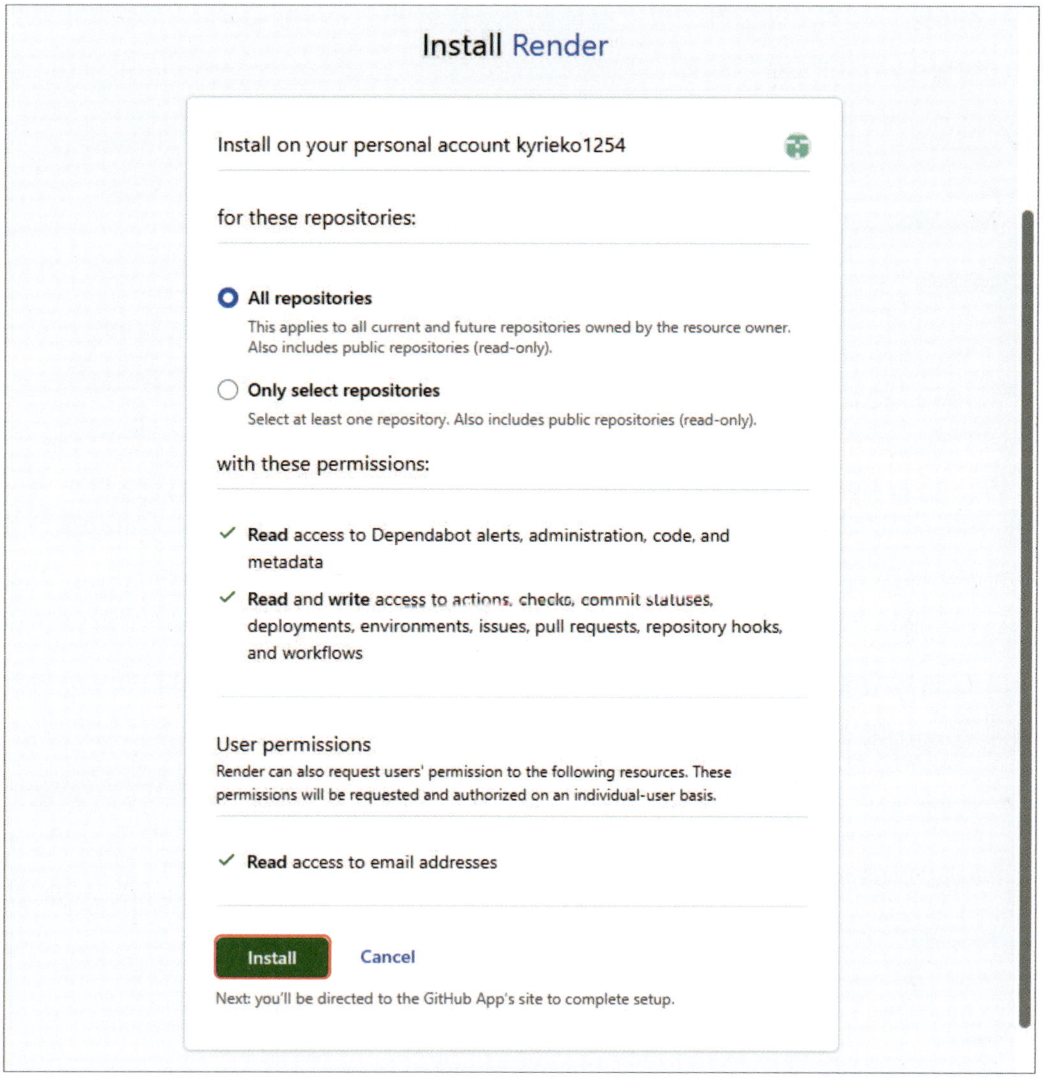

Install Render
Install on your personal account kyrieko1254
for these repositories:
All repositories
This applies to all current and future repositories owned by the resource owner. Also includes public repositories (read-only).
Only select repositories
Select at least one repository. Also includes public repositories (read-only).
with these permissions:
Read access to Dependabot alerts, administration, code, and metadata
Read and write access to actions, checks, commit statuses, deployments, environments, issues, pull requests, repository hooks, and workflows
User permissions
Render can also request users' permission to the following resources. These permissions will be requested and authorized on an individual-user basis.
Read access to email addresses
Install
Cancel
Next: you'll be directed to the GitHub App's site to complete setup.

4 깃허브 계정의 비밀번호를 입력한 후 [Confirm]을 클릭합니다.

Confirm access
Signed in as @kyrieko1254
Password
Forgot password?
Confirm

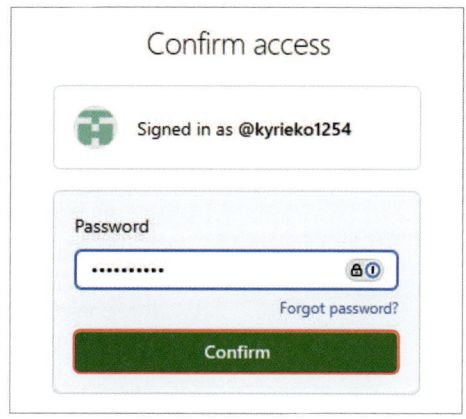

5 Render가 깃허브의 원격 저장소 목록을 가져와 화면에 표시해 줍니다. 이 중에서 배포에 사용할 원격 저장소를 클릭합니다.

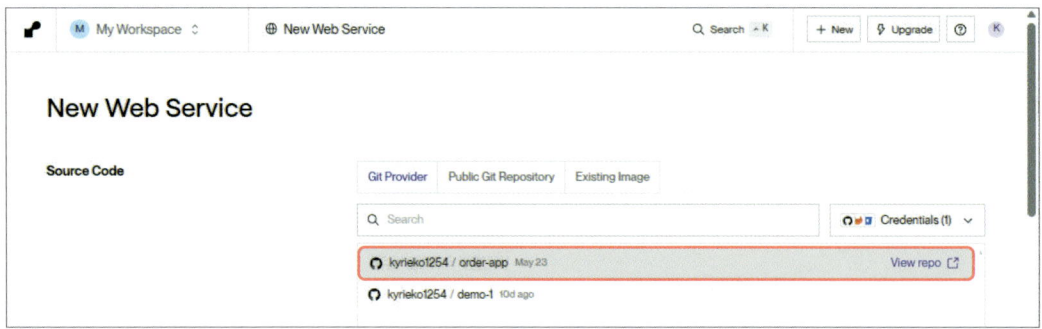

6 [Source Code]와 [Name]의 내용은 자동으로 입력되어 있습니다. 다른 서비스와 쉽게 구별할 수 있도록 [Name]을 'order-app-backend'라고 수정해 보겠습니다. 그리고 그 외 항목에 어떤 값을 넣어야 하는지는 커서가 알려 준 내용을 참고하면 됩니다.

참고로, 커서가 작성한 코드에 따라 여기에 입력하는 값은 달라질 수 있습니다. 반드시 커서에게 Render에 배포하는 방법을 물어보고 커서가 알려 주는 값을 입력해야 합니다.

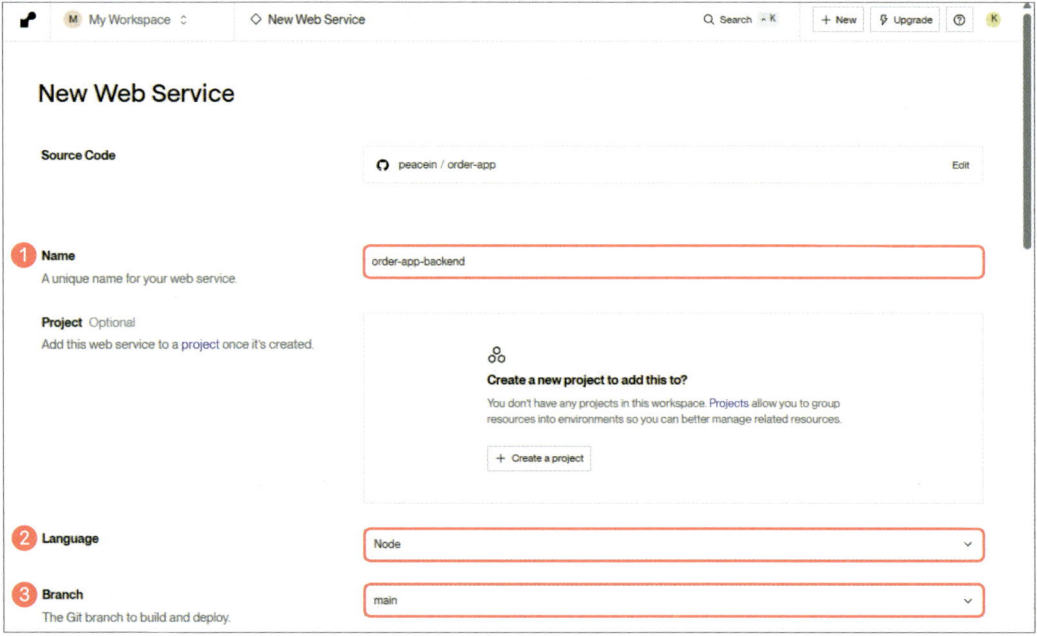

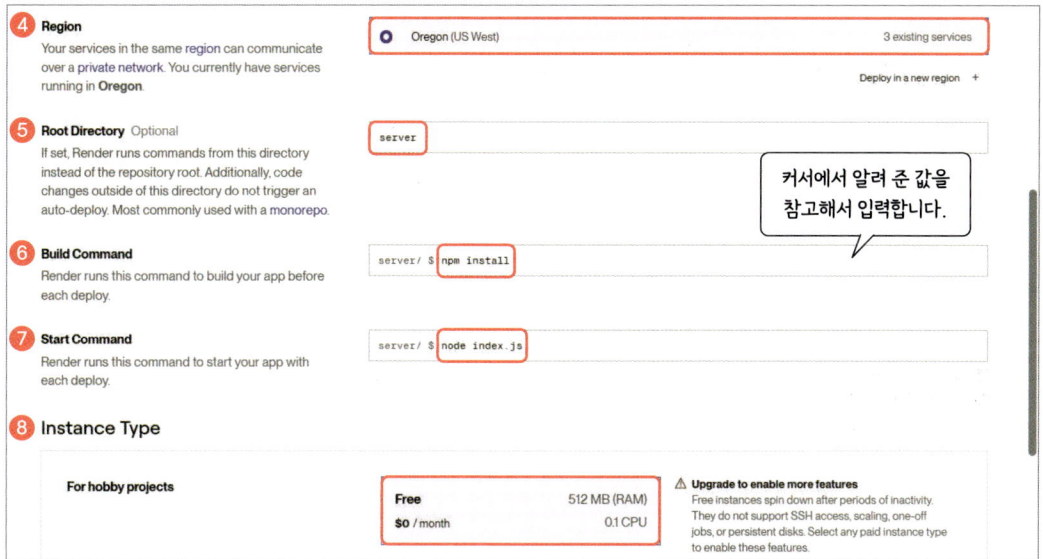

① **Name**: 웹 서비스를 구별할 수 있는 이름을 입력합니다. 여기에서는 'order-app-backend'라고 지정했습니다.

② **Language**: 사용한 언어를 지정합니다. 익스프레스는 Node.js 기반 서버 프레임워크이므로 기본값 [Node]를 그대로 사용합니다.

③ **Branch**: 깃허브를 통해 배포할 때 깃허브의 브랜치 이름을 지정합니다. 기본값 [main]을 그대로 사용합니다.

④ **Region**: 백엔드 서버가 실제로 위치한 지역을 선택합니다. 아직 우리나라에는 Render의 데이터 센터가 없으므로 기본값 그대로 사용합니다.

⑤ **Root directory**: 깃허브에 여러 하위 폴더가 있을 경우 백엔드 코드가 있는 폴더를 지정합니다. 여기에서는 백엔드의 최상위 폴더를 [server]로 지정합니다.

⑥ **Build Command**: 배포하기 전에 백엔드 코드를 빌드하기 위한 명령을 지정합니다. '여기에서는 'npm install'을 입력했습니다.

⑦ **Start Command**: 배포한 앱을 실행하는 명령을 지정합니다. 여기에서는 'node index.js'를 입력했습니다.

⑧ **Instance Type**: 백엔드 서비스를 실행할 컴퓨터의 사양입니다. 여기에서는 무료로 사용할 것이므로 가장 낮은 사양인 [Free]를 선택하겠습니다.

7 화면을 조금 아래로 내리면 외부로 드러나면 안 되는 정보를 입력하는 [Environment Variables] 항목이 보입니다. 환경 변수를 하나씩 입력할 수 있는데, 왼쪽에는 변수 이름을, 오른쪽에는 값을 입력합니다. 여기에서는 데이터베이스 접속 정보를 .env 파일에 저장해 두었으므로 [Add from .env]를 클릭합니다.

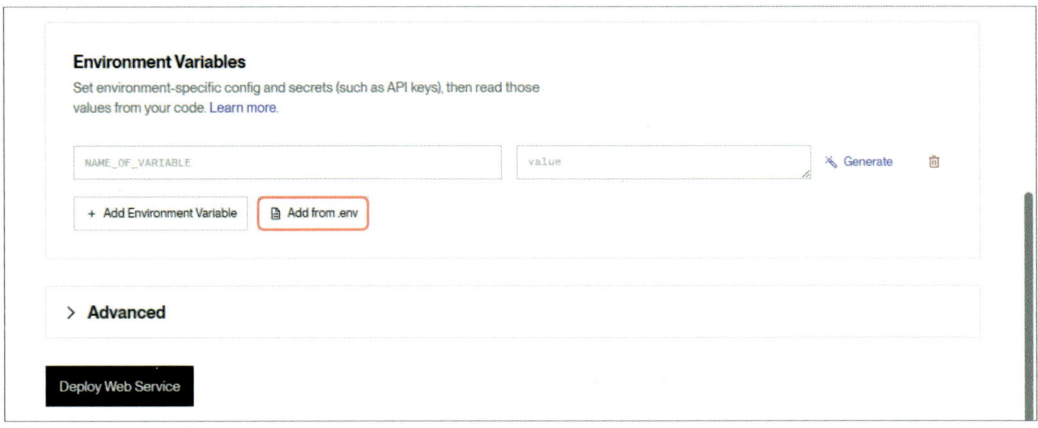

8 커서에서 .env 파일을 연 후, 그 안의 내용을 모두 선택해서 복사합니다.

✦ .env 파일에 있는 PORT 변수는 로컬 서버의 포트 번호이므로 배포할 때는 필요하지 않습니다.

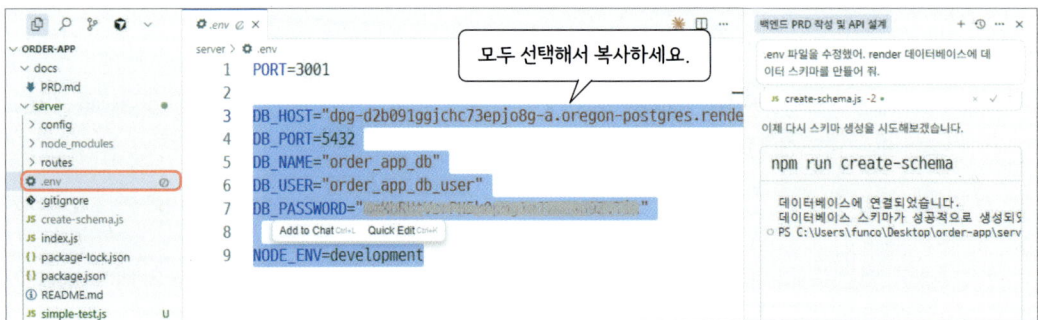

9 Render 웹 사이트로 돌아와서 열려 있는 Add from .env 창에 복사한 내용을 붙여 넣습니다. 이 때 NODE_ENV 변수가 있다면 기존 값 development를 production으로 수정하고, NODE_ENV 변수가 없다면 NODE_ENV=production을 추가한 후 [Add variables]를 클릭합니다.

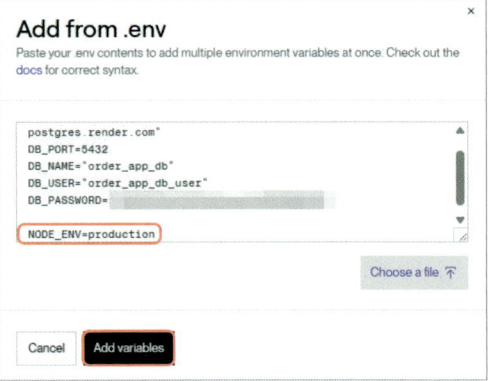

10 백엔드 배포 정보 중에서 환경 변수 영역에 자동으로 입력된 것을 볼 수 있습니다. [Deploy Web Service]를 클릭합니다.

11 무료 서비스를 사용하면 배포하는 데 시간이 좀 걸립니다. 배포 화면에 'Your service is live'라는 문구가 있다면 배포에 성공한 것입니다. 화면 위에 웹 서비스 URL이 보일 것입니다. 이 주소는 나중에 프런트엔드를 배포할 때 사용할 것입니다.

✦ 서비스 URL을 보면 보안이 강화된 https 프로토콜을 사용하고 있다는 걸 확인할 수 있습니다.

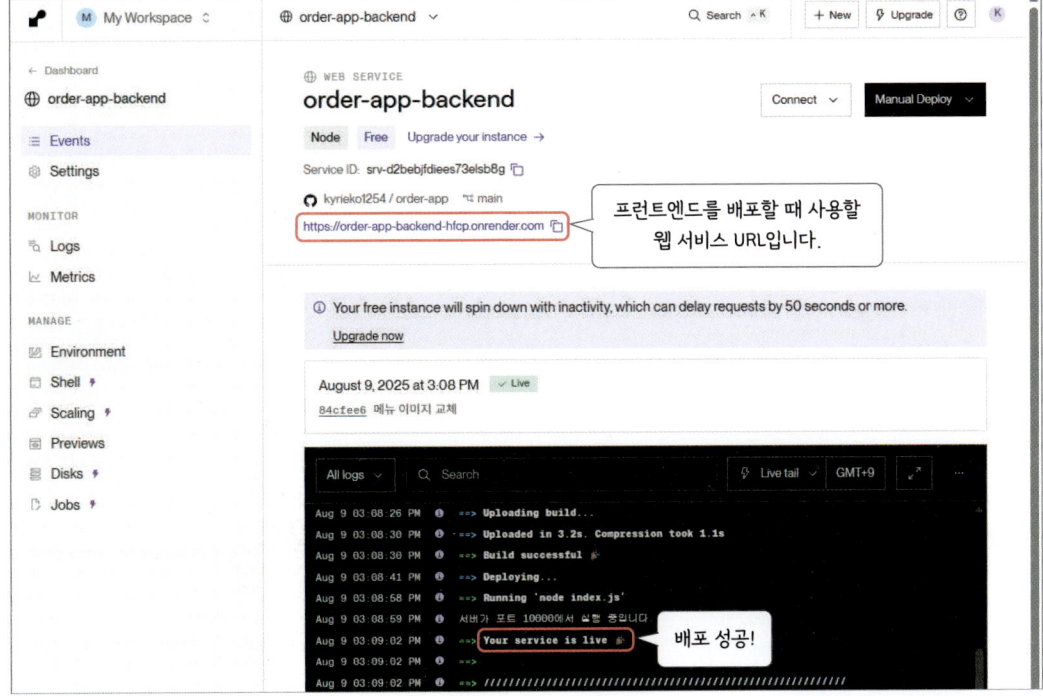

> 💚 **알아 두면 좋아요!**　배포하다가 오류가 발생한다면
>
> 커서에서 작성한 코드를 배포하면 한 번에 원하는 결과가 나오지 않는 경우도 있습니다. 백엔드나 프런트엔드를 배포하면서 오류가 발생할 경우 커서에서 해결할 수 있습니다. 이때 주의할 점이 있습니다. Render 배포 오류 메시지를 복사할 때 오류가 생긴 부분만 선택해서는 안 됩니다. 어떤 순서로 진행하다가 오류가 발생했는지 이해하기 쉽도록 배포 화면에 있는 메시지를 다 복사해서 커서에게 알려 주는 것이 좋습니다.
>
> 백엔드를 배포하다가 이런 오류가 생겼어.
> [여기에 오류 메시지 붙여넣기]
> 문제를 살펴보고 코드에 반영해 줘.
>
> 커서에서 문제를 분석하고 필요한 코드를 수정합니다.
>
>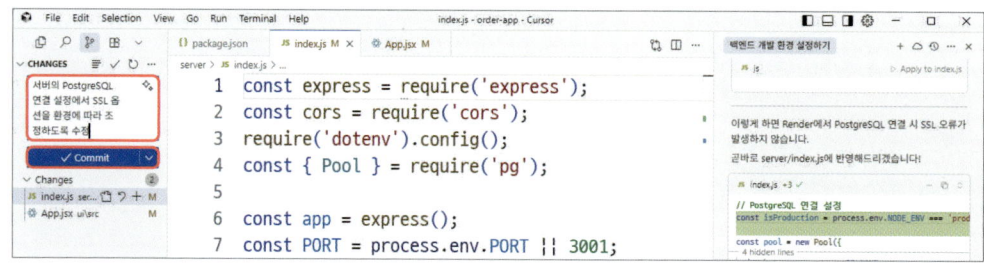
>
> 소스 제어 창에서 커밋 메시지를 입력하고 커밋한 후, [Sync Changes]를 클릭해서 깃허브로 업로드합니다. 그리고 수정한 코드로 다시 배포하면 됩니다.
>
>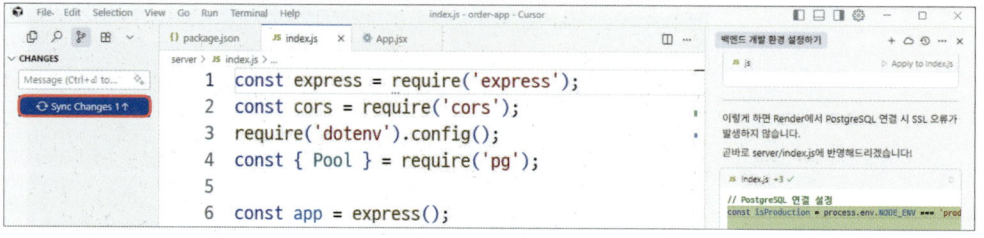

Do it! 실습 프런트엔드 배포 준비하기

백엔드를 배포했다면 이제 프런트엔드를 배포할 수 있습니다. 하지만 프런트엔드를 배포하기 전에 프런트엔드 코드를 일부 수정해야 합니다. 이 과정은 사용자 컴퓨터에서 사용하던 개발 서버 주소를 실제 백엔드 서버 주소로 바꾸는 것입니다.

1 커서가 알려 준 프런트엔드 배포 방법을 살펴봅니다. 프런트엔드 배포 방법을 한 번 더 확인하고 싶다면 커서에게 다시 요청합니다.

> ui 폴더에 있는 프런트엔드 코드를 Render에 배포하려고 해. 코드에서 수정할 부분과 배포 과정을 설명해 줘.

2 커서에서 필요한 코드를 수정합니다. 이때 AI 패널에 나타나는 내용을 자세히 살펴보세요. 어떤 부분을 수정하는지 알려 주는데, 파일 이름 옆의 ⌵ 를 클릭하면 파일의 수정 부분을 확인할 수 있습니다.

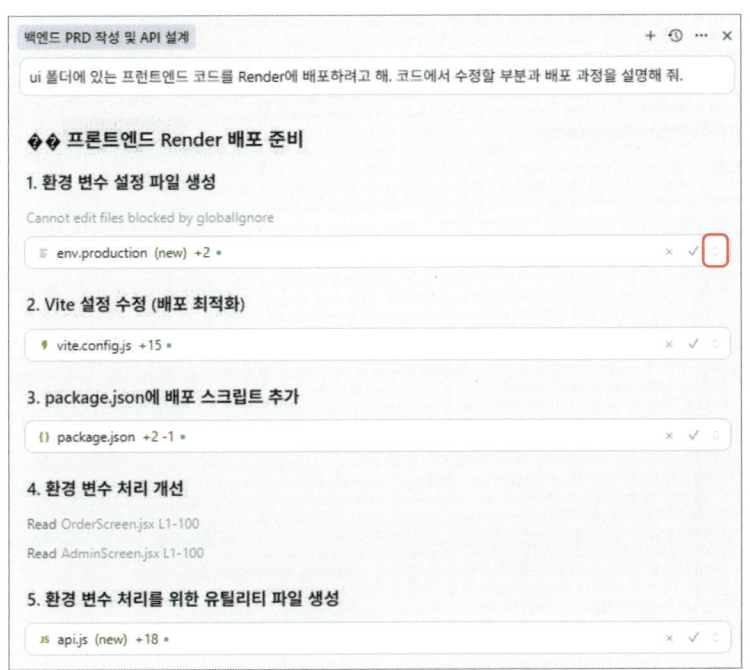

7장 ✦ 커피 주문 앱 개발하기 **227**

3 여기에서는 환경 변수를 사용하므로 프런트엔드를 배포할 때 백엔드 주소를 입력합니다. 하지만 코드에 따라 App.jsx 같은 파일에서 수정해야 하는 경우도 있습니다.

4 Render 웹 사이트의 백엔드 화면에서 백엔드 URL 오른쪽에 있는 아이콘을 클릭하면 백엔드 주소를 복사할 수 있습니다.

✦ Render 웹 사이트를 빠져 나왔다면 Render로 돌아가서 [Dashboard]를 선택한 후, 서비스 목록에서 백엔드 서비스 이름을 선택합니다.

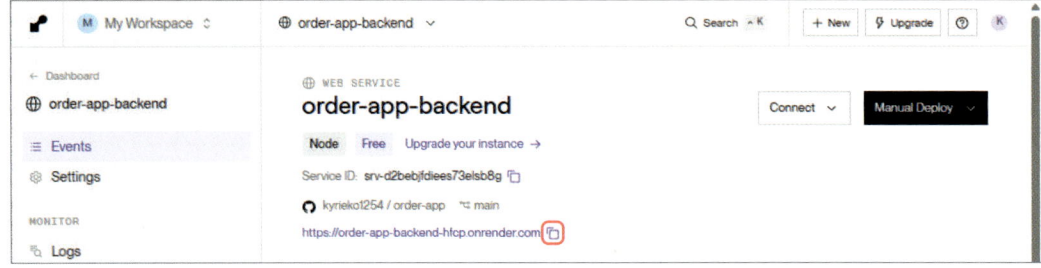

5 코드를 수정했다면 변경된 코드를 깃허브로 푸시해야 합니다. 아이콘을 클릭해서 소스 제어 창으로 전환한 후, '프런트엔드 배포 준비 완료'라고 커밋 메시지를 입력하고 [Commit]을 클릭합니다.

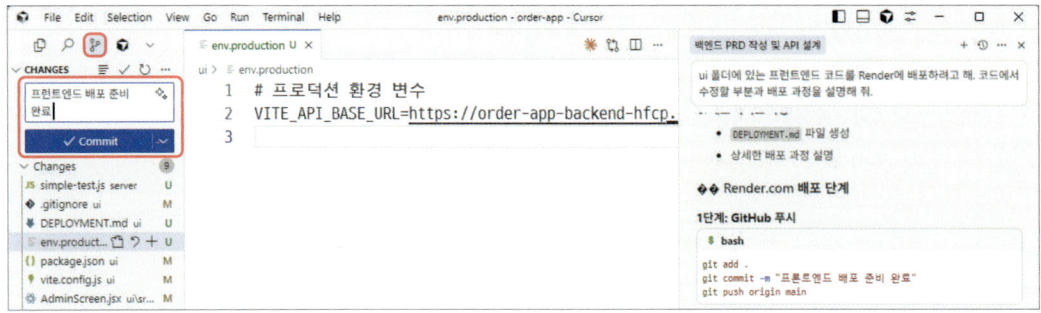

6 [Sync Changes]를 클릭해서 깃허브로 푸시합니다.

✦ 깃허브의 main 브랜치로 푸시할 것인지 묻는 알림 창이 나타나면 [OK]를 클릭합니다.

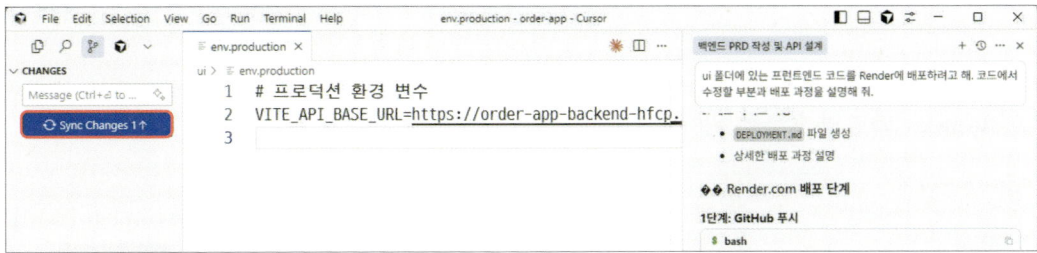

7 AI 패널에는 프런트엔드를 배포할 때 사용해야 할 여러 값들이 설명되어 있을 것입니다. 그 내용을 찾아 열어 놓은 상태로 Render 웹 사이트에 접속합니다.

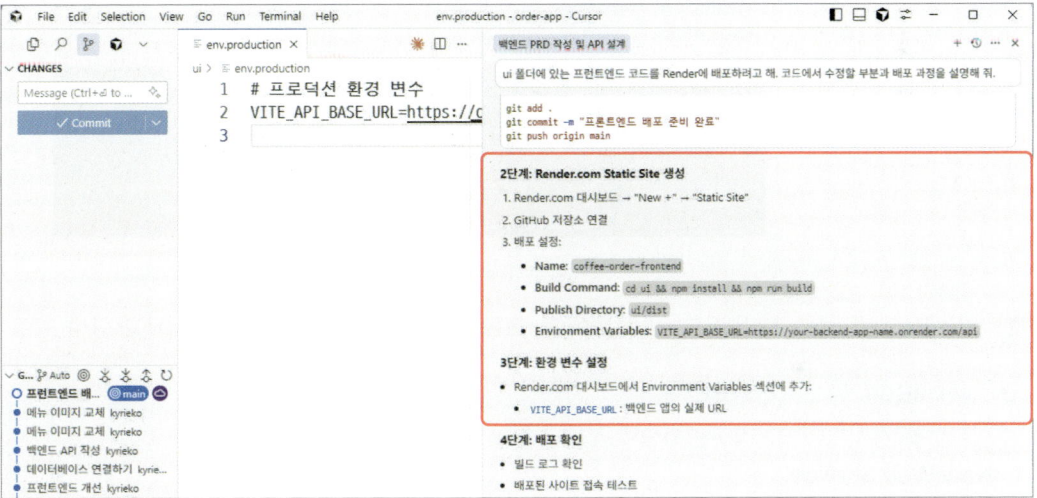

> 💚 **알아 두면 좋아요!**   프런트엔드와 백엔드 빌드
>
> 프런트엔드를 개발할 때 프레임워크 없이 HTML, CSS, 자바스크립트만 사용했다면 웹 브라우저에서 바로 열 수 있어서 이 상태로 배포할 수 있습니다. 하지만 커피 주문 앱의 프런트엔드를 개발할 때는 리액트와 비트를 사용했습니다. 이러한 라이브러리와 프레임워크를 통해 개발하면 웹 브라우저가 프런트엔드 코드를 바로 실행할 수 없습니다. 그래서 브라우저가 이해할 수 있도록 변환하고 최적화하는 빌드(build) 과정이 필요합니다. 백엔드에서도 Node.js나 파이썬을 사용했을 때는 빌드가 필요하지 않지만, 타입스크립트나 자바, Go 등을 사용했을 때는 빌드한 후에 배포해야 합니다. Render를 비롯한 대부분의 배포 서비스에서는 소스 코드가 있는 깃허브 저장소를 알려 주면 자동으로 빌드하고 배포합니다.

Do it! 실습 프런트엔드 배포하기

프런트엔드를 배포할 준비를 모두 마쳤으니 이제 Render 웹 사이트로 가서 프런트엔드를
배포하겠습니다.

1 Render 화면의 오른쪽 위에서 [New]를 클릭한 후 [Static Site]를 선택합니다.

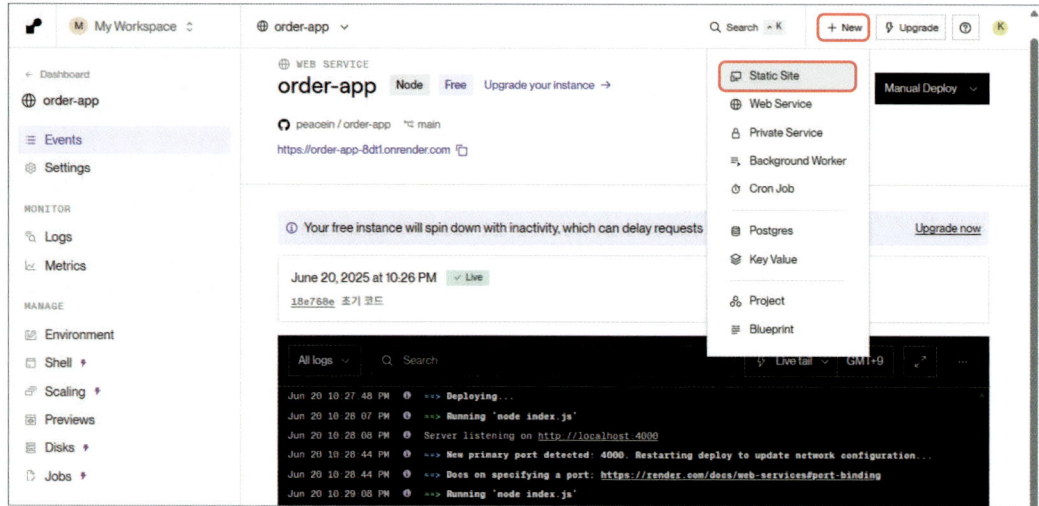

2 [Git Provider]를 선택한 후 프런트엔드 코드가 있는 깃허브 저장소를 선택합니다.

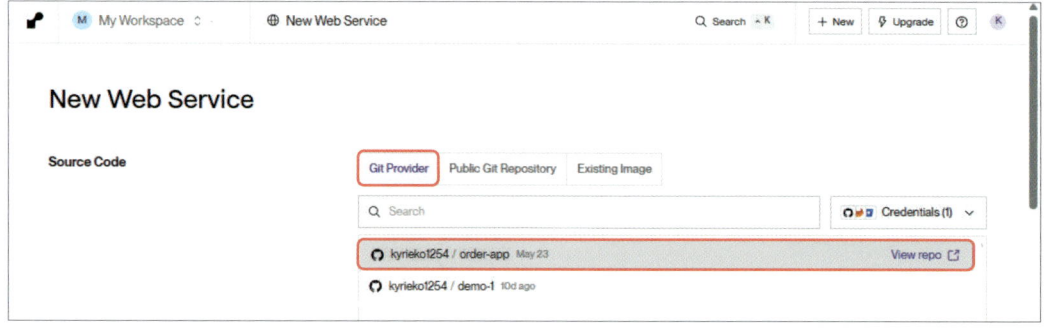

3 Render에 배포한 다른 서비스와 구별하기 쉽도록 [Name]은 'order-app-frontend'
라고 지정하겠습니다.

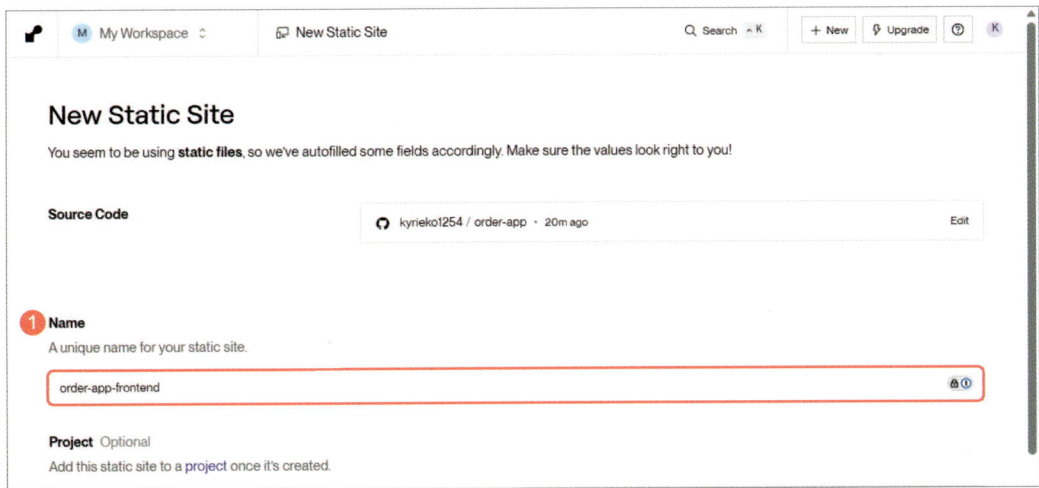

4 이 외에도 설정할 항목들이 많죠? 커서에서 알려 준 설정값들을 참고해서 하나씩 입력합니다. 입력을 마치면 [Deploy Static Site]를 클릭합니다.

✦ 간혹 프런트엔드에서 사용할 환경 변수를 지정해야 할 경우도 있습니다. 그럴 때는 커서에서 알려 준 환경 변수의 이름과 값을 [Environment Variables] 영역에 입력합니다.

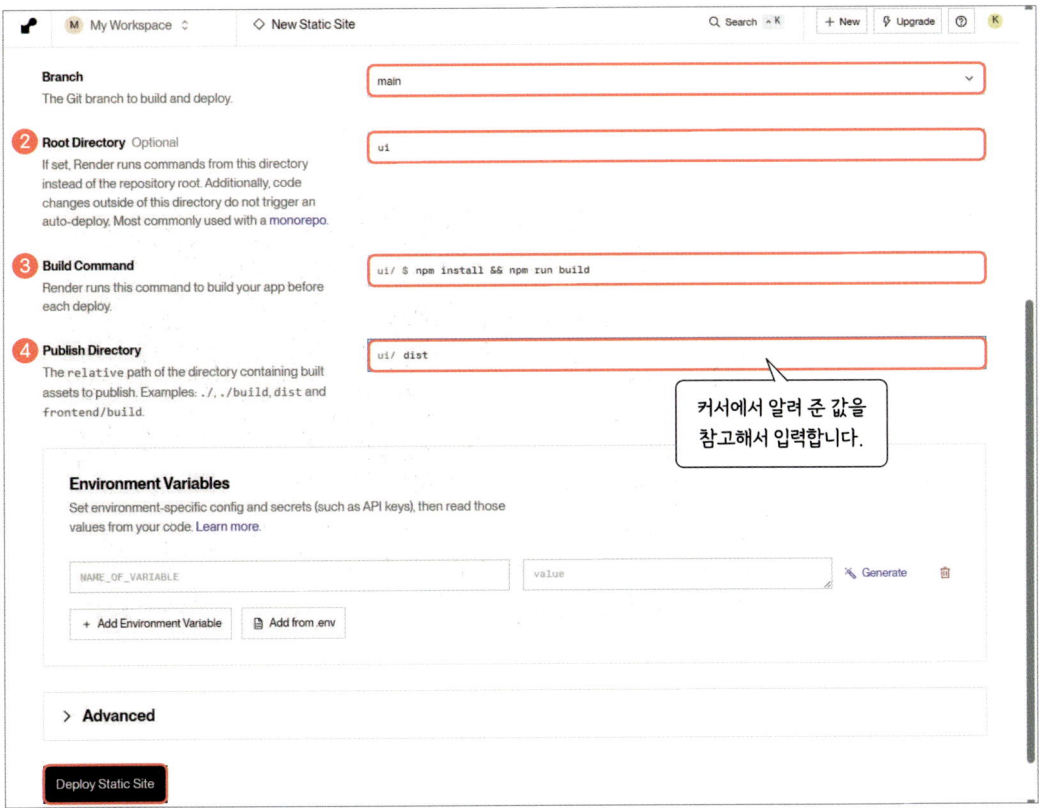

7장 ✦ 커피 주문 앱 개발하기   231

❶ **Name**: Render에서 만든 다른 서버와 구별할 수 있는 이름을 입력합니다. 여기에서는 'order-app-frontend'를 사용했습니다.

❷ **Root Directory**: 저장소에서 프런트엔드 코드가 들어 있는 디렉터리를 지정합니다. 여기에서는 'ui'라는 폴더를 지정했습니다.

❸ **Build Command**: 프런트엔드 빌드 명령을 입력하면 Render에서 자동으로 빌드합니다. 'npm install && npm run build'를 입력합니다.

❹ **Publish Directory**: 프런트엔드를 빌드한 후 그 결과를 어떤 폴더에 저장할지 지정합니다. 주로 dist를 사용합니다.

5 잠시 기다리면 화면에 'Your site is live'라는 메시지가 나타납니다. 프런트엔드 배포가 다 끝났다는 뜻입니다. 화면 위에 표시된 링크가 웹 앱의 주소입니다. 무료로 배포하지만 웹 사이트 주소는 https://로 시작합니다. 보안을 적용한 프로토콜이죠. 주소 링크를 클릭해 보세요.

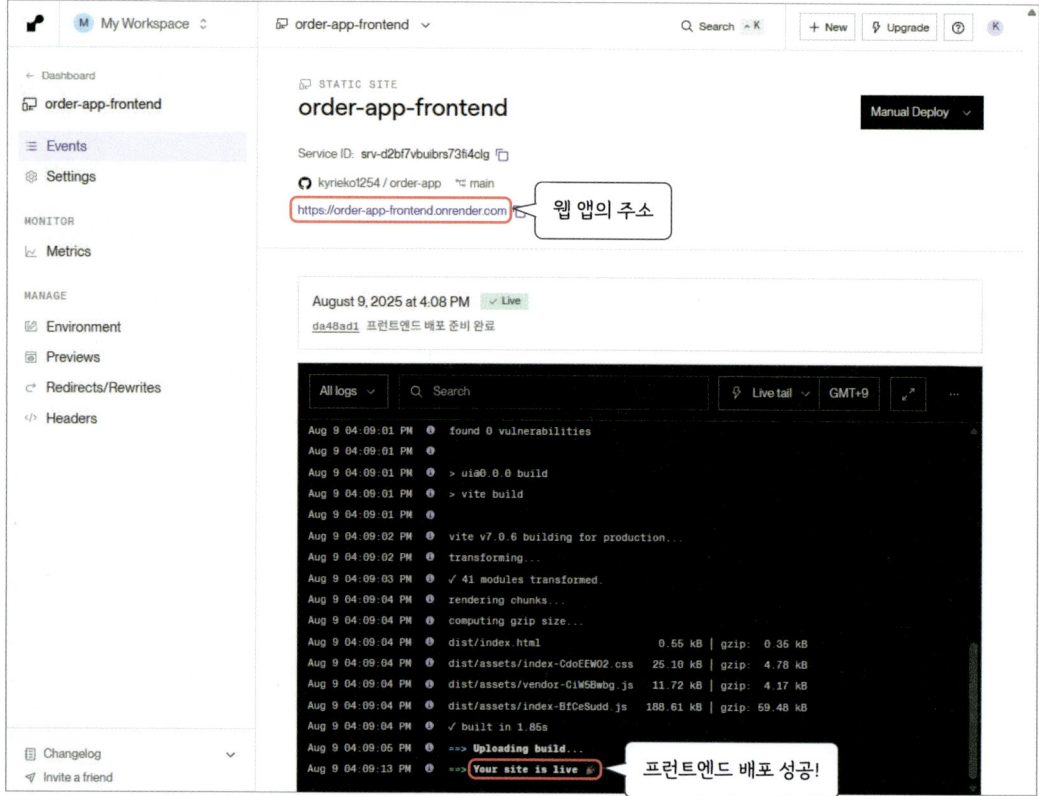

6 백엔드와 프런트엔드가 정상적으로 배포되었다면 커피 주문 앱이 나타날 것입니다. 데이터베이스에서 커피 메뉴 자료를 가져와 웹 브라우저 화면에 표시하고, 커피를 주문할 때마다 주문 정보를 데이터베이스에 저장하죠. '관리자' 화면에서는 재고량과 주문 현황을 한눈에 확인할 수도 있습니다. 몇 가지 메뉴를 주문하면서 사용자 컴퓨터의 개발 환경에서 작동하던 기능이 배포된 웹 사이트에서도 제대로 동작하는지 확인해 보세요.

✦ 무료 Render 서비스를 사용한다면 데이터베이스에서 자료를 가져오는 데 시간이 조금 걸릴 수 있습니다.

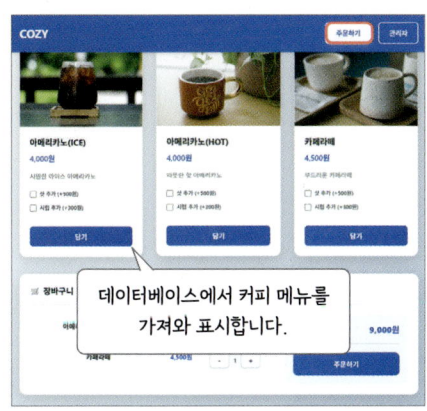

💗 알아 두면 좋아요!   최종 커밋 자동 배포

앱을 배포한 후에도 여러 가지 수정 사항이 생길 수 있습니다. 그럴 때는 커서에서 코드를 수정해서 커밋한 후, 그 커밋을 깃허브로 업로드합니다.

프런트엔드와 백엔드를 배포한 이후에 생긴 변경 사항은 새로 배포해야 반영할 수 있습니다. 하지만 Render에서는 깃허브에 새로운 커밋이 추가되면 자동으로 배포하기 때문에 따로 신경 쓰지 않아도 됩니다. 만일 수정한 코드를 즉시 배포하고 싶다면 수동으로 할 수도 있습니다. Render 대시보드에서 배포한 서비스를 선택한 후, [Manual Deploy → Deploy latest commit]을 선택합니다.

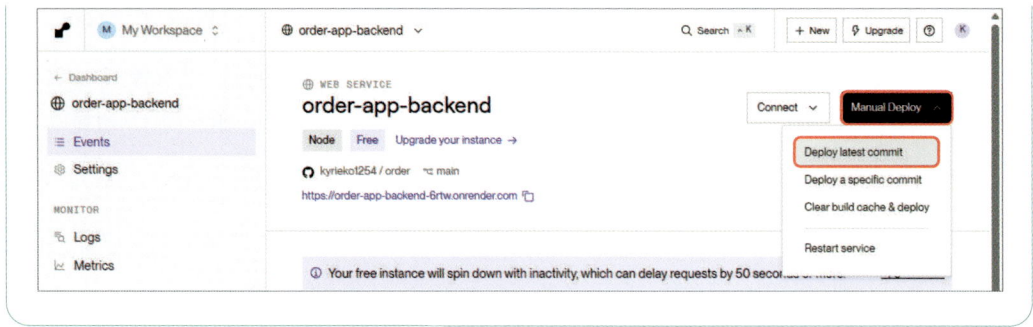

지금까지 AI 코딩 도구인 커서로 커피 주문 앱을 직접 만들어 보면서 웹 개발의 전체 과정을 살펴보았습니다. 웹 브라우저에 표시할 화면을 만드는 것부터 실제 기능을 추가하는 백엔드 개발, 메뉴 정보와 주문 정보를 관리하는 데이터베이스까지 모두 다루었습니다.

지금까지 공부한 내용을 몇 번이고 연습해서 AI 코딩에 익숙해지는 것이 중요합니다. 그 후에는 회원 인증이나 결제 기능을 추가하거나 여러 가지 아이디어를 직접 구현하면서 AI와 함께 성장해 보세요.

부록 A

MCP 서버 활용하기

최근 'MCP 서버'라는 새로운 개념이 등장해서 크게 주목받고 있습니다. 복잡한 코드를 작성하지 않아도 기존 문맥을 유지하면서 여러 AI를 연결해 사용할 수 있어서 편리하기 때문입니다. MCP 서버는 AI 코딩에만 사용하는 개념은 아니지만 아직 시작 단계라서 개발자들이 먼저 관심을 보이고 있죠. 숙련된 개발자라면 MCP서버를 직접 만들 수도 있지만, 다른 개발자가 만든 MCP 서버를 가져다 사용하기만 해도 AI를 활용할 수 있는 폭이 넓어집니다.

여기에서는 MCP라는 기술을 이해하고, 이미 공개되어 있는 MCP 서버를 활용하는 방법을 함께 살펴보겠습니다.

부록 A-1 ✦ AI와 외부 서비스를 연결하는 MCP

부록 A-2 ✦ 커서에서 노션 MCP 활용하기

부록 A-1 ✦ AI와 외부 서비스를 연결하는 MCP

요즘에는 생성형 AI를 활용해 업무 자동화, 문서 작성, 이미지 생성, 코딩에 이르기까지 다양한 작업을 합니다. 하지만 각 AI 서비스 안에서만 프롬프트를 이해하고 처리해서 작업을 수행해야 했죠. 그래서 개발자들은 하나의 AI 서비스를 외부 서비스와 연결해서 사용할 수 있는 방법을 찾기 위해 끊임없이 노력해 왔습니다. 그중에서 가장 주목받는 방법이 바로 MCP입니다. 여기에서는 MCP가 등장하기 전의 연결 방식과 MCP의 개념을 살펴봅시다.

기존 AI 서비스는 외부 서비스와 어떻게 연결했을까?

일상에서도 많이 활용하는 대화형 AI 서비스인 챗GPT를 예로 들어 봅시다. 챗GPT에서는 GPT라는 맞춤형 챗GPT를 지원합니다. 누구나 GPT를 만들 수 있고 GPT 스토어에 등록할 수 있으며, 사용자는 원하는 GPT를 자신의 챗GPT에 추가해서 편리하게 사용할 수 있죠. GPT 기능을 활용하면 챗GPT를 외부 서비스와 연결해서 사용할 수 있습니다.

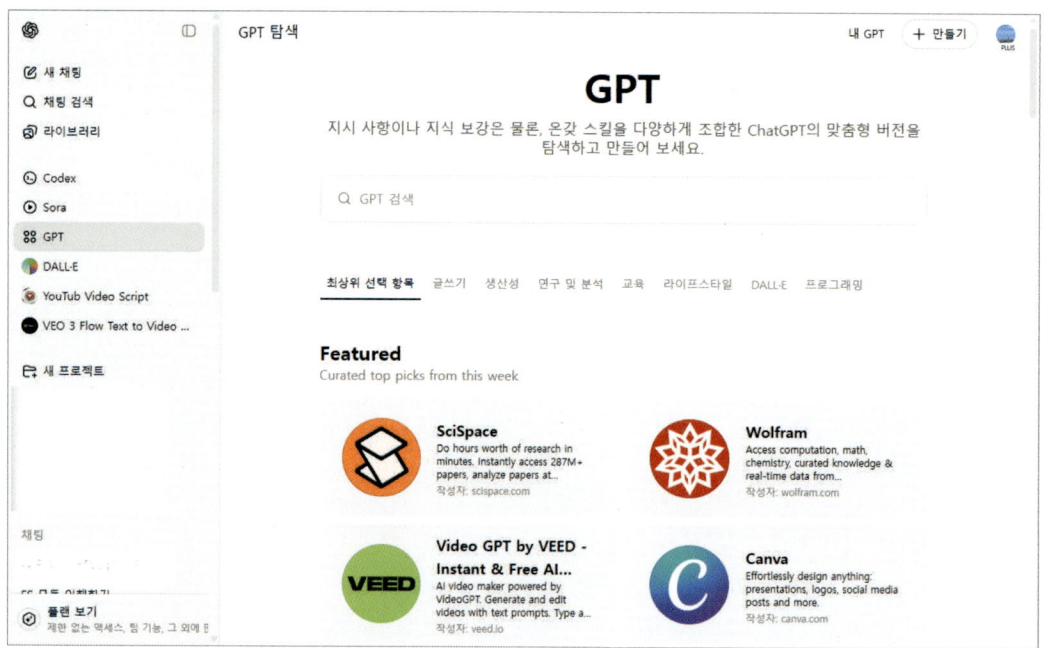

챗GPT의 GPT 기능 탐색 화면

이러한 방식에는 몇 가지 제약이 있습니다. 연결할 외부 서비스는 모두 온라인에 있어야 하며 로컬 컴퓨터의 폴더나 사내 데이터베이스처럼 인터넷에 연결되지 않은 자원에는 접근할 수 없습니다. 또한 응답이 끝나면 연결이 끊어질 수 있으며, 같은 기능을 다른 AI 서비스에서도 사용하려면 기능을 다시 구현해야 합니다.

MCP의 등장

2024년 11월, 클로드를 개발한 앤트로픽Anthropic에서 MCP라는 공개 프로토콜을 발표했습니다. MCP는 Model Context Protocol의 줄임말로, **다양한 AI 서비스가 서로 소통할 수 있게 해주는 공통 방식**이라고 생각하면 됩니다.

MCP가 등장하면서 다양한 AI 서비스와 외부 앱, 도구, 데이터베이스 등이 같은 규칙에 따라 손쉽게 연결되고, 복잡한 작업도 자동으로 처리할 수 있게 되었죠. 예를 들어 MCP를 사용하면 커서에서 앱을 만들면서 구글 캘린더에 자동으로 일정을 추가하거나 이메일을 보낼 수도 있습니다.

MCP의 핵심은 '표준화'입니다. 다시 말해 지메일Gmail이든 슬랙Slack이든 모든 서비스를 같은 방식으로 연결할 수 있게 해주는 것이죠. MCP를 제안한 앤트로픽에서는 MCP를 USB-C 포트와 같다고 설명합니다. USB-C가 다양한 주변 기기나 액세서리에 기기를 연결해 주는 표준화 방식인 것처럼, MCP는 AI 모델을 다양한 데이터 소스와 도구에 연결하는 표준화된 방식입니다.

✦ MCP를 좀 더 자세히 알고 싶다면 앤트로픽의 MCP 공식 문서(https://modelcontextprotocol.io/)를 참고하세요.

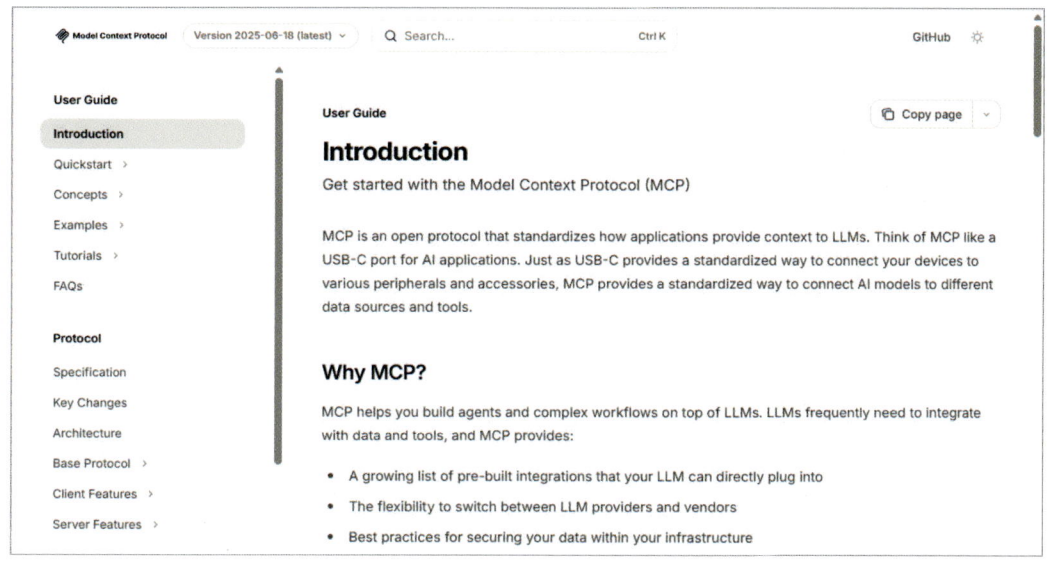

MCP 공식 문서 화면

MCP를 왜 써야 할까?

이미 개발 경험이 있다면 '그 전에도 API로 다른 서비스와 연결해서 사용하지 않았나?'라고 생각할 수도 있습니다. 앞서 살펴본 챗GPT의 GPT가 바로 API를 사용해 다른 서비스와 연결해주는 역할을 합니다.

MCP와 기존 방식을 비교했을 때 가장 두드러지는 차이점은 '편리함'입니다. 예를 들어 AI 서비스와 연동해서 노션Notion 서비스에 데이터베이스를 만들거나 페이지를 작성한다고 가정해 보겠습니다. 이때 API를 사용한다면 노션에 접근하고, 데이터베이스를 만들고, 페이지를 작성하는 기능을 각각의 API에 맞춰 구현해야 합니다. 만약 커서에서 해당 기능을 구현했더라도 챗GPT에서 같은 기능을 사용하고 싶다면 비슷한 과정을 반복해야 하죠.

만약 MCP를 활용할 수 있다면 이런 복잡하고 번거로운 작업을 하지 않아도 됩니다. 커서든 챗GPT든 노션 MCP 서버만 설치하면 노션에 접근하고, 데이터베이스를 만들고, 페이지를 만드는 모든 과정을 즉시 수행할 수 있습니다. MCP에서는 작업할 내용을 자연어로 요청하면 되므로 API를 사용하는 것보다 훨씬 편리합니다.

MCP를 활용하는 사례

MCP를 활용할 수 있는 몇 가지 예를 들어 볼까요? 각각의 요청 사항에 맞는 MCP를 활용한다면 커서에 프롬프트 한 줄만 입력해도 다양한 업무를 수행할 수 있습니다.

✦ 다음 예시에서 MCP를 활용하는 부분만 굵게 표시했습니다. 예시를 보며 MCP를 어디에 활용할 수 있을지 생각해 보세요.

매일 쌓이는 이메일로 스트레스를 받는 직장인

 오늘 받은 중요한 이메일을 요약해서 슬랙으로 보내 줘.

① **지메일**에서 중요 이메일 자동 분석
② 요약문 만들기
③ **슬랙** 메시지 자동 발송

영어 공부를 체계적으로 하고 싶은 학생

 오늘 영어 공부 30분 했으니까 내 실력 체크하고 내일 계획 세워 줘.

① **구글 독스** Google Docs의 영어 일기 분석
② **문법/어휘** 실수 패턴 파악
③ **유튜브**에서 맞춤 학습 영상 추천
④ **구글 캘린더**에 내일 학습 일정 자동 등록
⑤ **노션**에 학습 진도 기록 업데이트

회의 준비로 바쁜 프로젝트 매니저

 내일 프로젝트 회의 준비해 줘.

① **노션**에서 지난 회의록 검토
② 팀원들의 **구글 캘린더** 확인해서 참석 가능 시간 조율
③ 회의 안건 및 자료 자동 생성
④ **줌** Zoom 회의실 예약
⑤ **지메일**로 참석자들에게 이메일 자동 발송
⑥ 회의 전 알림 **슬랙** 메시지 예약

MCP의 구조

MCP는 AI와 외부 앱을 연결하는 프로토콜로, 클라이언트-서버 구조를 따릅니다. 다음 그림과 함께 MCP의 구조를 살펴봅시다.

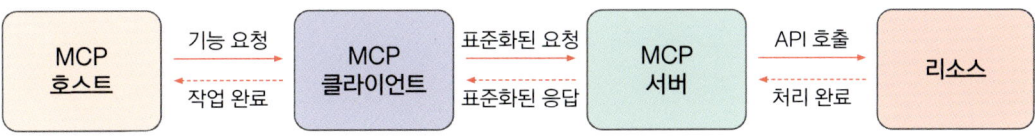

MCP의 구조와 동작 과정

MCP 호스트

AI 모델을 실행하고 **사용자와 상호작용하는 환경**을 말합니다. 커서나 클로드처럼 사용자가 요청 사항을 입력하는 앱이 호스트입니다.

MCP 클라이언트

호스트와 서버 사이에서 **실제로 데이터를 주고받는 부분**입니다. 일반적으로 클라이언트는 호스트 안에 포함되어 있습니다.

MCP 서버

연결할 **외부 서비스의 API를 MCP 표준에 맞게 변환하는 부분**을 뜻합니다. 해당 서비스의 실제 기능을 커서가 이해할 수 있는 표준화된 방식으로 제공하죠. 흔히 MCP라고 하면 엄밀히 말해서 MCP 서버를 뜻합니다. MCP 서버는 직접 만들 수도 있고, 이미 만들어진 것을 사용해도 됩니다.

리소스

MCP를 통해 사용하려고 하는 **실제 서비스의 데이터나 기능**을 가리킵니다. 예를 들어 노션 MCP 서버에는 데이터베이스를 만들거나 페이지를 만드는 기능이 포함되어 있습니다.

MCP 서버는 어디에서 찾을 수 있을까?

MCP는 발표되자마자 이목을 끌었고 이후 다양한 MCP 서버가 등장하고 있습니다. 그만큼 MCP 서버 사용자도 많고, MCP 서버를 개발해서 공개하는 기업이나 개인도 많아졌죠. 그렇다면 이미 공개된 MCP 서버는 어디에서 찾을 수 있을까요? MCP 서버를 확인할 수 있는 웹사이트는 다양하지만 이 책에서는 **깃허브**와 **스미더리** 중심으로 알아보겠습니다.

깃허브

깃허브에는 대부분의 오픈소스 프로젝트들이 모여 있습니다. 그중에는 MCP 서버를 정리해 둔 깃허브 저장소도 있습니다. https://github.com/modelcontextprotocol/servers의 [Third-Party Servers]의 목록을 보면 다양한 MCP 서버가 정리되어 있습니다.

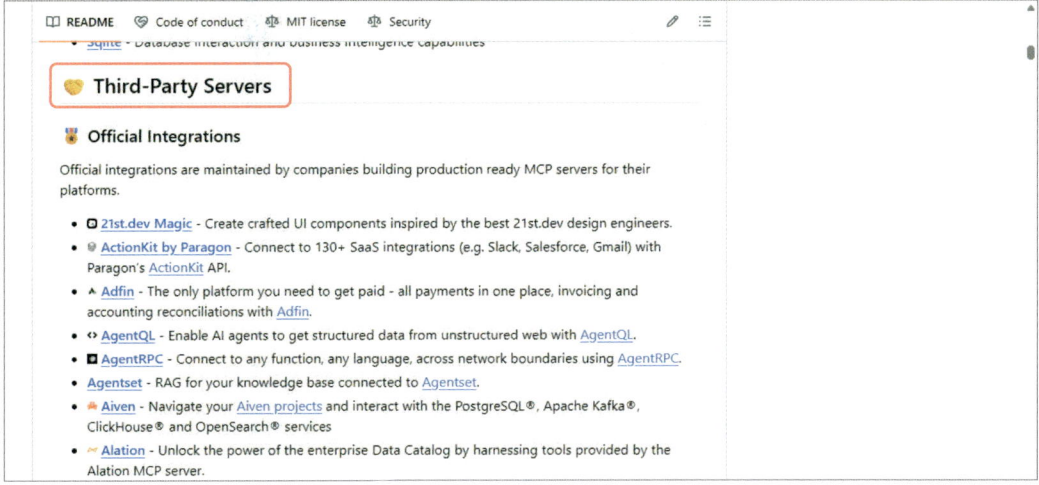

깃허브에 공개된 MCP 서버 목록

이 목록에는 기업에서 공식으로 배포하는 서버도 있고 커뮤니티에서 배포하는 서버도 있습니다. 공식 MCP 서버는 신뢰성이나 보안성이 어느 정도 검증되어 있지만, 커뮤니티나 개인이 배포하는 MCP 서버는 그렇지 않을 수 있다는 점도 알아 두세요. 따라서 사용자가 충분히 많은 MCP 서버를 선택하고, 사용한 후에는 중요 정보에 접근하는 권한을 꼭 해제하는 것이 좋습니다.

MCP 서버 목록에서 서버 이름을 클릭하면 해당 서버로 연결되면서 서버에 대한 설명과 설치 방법을 볼 수 있습니다.

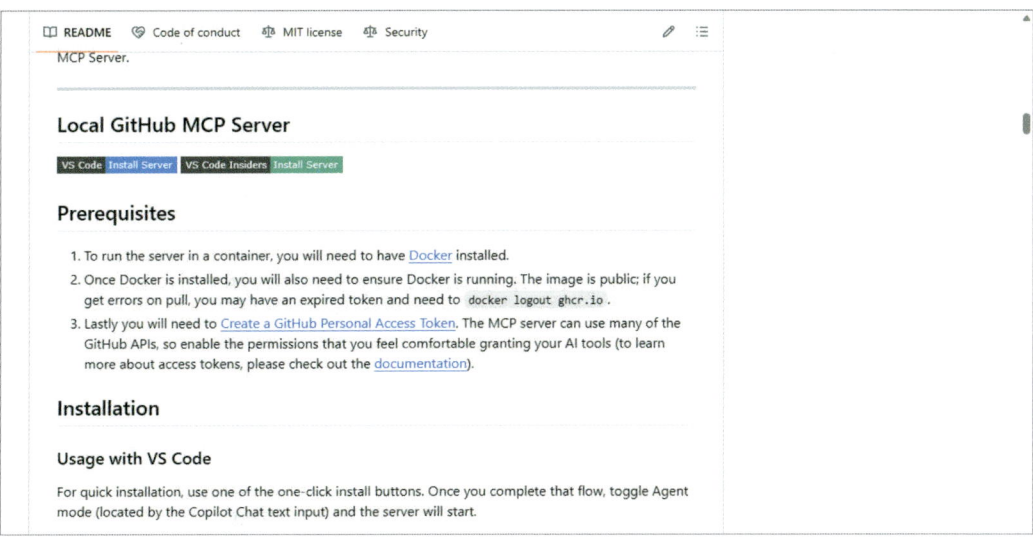

깃허브에 공개된 MCP 서버의 설명과 설치 방법

스미더리

깃허브에서는 MCP 서버를 검색하기도 힘들고, 설치 방법이 서로 달라서 일일이 확인한 뒤 명령어를 직접 실행하고 설치해야 한다는 단점이 있습니다. 깃허브보다 조금 더 쉽게 MCP 서버를 검색하거나 설치, 관리할 수 있는 웹 사이트가 바로 스미더리Smithery입니다. 스미더리는 복잡한 명령어를 사용하지 않아도 MCP 서버를 검색하고 설치할 수 있어서 MCP를 처음 접하는 사람도 부담 없이 활용할 수 있습니다. 직접 개발한 MCP 서버가 있다면 스미더리에 배포할 수도 있습니다.

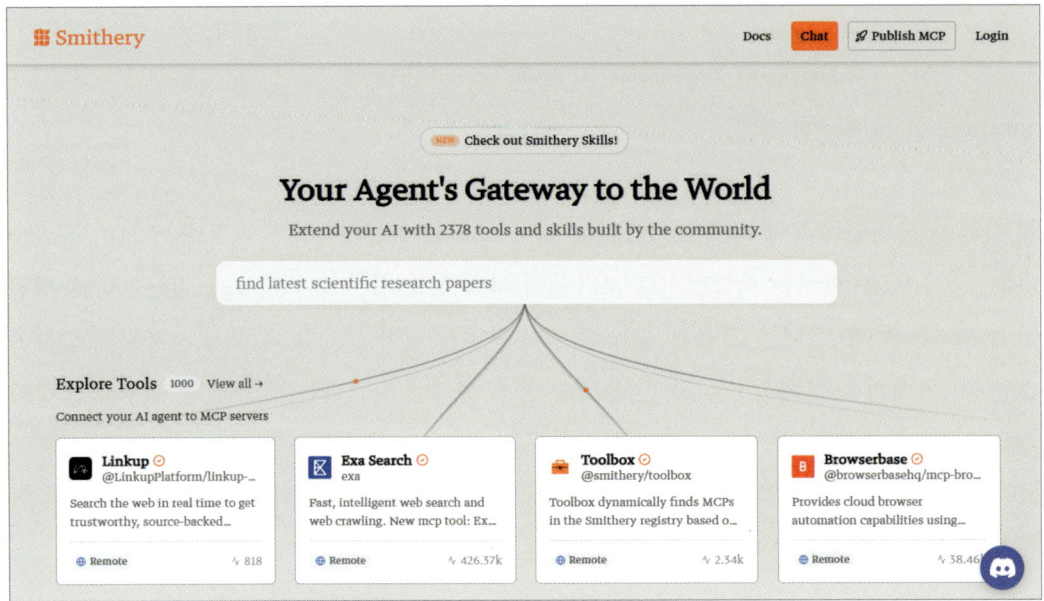

스미더리 웹 사이트 화면(https://smithery.ai)

부록 A-2 ✦ 커서에서 노션 MCP 활용하기

여기에서는 커서에 노션 MCP 서버를 설치하고, 간단한 프롬프트만으로 노션에 페이지를 추가하는 방법을 알아보겠습니다. 커서와 노션을 어떻게 연결하는지, 커서에서 노션의 기능을 어떻게 활용하는지 살펴보세요.

✦ 노션에 페이지를 만들려면 노션에 가입되어 있어야 합니다. 실습을 진행하기 전에 먼저 노션에 가입하세요.

노션 MCP 동작 과정 이해하기

여기에서는 커서에서 프로젝트를 만들 때마다 관련 정보를 노션에 정리한다고 가정해 보겠습니다. 커서에서 자동으로 생성하는 프로젝트 정보를 복사해서 노션에 직접 붙여 넣을 수도 있지만, 노션 MCP 서버를 사용하면 커서 안에서 프롬프트만으로 이 과정을 훨씬 간단하게 처리할 수 있습니다.

다음 그림과 함께 노션 MCP 서버가 동작하는 과정을 살펴봅시다.

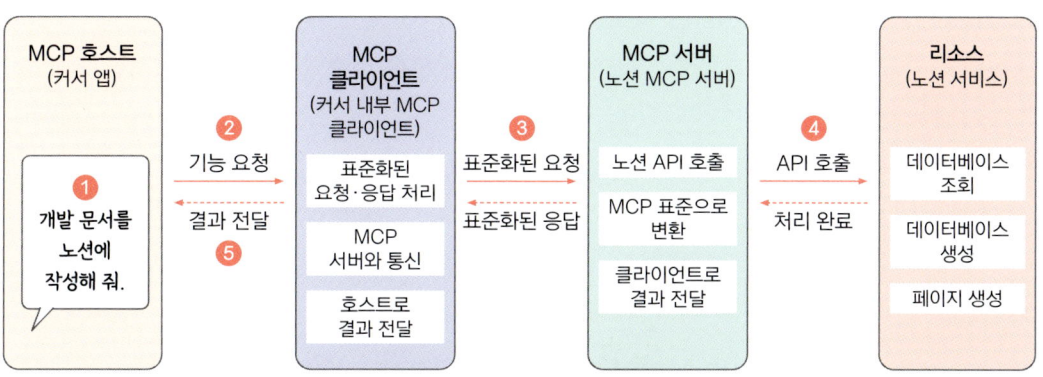

노션 MCP 서버가 동작하는 과정

① 사용자가 커서에서 "개발 문서를 노션에 작성해 줘."라고 요청합니다.
② 커서의 AI 모델이 노션 기능이 필요하다고 판단하고 MCP 클라이언트에 기능을 요청합니다.
③ MCP 클라이언트가 노션 MCP 서버에 표준화된 요청을 전송합니다.
④ 노션 MCP 서버가 실제 노션 API를 호출해서 노션에 문서를 작성합니다.
⑤ 지금까지 왔던 방향과 반대 방향으로 진행하면서 결과를 전달합니다.

스미더리에 로그인하기

스미더리에 있는 MCP 서버를 사용하려면 우선 스미더리에 로그인해야 합니다. 스미더리 화면 오른쪽 위에 있는 [Login]을 클릭하면 깃허브 또는 구글로 로그인하라는 창이 나타납니다. 두 방식 가운데 하나를 선택해서 스미더리에 로그인합니다.

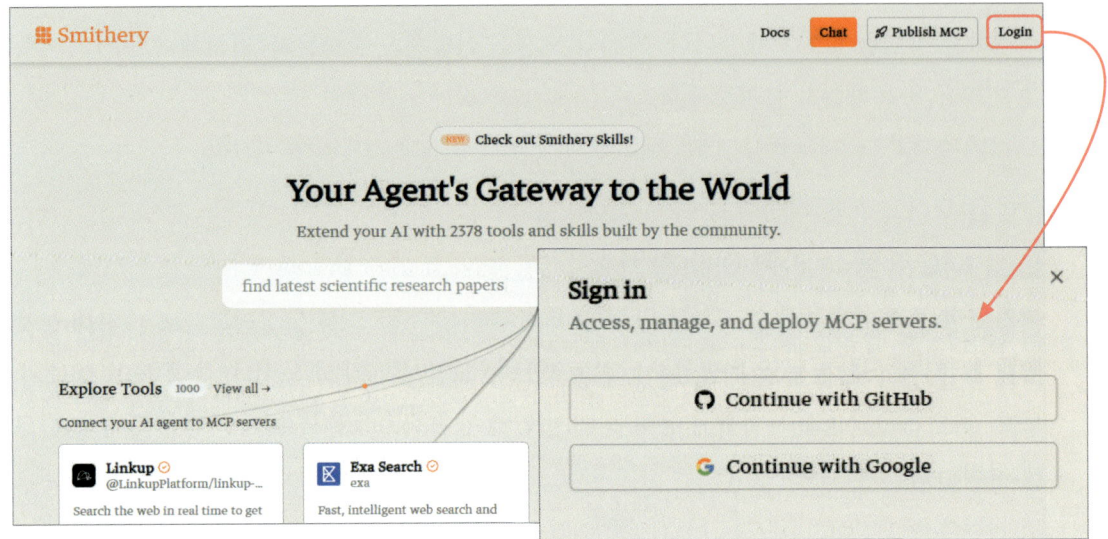

스미더리에서 MCP 서버를 찾는 방법

스미더리에서는 키워드를 검색해서 MCP 서버를 쉽게 찾을 수 있습니다. 여기에서는 'notion'을 검색해 보겠습니다.

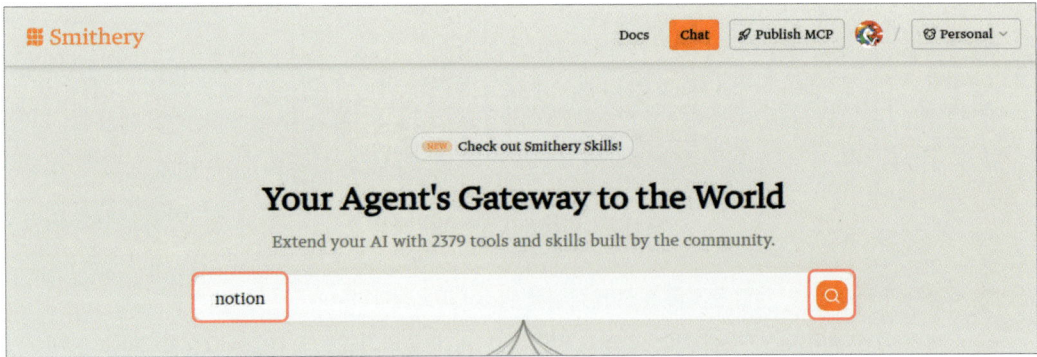

노션과 관련된 여러 MCP 서버들이 보이는데, 노션 업체에서 제공하는 공식 MCP 서버와 개인이 개발한 MCP 서버들이 함께 검색됩니다. 이 중에서 체크표시가 있는 공식 MCP 서버를 선택해 보겠습니다.

✦ 왼쪽 필터 중에서 Official을 클릭하면 공식 MCP 서버만 찾을 수 있습니다.

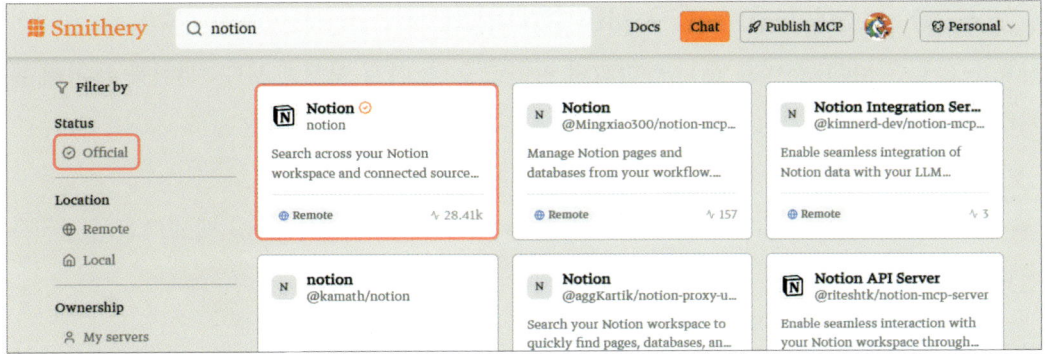

노션 MCP 서버를 설명하는 내용이 나타나는데 이 중에 주의해서 볼 부분은 [Tools]입니다. [Tools]에는 각각의 MCP 서버에서 사용할 수 있는 도구가 나열되어 있습니다. MCP 서버의 도구는 특정한 기능을 처리하는 함수이면서, MCP 클라이언트와 실제 서비스 사이에 원활하게 상호작용할 수 있도록 만들어 주는 인터페이스 역할을 합니다. MCP 서버를 선택할 때는 나에게 필요한 도구가 포함되어 있는지 확인하는 것이 중요합니다.

예를 들어 공식 노션 MCP 서버에는 노션을 검색하는 notion-search 도구를 비롯해 다양한 도구들이 있습니다.

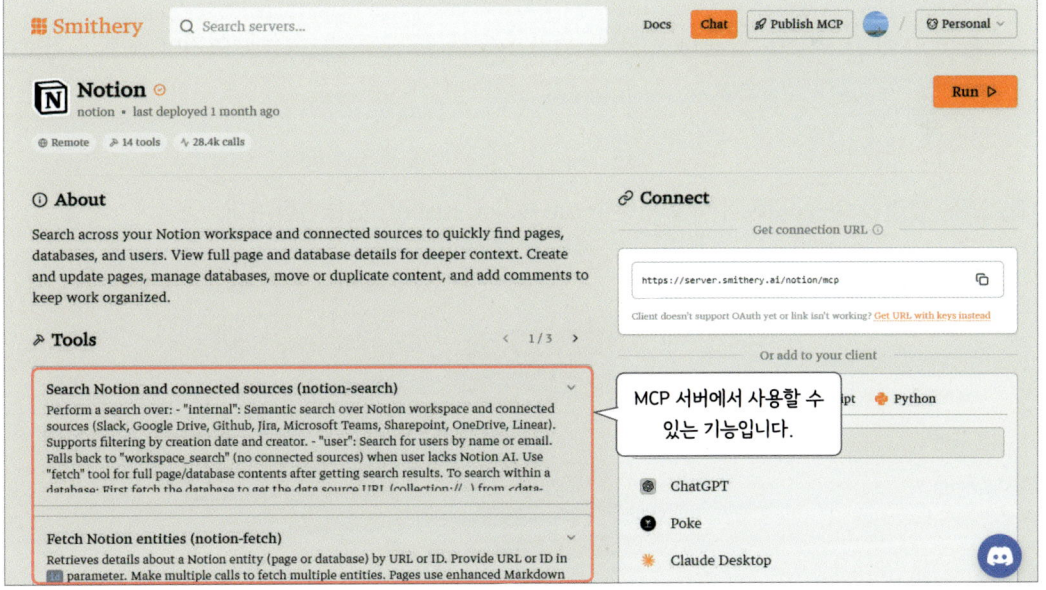

> **Do it! 실습** 커서에 노션 MCP 서버 설치하기

사용하고 싶은 MCP 서버를 찾는 방법까지 알아봤으니, 이제 커서에 MCP 서버를 설치해 봅시다.

1 노션 MCP 서버의 설명 화면 오른쪽에 있는 [Connect] 아래 [Auto] 탭에서 [Cursor]를 선택합니다.

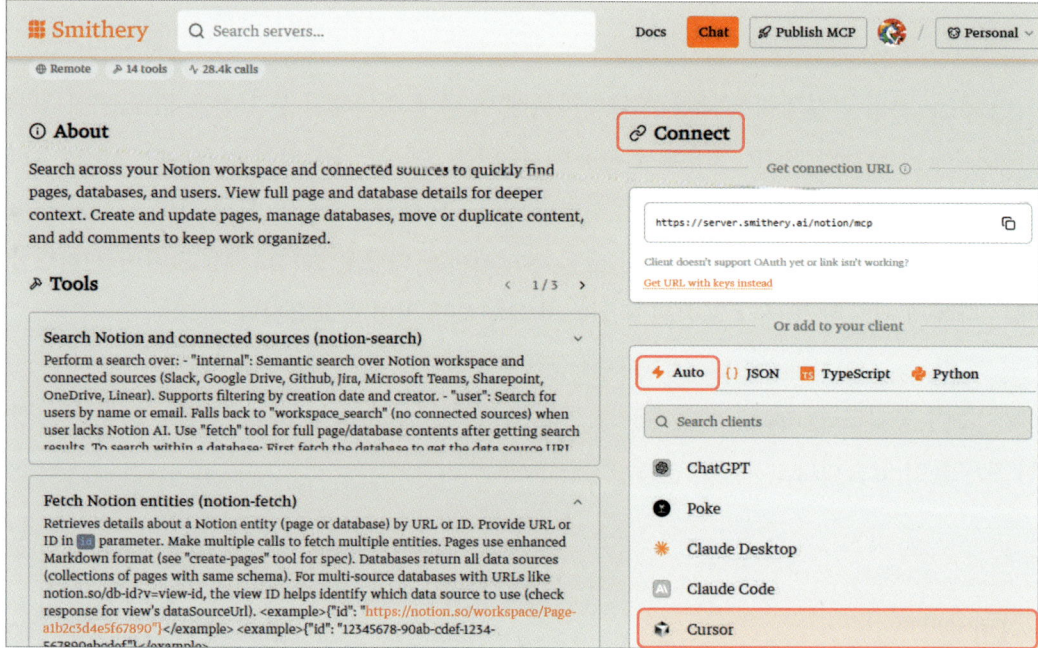

2 모든 설정을 자동으로 처리해 주는 [One-Click Install]을 클릭합니다.

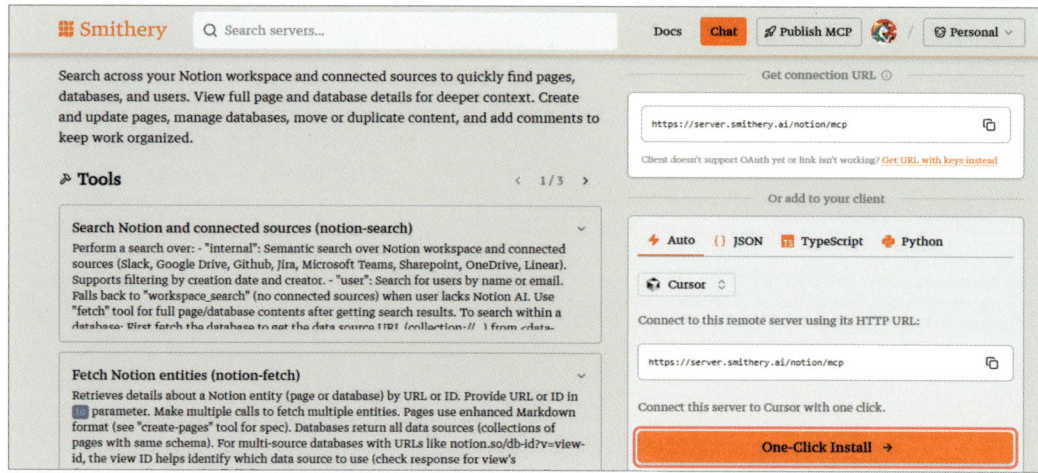

3 커서에 MCP 서버를 추가할 수 있도록 [Cursor 열기]를 클릭합니다.

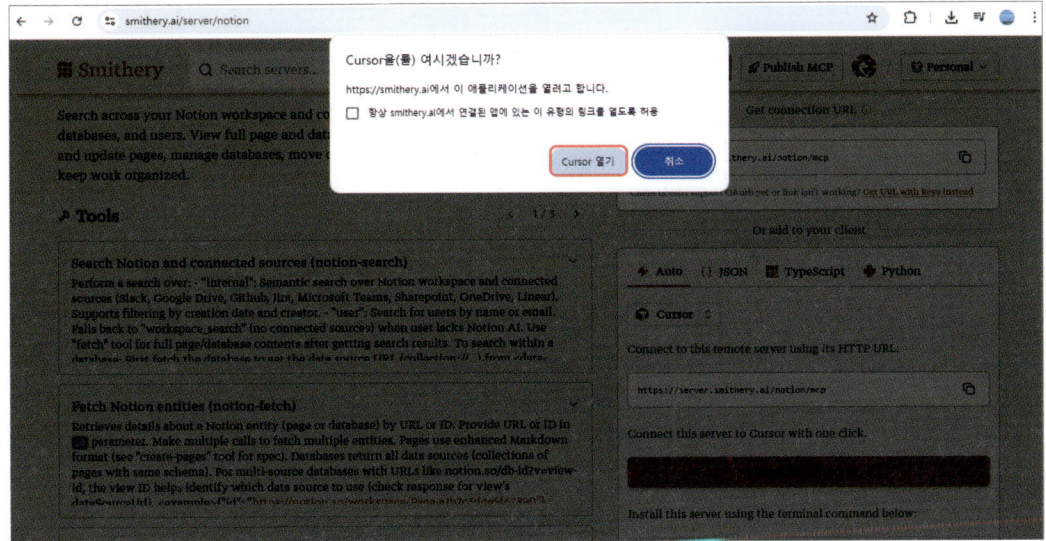

4 커서가 실행되면서 방금 추가한 노션 MCP 항목이 나타납니다. 노션 MCP를 설치하겠다면 [Install MCP Server?] 아래 오른쪽에서 [Install]을 클릭합니다.

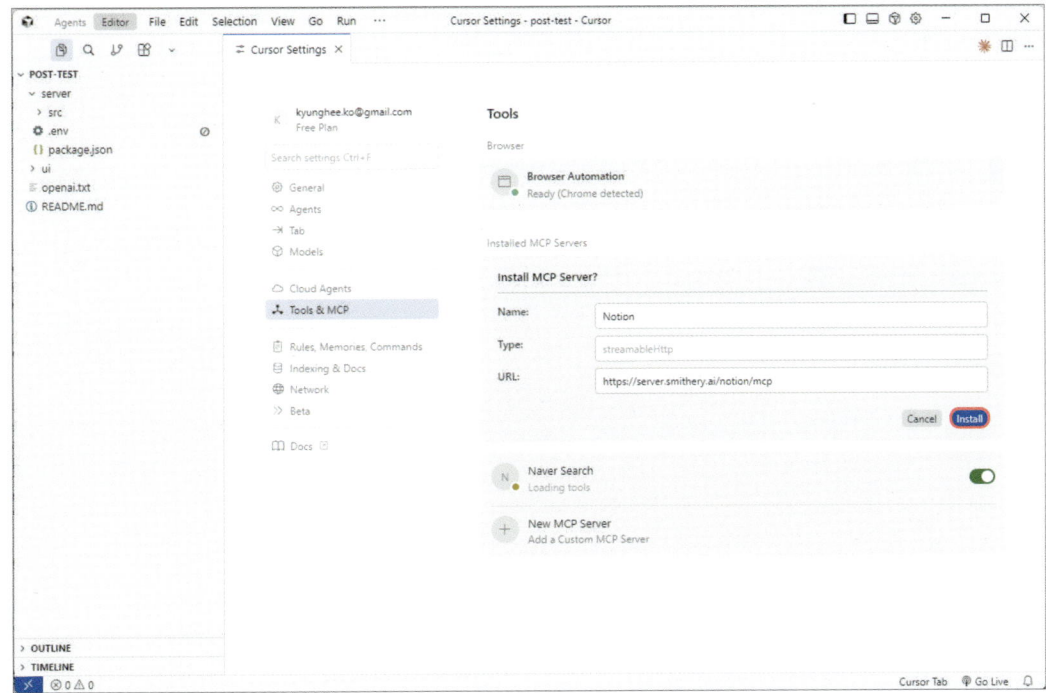

부록 A-2 ✦ 커서에서 노션 MCP 활용하기 **247**

5 노션 MCP 서버 설치가 끝났습니다. 노션에 페이지를 추가하거나 데이터베이스를 수정하려면 권한이 필요하므로 노션에 연결해야 합니다. [Installed MCP Servers] 아래 [Notion] 항목에서 [Connect]를 클릭합니다.

✦ 공식 MCP 서버는 자동으로 관련 서비스와 커서를 연결해 주지만 MCP 서버에 따라 직접 API 키를 만들고 연결해야 하는 경우도 있습니다. 설정 방법은 각 MCP 서버 설명 페이지를 참고하세요.

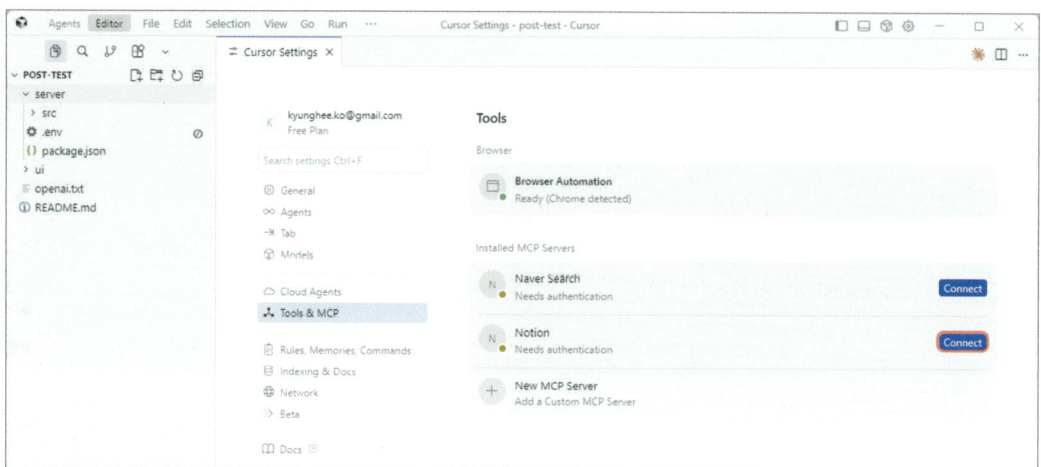

6 노션에 연결하기 위해 외부 웹 사이트로 이동할지 묻는 알림 창이 나타나면 [Open]을 클릭합니다.

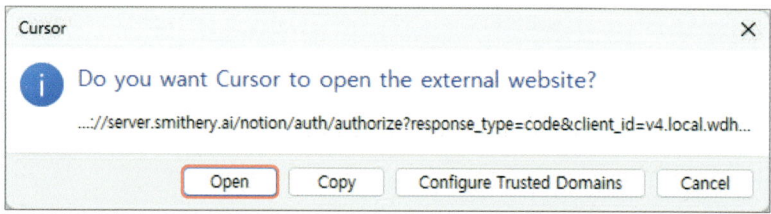

7 잠시 기다리면 스미더리에서 노션과 연결하는 화면이 나타납니다. [Connect]를 클릭합니다.

✦ 노션에 로그인하지 않은 상태라면 노션 로그인 창이 먼저 나타납니다. 노션에 로그인한 후 실습을 이어서 진행하세요.

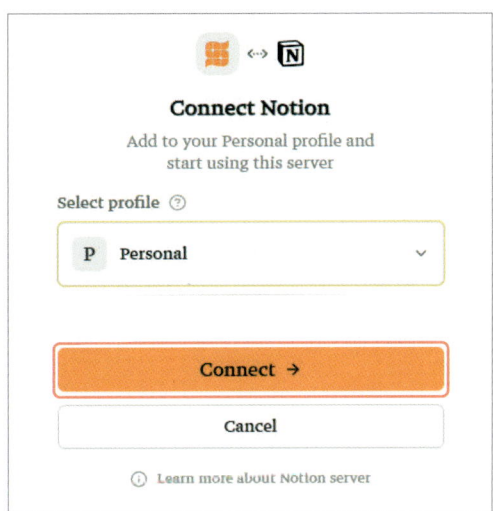

8 연결하려는 노션 계정을 확인하고, 노션 MCP로 할 수 있는 작업을 확인합니다. 해당 노션 계정에 연결하겠다면 [이 URL을 알고 신뢰합니다] 앞의 체크 박스에 체크하고 [계속하기]를 클릭합니다.

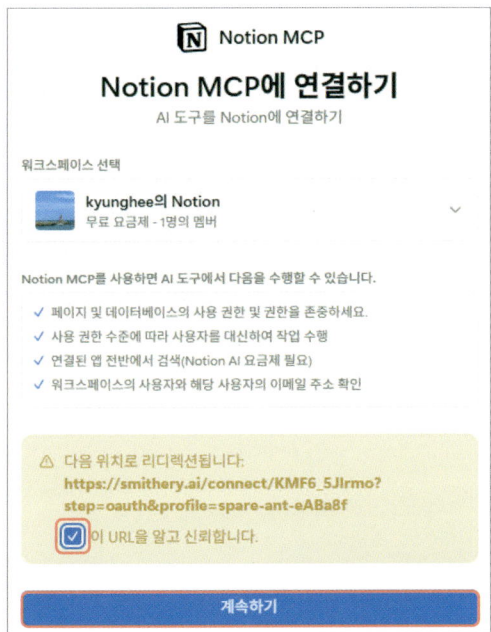

9 스미더리에서 커서로 연결하기 위해 [Cursor 열기]를 클릭합니다.

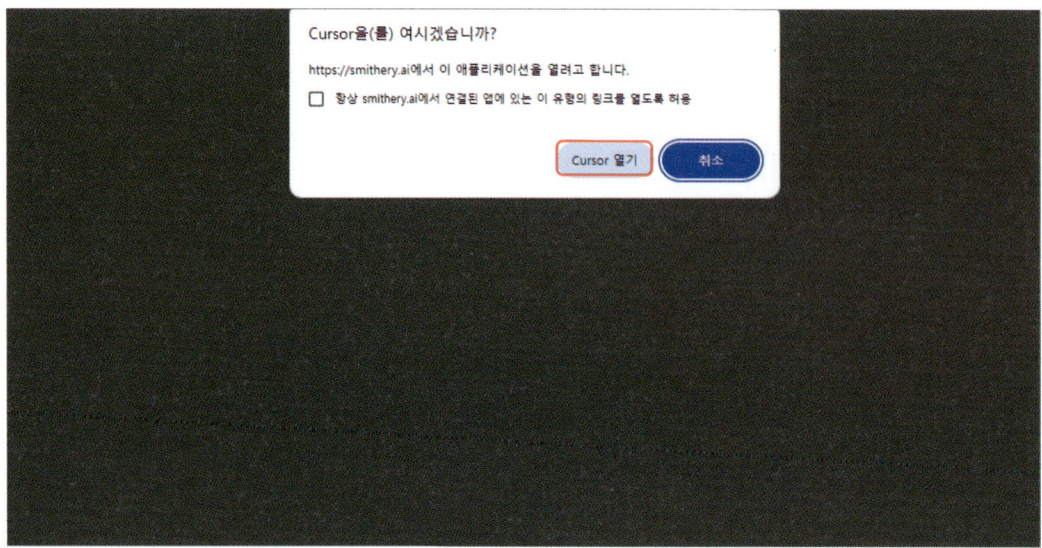

10 노션 MCP에 정상적으로 연결되면 MCP 서버를 껐다 켰다 할 수 있는 버튼이 보입니다. 이제 커서에서 노션을 연결해서 원하는 작업을 할 수 있는 상태가 되었습니다.

✦ MCP 서버 이름 아래의 툴 개수를 클릭하면 MCP 서버에서 사용할 수 있는 도구를 한 눈에 확인할 수 있습니다.

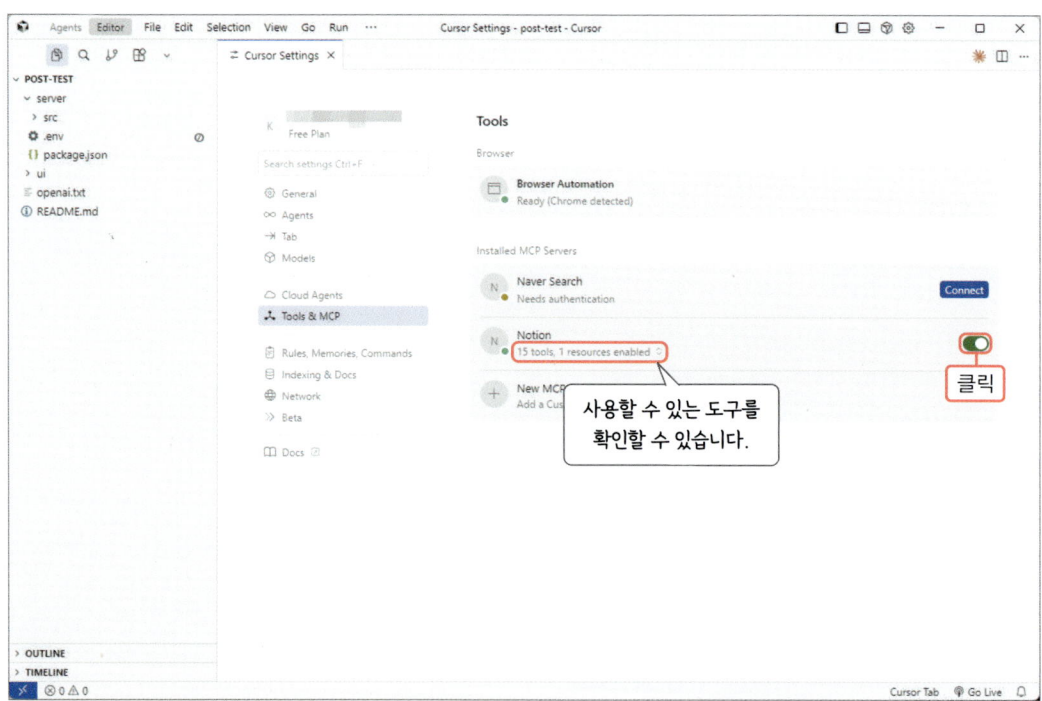

> **Do it! 실습** **커서에서 문서 만들어 노션에 추가하기**

커서에 노션 MCP 서버를 설치했으니 이제 커서와 노션을 연결해서 사용할 수 있습니다. 노션에 문서를 추가해 봅시다.

1 커서에서 앞서 커피 주문 앱을 만들었던 order-app 폴더를 프로젝트 폴더로 추가합니다. 그리고 AI 패널의 프롬프트 입력란에 다음과 같이 작성합니다.

 docs 폴더에 project_structure.md 파일을 만들어 줘. 그 안에 현재 앱의 폴더 구조를 정리하고, 각 폴더와 파일의 역할을 간단하게 설명해 줘.

2 커서에서 project_structure.md 파일을 만들고 내용을 채워 줄 것입니다.

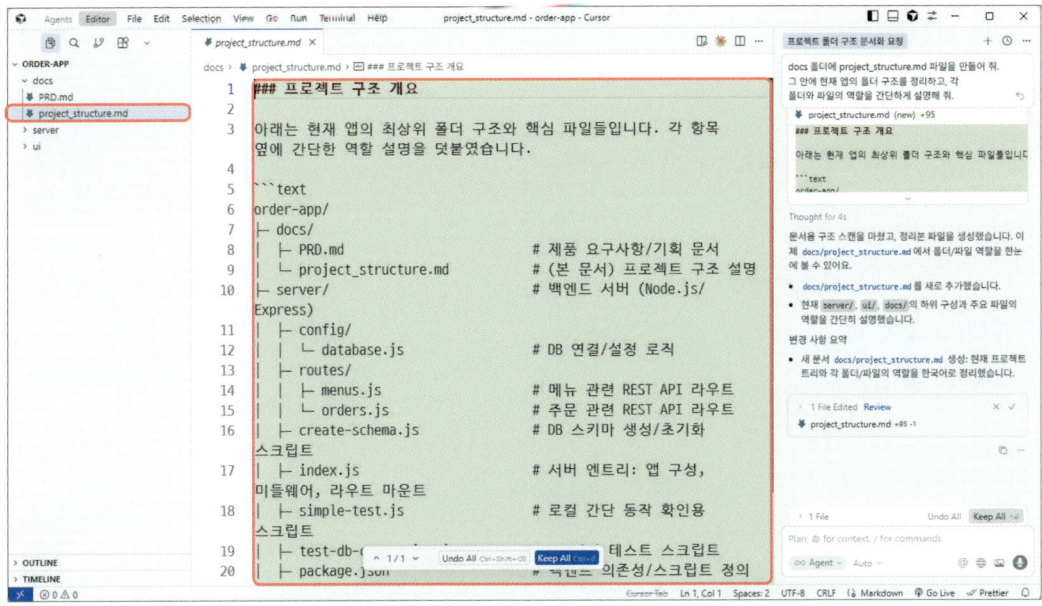

부록 A-2 ✦ 커서에서 노션 MCP 활용하기   **251**

3 노션에 문서를 올리려면 대상 페이지가 있어야 합니다. 여기에서는 'MCP 테스트'라는 페이지를 미리 만들어 두었습니다. 방금 작성한 문서를 'MCP 테스트'의 하위 페이지로 추가해 보겠습니다. 커서에 다음과 같이 프롬프트를 작성합니다. 프롬프트 내용 중에서 'MCP 테스트' 부분은 자신에게 맞는 페이지로 수정해야 합니다.

> 노션의 'MCP 테스트' 페이지의 하위에 '커피 주문 앱 폴더 구조' 페이지를 만들고, 방금 만든 문서 내용을 그 페이지에 작성해 줘.

4 AI 패널에서 노션 MCP 서버에 있는 도구를 실행하기 위해 [Run]을 클릭합니다. 사용자가 원하는 작업을 프롬프트에 입력하기만 하면 커서가 노션 MCP 서버에서 필요한 함수를 불러와 처리해 줍니다. MCP가 없었을 때는 API를 통해 노션을 직접 제어해야 했다면, 지금은 자연어로 간단히 처리할 수 있어서 정말 편리하죠. 잠시 기다리면 작업을 완료했다는 메시지가 보일 것입니다.

5 노션으로 돌아가서 확인해 볼까요? [MCP 테스트] 페이지 안에 [커피 주문 앱 폴더 구조]라는 하위 페이지가 만들어졌고, 해당 페이지로 들어가면 커서에서 작성한 프로젝트 폴더 구조 내용이 추가되어 있을 것입니다.

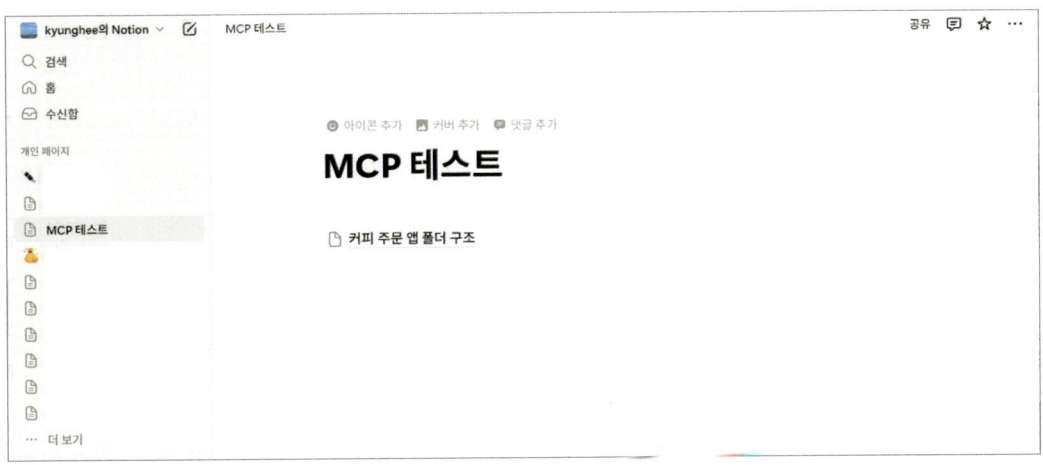

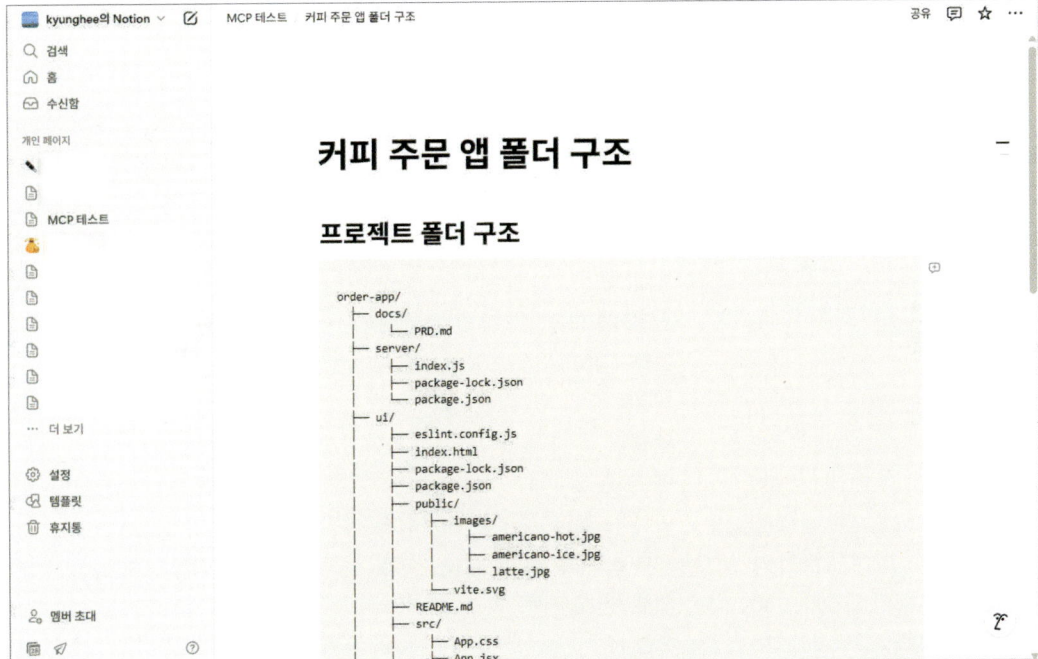

MCP 서버를 처음 사용한다면 스미더리와 노션, 커서를 오가면서 설정한다는 점에서 복잡하다고 느낄 수도 있습니다. 하지만 MCP 서버를 몇 번만 써보면 금세 익숙해져서 다른 서비스도 편리하게 사용할 수 있습니다.

찾아보기

한글

ㄱ~ㄷ

값	98
검색 증강 생성	24
기술 스택	154
깃	107
깃 초기화	107
깃허브	107
깃허브 코파일럿	16, 48
내부 스타일 시트	102
달리	16
대규모 언어 모델	18
대화형 AI 서비스	15, 47
데이터 모델 설계	191
데이터 스키마	192
데이터베이스	145
딥러닝	13

ㄹ~ㅂ

라이브 서버	82
렌더링	149
리소스	240
리액트	161
리플릿	48
리플릿 에이전트	16
마크다운	170
매개변수	104
머신러닝	13
메인 사이드바	73
문맥	24
미드저니	16
바이브 코딩	41
배열	105
배포	132
배포 플랫폼	159, 208
백엔드	145
변수	103
브랜치	108
비트	162

ㅅ~ㅇ

사용자 인터페이스	155
생성형 AI	14
서버	148
선택자	98
섹션	124
속성	97
스미더리	242
스테이블 디퓨전	16
스테이징	108
신경망	13
앱 빌더	48
엔드포인트	151
와이어프레임	156
외부 스크립트 파일	105
외부 스타일 시트	102
요청	148
요청 메서드	150
원격 저장소	107
원샷 프롬프트	29
응답	148
익스프레스	163
인공지능	13
인덱스	105
인라인 스타일	101
인라인 프롬프트	61, 83
인수	104

ㅈ~ㅋ

저장소	107
제로샷 프롬프트	28
제미나이	15
주석	40
지역 저장소	107
챗GPT	15
체크포인트	126
카드	124
커밋	108
커서	16, 59
컨텍스트	30, 76
컨텍스트 윈도우	22
컴포넌트	161
코드 디버깅	37
코드 리팩터링	38
코드 문서화	40
코드 생성	36
코드 자동 완성	60
클라이언트	148
클래스 선택자	99
클로드	15
클로드 코드	16, 50

ㅌ~ㅎ

타입 선택자	99
태그	95

터미널 기반 AI 에이전트	50	AI 모델	22, 60	RAG	24
토크나이저	20	AI 에이전트	23	README.md	93
토큰	20	AI 엔진	23	Render	209
통합 개발 환경형 서비스	49	AI 코딩	33	Untracked	120
트랜스포머	19	AI 패널	61, 75	URL	152
파인 튜닝	25	API	145	v0	48
퍼플렉시티	15	Ask 모드	76
푸시	108	Background 모드	76
푸디	124	CSS	98

기호

.env	197
.gitignore	184

풀	108	CSS 속성	101
풀 리퀘스트	108	DNS	152
풀스택 개발	144
퓨샷 프롬프트	29

H~M

HTML	95
HTTP 프로토콜	149
HTTPS 프로토콜	150
id 선택자	100
IP	151
LLM	18
main 브랜치	108
MCP	237
MCP 서버	240
MCP 클라이언트	240
MCP 호스트	240
Modified	129
MVP	154, 166

프런트엔드	145
프로젝트 폴더	80
프롬프트	18
프롬프트 엔지니어링	24
플러그인형 서비스	48
함수	104
헤더	124
화살표 함수	104
확률적 모델	27
확장	82
훈련된 모델	26
히어로 이미지	124

영어

A~D

Agent 모드	76
AI	13

N~V

notionApiKey	246
PostgreSQL	164, 195
PR	108
PRD	154, 167

웹 프로그래밍 코스
Web Programming Course

웹 기술의 기본은 HTML, CSS, 자바스크립트!
기초 단계를 독파한 후 응용 단계로 넘어가세요!

기초 단계

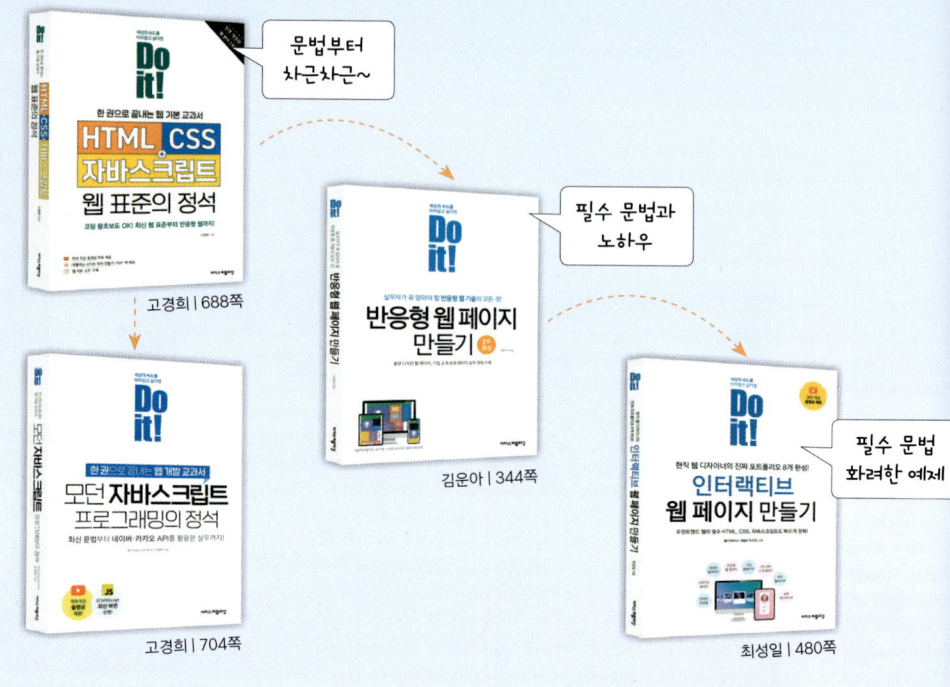

문법부터 차근차근~

필수 문법과 노하우

필수 문법 화려한 예제

고경희 | 688쪽
김운아 | 344쪽
최성일 | 480쪽
고경희 | 704쪽

응용 단계

고경희 | 560쪽   박응용 | 408쪽   이성용, 김태곤 | 640쪽

나는 어떤 코스가 적합할까?

A 프런트엔드 개발자가 되고 싶은 사람

- Do it! HTML + CSS + 자바스크립트 웹 표준의 정석
- Do it! 모던 자바스크립트 프로그래밍의 정석
- Do it! 반응형 웹 페이지 만들기
- Do it! 인터랙티브 웹 페이지 만들기
- Do it! 자바스크립트 + 제이쿼리 입문
- Do it! Vue.js 입문

B 백엔드 개발자가 되고 싶은 사람

- Do it! HTML + CSS + 자바스크립트 웹 표준의 정석
- Do it! 모던 자바스크립트 프로그래밍의 정석
- Do it! Node.js 프로그래밍 입문
- Do it! 점프 투 스프링 부트 3
- Do it! 장고 + 부트스트랩 파이썬 웹 개발의 정석